“211工程”三期建设项目“新资料整理与中国古代文明进程研究”成果
武汉大学基础学科振兴行动计划资助出版

近代中日论集

李少军　著

商務印書館
2010年·北京

图书在版编目(CIP)数据

近代中日论集/李少军著. —北京：商务印书馆，2010
（珞珈史学文库）
ISBN 978-7-100-07357-8

Ⅰ. ①近… Ⅱ. ①李… Ⅲ. ①中日关系—国际关系史—近代—文集 Ⅳ. ①D829.313-53

中国版本图书馆CIP数据核字(2010)第181303号

近代中日论集

李少军 著

商务印书馆出版
（北京王府井大街36号 邮政编码 100710）
商务印书馆发行
三河市尚艺印装有限公司印刷
ISBN 978-7-100-07357-8

2010年11月第1版 开本 787×960 1/16
2010年11月北京第1次印刷 印张 22

定价：38.00元

总 序

“珞珈史学文库”是武汉大学历史学院教师学术研究成果的结集。第一批推出的是二十多位教授的文集。以后将根据情况，陆续推出新的集子。

武汉大学历史学科具有悠久而辉煌的历史。早在1913年，武汉大学的前身国立武昌高等师范学校就设置历史地理部。1930年武汉大学组建史学系，1953年改名历史学系，2003年组建历史学院。一批又一批著名学者，如李汉俊、李剑农、雷海宗、罗家伦、钱穆、吴其昌、徐中舒、陈祖源、周谱冲、郭斌佳、杨人楩、梁园东、方壮猷、谭戒甫、唐长孺、吴于廑、吴廷璆、姚薇元、彭雨新、石泉等，曾在这里辛勤耕耘，教书育人，著书立说，在推动武汉大学历史学科和中国现代史学的发展、繁荣的同时，在武汉大学和中国史学史上也留下了嘉名。其中，唐长孺、吴于廑两位大师贡献最为卓殊。

改革开放30年间，武汉大学历史学科建设成效显著。1981年，中国古代史和世界史获得全国首批博士学位授予权。1987年，历史地理学获得博士学位授予权。1988年，中国古代史被列为国家重点学科。1995年，历史系被批准为国家文科基础学科人才培养和科学研究基地。1997年，获得历史学一级学科博士学位授予权。1999年，建立历史学博士后流动站。2001年，中国古代史再次被列为国家重点学科。2007年，中国古代史第三次被评为国家重点学科，世界史新增为国家重点学科。2008年，历史学一级学科入选湖北省重点学科。2001年，以中国古代史为核心的国家“211工程”二期建设项目“中国文明进程与世界历史整体发展”启动。2008年，分别以中国古代史与世界史为中心的“211工程”三期建设项目“新资料整理与中国古代文明进程研究”与“世界历史整体发展中的社会转型与文化变迁研究”启动。目前，历史学院设有历史学、世界历史、考古学三个本科专业；史学理论及史学史、考古学及博物馆学、历史地理学、历史文献学、专门史、中国古代史、中国近现代史、世界史、中国文化史、中国经济史、国际关系与中外关系史和地区国别史等12个二级学科。在研究机构方面，设有中国3至9世纪研究所、世界史研究所、历史地理研究所、中国文化研究所、中国经济与社会史研究所、15至18世纪世界史研究所、第二次世界大战与战后世界研究所，以及简帛研究中心、科技考古研究中心。在前一辈学者奠定的基础上，经过后继者的持续努力，逐步形成了严谨的学风和优良的教风，确立了理论探讨与实证研究相结合，断代史与专门史、地区史与国别史相结合，传世文献与出土资料并重的学术特色，成为武汉大学在海内外学界具有重要影响的学科之一。

历史学院的老师，在辛勤教书育人的同时，也为科学研究倾注了大量心血，在各自从事的方向或领域，推陈出新，开拓前行，撰写了一大批有价值的专著和论文。学院决定编撰教师个人的学术文集，是希望各位老师把自己散见于海内外各种出版物上的代表性论文加以整合。这样，通过一种文集，可以约略体现教师本人的研究历程和领域；而于整体方面，也可在一定程度上展示武汉大学历史学的学科格局和学术风格。

每本文集的选篇和修订，由作者各自负责。学院教授委员会对入选文集进行遴选，并提出一些指导性的建议。

“珞珈史学文库”的出版，得到了国家“211 工程”三期建设项目的支持，得到了武汉大学“基础学科振兴行动计划”的支持，得到了商务印书馆各位领导和相关编辑先生的支持。在此致以诚挚的谢意。

2010 年 2 月

目录 Contents

鸦片战争与清朝对外政策的转变

鸦片战争曾引发了中国社会多方面的变化，其中最为迅速和明显的，是清朝对外政策的转变。在一定意义上可以说，其他变化都是以清朝对外政策的转变为前提条件的。但对于这个问题的研究，似还不够充分，某些相关的论点也值得商榷。因此，专门探讨一下鸦片战争与清朝对外政策的转变问题，应该说是有意义的。

一、鸦片战争前清朝对外政策的回顾

截至鸦片战争爆发前，清朝统治已持续了200多年。在这段时间里，中外交往愈来愈频繁，因而对外政策也愈来愈成为清朝施政的一项重要内容。这里要讨论的鸦片战争前清朝的对外政策，主要是指道光帝当政以后即1821年至1840年间的对外政策。因为这个时期清朝的对外政策，既继承了有清以来对外政策的传统，又具有反映当时情况的新特点，由鸦片战争引起转变的，也正是这样的对外政策。

鸦片战争前清朝对外政策，要而言之，就是道光帝在1835年（道光十五年）的一次朱批中概括的两句话：“天朝体制断不可失，外夷衅端断不可启。”[①]

所谓“天朝体制”，就是清政府在对外关系方面所持的原则立场以及相应所采取的一系列措施。

在政治方面，清政府沿袭了封建统治者传统的“天朝上国”的观念，把与之打交道的外国不加区分地一概视为朝贡国，对它们虽不干涉其内政，也不图实际物质利益，但绝对要求其恪守臣服之礼；而对“恭顺”、“虔敬”的外国，清廷必予褒奖施恩；如果外国对清廷不守臣服之礼，则必遭清廷斥责。对于来华外国人，清廷也采取严格的防范与管理措施，对其活动范围、时间、行动方式等等都有限制，[②]如果外国人严重违反这些规定，清政府就采取停止贸易和断绝生活物资供应的措施加以惩罚。外国人在华犯罪，由中国官府行使司法审判权。对于从明末就被葡萄牙占据的澳门，清政府也一直行使领土主权，规定葡人年纳地租，并对澳门制定了一套管理措施。

在经济方面，清政府虽认为“天朝物产丰盈，无所不有，原不借外夷货物以通有无”，但作为抚绥远人的措施，还是允许外国前来通商。只是对通商作了一些限制：从乾隆二十二年（1757）起将中外贸易口岸限定为广州一处；外商对华贸易，只能通过清政府指定的行商进行；对外商输出输入物品的某些种类、数量作一些限制；如此等等。与此同时，对于鸦片贸易，清政府从雍正年间即明令严禁，以后各朝也一再重申，嘉庆二十年（1815）清政府进而制定了《查禁鸦片烟条规》，规定对来华外国船只必须逐船查验，发现载

① 中国近代史资料丛刊《鸦片战争》（以下简称《鸦片战争》）I，神州国光社1954年版，第208页。

② 这些措施集中反映在乾隆年间和嘉庆年间先后订立的《防范外夷规条》、《民夷交易章程》之中。

有鸦片即将其货物全行驳回，不准贸易，如当事官员循规放纵，即严加办理。[①]

在文化方面，清政府对于来华的西方传教士，允许他们运用自己的知识为清政府服务，但为了防止他们结为一股势力，同时认为西方宗教"原非中国圣人之道，愚民轻信误听，究非长远之计"[②]，因而从康熙年间起，清政府就"不许传教于中国及直省，开堂者禁之"[③]，以后各朝更是愈来愈严格地执行这种禁教政策。

"天朝体制"在道光朝以前，已经是一个较为完整的对外政策体系。这种对外政策体系，从来就不合乎西方殖民者的胃口，从很早起，他们或者利用清朝官僚体制的弊端进行实际破坏，或者试图通过外交途径予以打破，但都没有从根本上动摇。到道光帝继位之时，随着西方自由资本主义更为迅速的发展，以武力作后盾的西方殖民扩张势力越来越向中国逼近，以英国为代表的西方国家，便向"天朝体制"展开全面挑战：在政治方面，英国借 1834 年派遣驻华商务监督之机，试图一反以往惯例，争取与中国官府文移平行，其商务监督律劳卑在要求被拒绝后，还掀起一场激烈的武装冲突；律劳卑之后，义律又在本国政府支持下反复提出上述要求；对于清政府防范、管理外国人的措施，英国等国侵略者一再公然违犯，甚至肆无忌惮地派遣间谍船只对中国沿海数省进行侦察窥探；与此同时，对中国司法主权的践踏也由隐而显，道光年间，英国从不将在华作恶的歹徒交给中国政府治罪。在经济方面，英国在 1834 年取消东印度公司对华贸易垄断后，打破广东行商垄断对外贸易制度的愿

① 参见萧致治、杨卫东编：《鸦片战争前中西关系纪事》，湖北人民出版社 1986 年版，第 299 页。

② 张维华：《明清之际中西关系简史》，齐鲁书社 1987 年版，第 153—154 页。

③ 夏燮：《中西纪事》卷 2。

望日趋强烈，同时主要由英国经营的鸦片贸易也正是在道光年间进入高峰，1820年至1824年年平均输入量是1815年至1819年年平均数的将近1.8倍，其后继续直线上升，1835年至1839年年平均输入量又是1820年至1824年年平均数的将近4.5倍。在文化方面，尽管清政府厉行禁教政策，但西方传教士从未放弃传教活动，道光年间，天主教在中国13个省份均有活动，有天主教徒约30万人。

道光帝是在“天朝上国”观念熏陶下成长起来的封建君主，他御极时中国毕竟还是一个独立统一的大国，康、雍、乾三帝的文治武功对他还有激励作用，从他个人情况看，也是想维持和巩固祖宗基业的，其中也包括维护传统的“天朝体制”。因此，他对于英国等国向“天朝体制”的挑战，不可能无动于衷、漠然置之，所谓“天朝体制断不可失”，正反映出他的立场与态度，而这种立场与态度在“朕即国家”的政治条件下，又化为清朝对外政策的一个基本方面。

由于推行这种对外政策，清政府在政治方面断然拒绝英国所提“文移平行”的要求，声称：即使外国官员，“亦安能与天朝命官通书信”，“务须恪遵天朝体制……毋得再涉违制，自蹈愆尤”[①]；鉴于西方侵略者种种藐法行为，为了加强对来华外国人的防范与管理，1831年和1835年清政府两次将先前的有关规定重新整理和扩充，订立、颁布《防范夷人章程》；对于在华犯罪的外国人，清政府仍坚持行使司法主权，如钦差大臣林则徐在广东即正告庇护英国歹徒的义律：英人在华犯罪，“岂得不交官宪审办？且从前内地所办命案夷犯，历历有据，各国无不凛遵，岂义律独可抗违此例乎？”[②]在经济方面，清政府对外一再重申它要坚持传统的对外通商制度，在取缔

① ［日］佐佐木正哉编：《鸦片战争前中英交涉文书》，台湾文海出版社1977年版，第8、97—98页。

② 《鸦片战争》Ⅰ，第336页。

鸦片贸易方面也日趋严紧，终于在1838年掀起声势浩大的禁烟运动，派林则徐赴粤，收缴和销毁了外国鸦片贩子手中的2376254斤鸦片，沉重打击了西方的鸦片侵略，震撼了世界。在文化方面，道光朝禁教政策的推行较以往更为严厉，连管天文历法的钦天监也不许西方传教士进了，试图严防传教士深入内地，彻底制止他们的传教活动。如此等等。

鸦片战争前清朝对外政策还有一个方面，即“外夷衅端断不可启”，亦即尽量避免引起中外之间的严重冲突。

在道光朝以前，中外关系总体上比较平稳，但也发生过较严重的冲突。遇到这种情况，清政府都是采取强硬立场，绝无畏惧、苟安之意。道光朝的情形就不同了。在此时期，清政府是唯恐在中外关系方面发生大的问题，总希望保持平安局面。道光二年（1822），某船水手在伶仃杀人后逃走，清廷虽声明必须依法惩治，但又担心事情闹大，而令广东当局小心处理，“勿致别生事端”。[①]道光十二年（1832）英船“阿美士德”号违禁北上航行侦察，清廷虽令沿海官员设法驱逐，但当两江总督陶澍、江苏巡抚林则徐奏请派出文武官员上该船搜查鸦片，“倘夷人胆敢抗违，即行多派水师弁兵，排列巡船，申明禁令，示以声威”时，[②]道光帝又斥责他们“所见大谬”，还质问道：“若因此别生枝节，致启衅端，则责有攸归，该督等自问当此重咎乎？”“岂能自作聪明，以致措施失当？”道光十四年，律劳卑率英舰打破虎门炮台，闯入内河，挑起中英之间的严重冲突，清廷得知后大为震惊，但在给广东当局的指示中，一方面要求“加以威慑，俾知畏惧”，“不可稍事迁就”；另一方面又令其“不

---

① 《清代外交史料》嘉庆朝第28、29页，道光朝故宫博物院1930年版，第15页。
② 故宫博物院编：《史料旬刊》第15期，第546页。

可遇事张皇，肇启边衅”，显然不打算采取强硬手段解决冲突；冲突过后，道光帝认为广东当局做到了“不失国体，而免衅端”，表示“朕颇嘉悦”。[①]道光十八年（1838），清政府鉴于鸦片贸易引起的银荒兵弱的严重危机，决定派林则徐赴粤查禁鸦片，以拔本塞源，但即使在这时，清政府也并非不担心引起边衅。林则徐赴粤途中，直隶总督、大学士琦善曾告以“无启边衅”；[②]林则徐本人虽在当时判断收缴外国烟贩手中的鸦片不会引起中英间大的冲突，但在出使时仍不免有“赴汤蹈火”之感，当年在“阿美士德”号问题上道光帝对他的斥责，言犹在耳；以后的事实也证明，道光帝对林则徐的支持，的确是以不启边衅为限度的。

“外夷衅端断不可启”之所以在道光朝对外政策中占有重要位置，并不是偶然的。这是清朝统治的衰落在对外政策上一种鲜明的反映。通观清史可以看出，清朝统治自乾隆末期就开始走下坡路，经过嘉庆朝剧烈的社会动荡，到了道光朝，更加呈现出江河日下的状态，政治腐败，经济凋敝，国库空虚，武备废弛，同时阶级矛盾依然激烈，人民反抗斗争接连不断。处于这种条件之下，道光帝不能不为清朝统治的前途忧心忡忡，清政府势必要最大限度地集中力量对付内部危机，相应的，在对外关系方面，就迫切希望在维护“天朝体制”的前提下，尽量保持平稳局面，不致因对外关系问题而分散用于维护对内统治的力量。这样一来，“外夷衅端断不可启”自然就成为清朝对外政策的一项重要原则了。此外还应指出的是，清朝统治到了道光朝已经败坏至极，统治集团中不少人还与鸦片贸易关系甚密，从中获取巨大利益。在对外关系方面维持现状，避免

---

① 《宣宗圣训》，清末刊本，卷101，第16、17页；卷102，第4、9页。

② 《鸦片战争》Ⅱ，第304页。

严重冲突发生，正是相关的贪官污吏愿望的反映。因此，“外夷衅端断不可启”这一原则，在当时统治集团中也是相当有市场的。

对于鸦片战争前清朝的“天朝体制断不可失，外夷衅端断不可启”的对外政策，应该怎样看待呢?

首先，笔者认为，这种政策是自主性的。所谓自主性，有两层意思：一是指这种政策是清政府根据本身的情况和需要而制定和推行的，并不受外部势力的影响和左右，反映出当时清朝所处的独立自主地位；二是指这种政策的基本点在于贯彻和维护中国的国家权益。一些西方学者，总是抓住清朝对外政策中反映出的“天朝上国”观念及由此而形成的一些惯例大做文章，还把清政府防范、管理来华外国人的措施指责为“可厌的限制”。其实，清朝自命为“天朝上国”，主要是个观念问题，要求来华外国使节照办的惯例，也只是礼节问题，实际上并未对西方国家的主权和利益造成侵害和影响，抓住这一点来为西方侵略中国辩解，完全是站不住脚的；至于清朝防范和管理来华外国人的措施，纯属中国国家主权范围以内的事，其中有些内容在今天看来也许失之琐细，但按当时的历史条件，应该承认总体上有其价值。攻击这些措施“可厌”，并据以论证“侵略有理”，完全是殖民者的逻辑。

其次，这种政策具有相当的盲目性。常识告诉我们，一个国家的对外政策，既是其对内政策的延伸，又是其对外认识的反映。作为对外政策的制定者，既要准确地把握本国国情，又要清楚地了解外部世界状况，做到知己知彼，这样才能制定出恰当、有利的对外政策。而鸦片战争前清政府制定对外政策，却是在完全昧于外部形势、困于传统观念束缚的情况下进行的。道光时期的世界，资本主义的发展是那样迅速，以英国为代表的西方国家殖民扩张的势头是那样凶猛，西方资产阶级打开中国大门的欲望是那样强烈。但对这一切，清朝君臣一无所知，还是沉溺在陈腐的“天朝上国”观念之中，把西方国家视为不足道的“蕞尔小邦”，甚至连打了二百来年交道的英国地处哪里都不知道。因此，鸦片战争前清朝对外政策完全没有考虑到外部实际情况，具有相当的盲目性，而这本身就潜伏着巨大危险。

第三，这种政策具有浓厚的保守性。“天朝体制断不可失，外夷衅端断不可启”这两句话明显反映出维持现状的意向。从前述可知，所谓“天朝体制”，基本是对传统的继承，原是道光朝以前中外关系格局在清朝对外政策上的反映，在那时自有其推行的条件与效能。但是到了道光朝，情况已发生巨大变化，以英国为代表的西方侵略势力愈来愈进逼中国，而中国自身的力量也在日益削弱，在这样的条件下，仍要固守老章程，而不谋求新的对策，还一厢情愿地希望把老章程平平安安地维持下去，当然是十分保守的。这种保守性只能使清朝对外政策变得越来越不合时宜，最终导致与其初衷相反的结果。

第四，这种政策具有内在的矛盾性。“天朝体制”的重要内容就是行使国家主权，对来华外国人进行防范和管理。而对于那些图谋对华殖民扩张的侵略者来说，“天朝体制”久已被其视为打开中国大门的巨大障碍。到了道光年间，他们的气焰越来越嚣张，叫嚷：“是什么妨碍自由贸易扩展到整个中国沿海、增大到可以指明的界限以上呢？是中国政府的政治恐怖”，为了打破这种“政治恐怖”，现在有必要动用武力。[①] 因此，清政府倘要坚持“天朝体制断不可失”，就势必会与西方侵略者发生尖锐矛盾，所谓“外夷衅端”也终究不

---

① 转引自田中正俊：《中国社会的解体与鸦片战争》，见《外国学者论鸦片战争与林则徐》（上），福建人民出版社1989年版，第37、38页。

可避免。然而清政府因昧于外情，完全不懂得这一点，居然把维护“天朝体制”与避免引起“外夷衅端”凑在一起，作为对外政策的两个侧面，不能不说是自相矛盾。这种内在的矛盾性，必然会使清政府在实际处理涉外问题时左右摇摆，也给了统治集团内部在对待外来侵略问题上持抵抗与妥协两种相反态度的派别以各自的凭借。

二、鸦片战争中清朝对外政策的转变

1840 年 6 月，英国为了维护罪恶的鸦片贸易进而打开中国大门，发动了鸦片战争。清政府在这场战争中从三心二意的抵抗走向对英屈膝投降，其对外政策也相应地逐步发生逆转。

关于清朝对外政策在鸦片战争中的演变，指出其战和不定者有之，认为清政府从天津谈判就已开始对英投降者有之。笔者以为，这些看法对战前清朝对外政策缺乏必要了解，在判断清朝对外政策是否转变问题上，也缺乏恰当标准，因而或流于就事论事，或失之于武断。

如上节所述，战前清朝对外政策本有“天朝体制断不可失，外夷衅端断不可启”这两个侧面，占主导地位的是前一个侧面，而后一个侧面因是出于为清朝统治求得安宁的外部环境的需要，也是重要的指导方针；因此，作为政策，它本身就有左右摇摆的可能，我们自不可因其发生摇摆就看成是政策本身发生了重大转变。判断清朝对外政策是否发生转变，恰当的标准应是看清朝是否屈从英国的要求、丢掉它一贯维护的“天朝体制”。本着这些认识，笔者认为清朝对外政策在鸦片战争中的转变经历了一个过程，大体可分三个阶段：从鸦片战争爆发到广东中英谈判交涉，为第一阶段（1840 年 6 月—1841 年 1 月）；从清政府首次对英宣战到其批准广州停战的协定、对英妥协，为第二阶段（1841 年 1 月—1841 年 8 月）；从英军再次北犯到清政府同意全盘接受英国侵略要求、进而签订《南京条约》，为第三阶段（1841 年 8 月—1842 年 7 月）。

先说第一阶段。英军攻陷定海，陈兵天津海口，向清政府递交巴麦尊照会。这些重大事变，使清廷大惊失色，它很快就显示出希望息事宁人的意向。清廷令沿海守军“不必遽行开枪开炮，倘有投递禀帖情事……即将原禀进呈”。接到巴麦尊照会后，清廷全面拒绝了其中所提各项要求，同时又决定将在粤主持禁烟而为英国所攻击的林则徐等，加以“措置失当”罪名，“重治其罪”，为英国“代申冤抑”。随后，琦善奉命在大沽口和广州与义律谈判交涉，清廷也在英舰从天津南下后明令将林则徐等革职查办。但英方仍坚持各项侵略要求，并在广州谈判陷入僵局后悍然进犯大角、沙角炮台，强占香港。于是，清廷对英态度逐渐强硬，终于在 1841 年 1 月 27 日下诏对英宣战，表示要将英军“痛加剿洗，聚而歼旃”。[①] 与此同时，清廷对一味妥协退让的琦善和负责浙江军务而不努力收复定海的伊里布也深表不满，最终将他们革职治罪。

从这一阶段的情况看，清政府显然对英国作出了妥协让步，具体表现是：允许英军在天津递交“禀帖”，派重臣在天津、广州与英方谈判，承认英国在禁烟运动中蒙受了“冤抑”，将林、邓革职以为英国“申冤”，等等。从实际效果看，这些妥协让步从根本上打击了正义的禁烟运动，顺从了英国侵略者的一个重要目的，严重瓦解了中国御敌的防线，影响十分恶劣，预示了战争的阴暗前景。但同时也应指出，在这个阶段，清政府在主观上并未改变其战前的对外政策。首先，观其处理中英矛盾的方针，包括全面拒绝英国各项要求

① 齐思和等整理：《筹办夷务始末》（道光朝），中华书局 1964 年版，第 359、391、712 页。

与惩处林、邓为英国“申冤”两个方面。前者显系出于维护“天朝体制”的考虑，后者则是为了平息英人怨恨、消解衅端。这一解释，可由英军南下后道光帝对伊里布奏折的朱批来证明：“总要上不伤国体，下不开边衅。”[①]这可以说是“天朝体制断不可失，外夷衅端断不可启”的重申。其次，从清廷的实际做法看，尽管是在妥协让步，但在“体制”攸关处，仍然一如既往：答复英方要求，不用政府正式文件，而以当事官员名义“传谕”；对英方要求条条驳回，而采取传统的罢黜有关官员的内政措施以示妥协姿态；对英军南下后坚持侵略要求和武力进犯等行径十分愤慨，不甘屈从；认为琦善、伊里布所为有失“天朝”尊严而严加斥责和惩处。这都说明当时的清政府的确还是想维护“天朝体制”。

另一方面，清廷的种种表现也证明它是尽量寻求消解衅端的途径，只是在事实证明这种意图没有办法实现、看出英国必欲破坏“天朝体制”而后已的情况下，才不得不对英宣战。

再说第二阶段。清政府对英宣战后，调集数省清军赴粤，发动剿英战役。结果清军一败涂地，奕山等无耻降敌，订立屈辱的“广州停战协定”，向英军交出600万元“赎城费”，将清军撤离广州城，并恢复中英贸易。奕山等的投降行径，事后得到了清廷的批准，清廷在申明英军必须“立即退出外洋、缴还炮台，仍须凛遵前定条例……不准夹带违禁烟土”的前提下，同意英国“照常贸易”。[②]同时，它又加剧了对林、邓的迫害，将他们“从重发往伊犁”。[③]并且，它还不顾两江总督裕谦等的反对，强令沿海撤军。

关于这一阶段清政府对英的举措，有论者认为它之所以批准

---

① 《筹办夷务始末》（道光朝），第515页。

② 同上，第1046页。

③ 同上，第1056页。

“广州停战协定”，是由于听信奕山等谎报“军情”所致。这种看法是不正确的。在广州剿英战役前，清政府在断绝对英贸易问题上态度十分强硬，曾对擅许英国贸易的杨芳、怡良严加指责并给予处分，传旨奕山等“断不准提及通商二字”[①]，如果真是听信谎报、误败为胜，自无反倒一改腔调、允准英国贸易之理；再者，奕山等的奏报也并非全是谎言，内有“夷船驶入省河，排列多艘，咽喉已为所扼”，“此时河道梗塞，文报难通”，“若坚持日久，或致意外之虞，不特收复大费周章，而民为邦本，或遭荼毒，关系匪轻”等语，[②]由此完全可以明了广州的危急局面，故道光帝在批准奕山等所谓的上谕中，写有“朕谅汝等不得已之苦衷”这句话。[③]据此，笔者认为清廷批准奕山等的投降行径，是战败后对英国的又一次妥协，而非听信谎报后作出的糊涂决定。

在这个阶段，清政府对英军从“剿”到“抚”，所谓“抚”，包括同意向英国支付“赎城费”（即使清廷听信奕山等谎报，以为是代偿“商欠”，也违反了它最初所持朝廷不能代偿“商欠”的立场），将“剿英”清军撤离广州，在英军仍然占据着香港的情况下就同意恢复对英贸易等等。不管它口头上怎么说，实际上已严重损害了“天朝体制”。清廷是指望以这种前所未有的妥协来消解“外夷衅端”，尽快恢复太平局面。不过，也要看到，清廷在这个阶段还是没有根本改变“天朝体制断不可失”的立场，因为它还明确要求英国“凛遵前定条例”、“不准夹带违禁烟土”，也没有接受英国早已提出并继续坚持的主要侵略要求。

再说第三阶段。英军在 1841 年 8 月璞鼎查来华后再次北犯，清

① 《筹办夷务始末》（道光朝），第 956 页。
② 同上，第 1042 页。
③ 同上。

廷不得已再次应战，于1842年3月在浙江发动剿英战役，结果又遭失败。于是清廷派出宗室耆英、伊里布赴浙媾和。但英军对耆、伊不予理睬，打进长江，攻陷镇江，封锁运河，陈兵南京江面。清廷在得知镇江失守后，于7月26、27日连发谕旨，表示愿意全盘接受英国要求，准令耆、伊“便宜行事”，明确宣称“此时业已专意议抚”。[①]耆、伊遵旨赶往南京，完全依照英方所提草案，签订了《南京条约》。

清廷在这个阶段确立了对英彻底投降的方针，这是毋庸置疑的。但此方针确立的具体时间，有论者认为是1842年3月清廷决定派耆、伊赴浙媾和之时。笔者认为并不准确。所谓彻底投降，是指无条件接受敌方的要求，而清廷在决定派耆、伊赴浙媾和时，并无此意，按道光帝的说法，这是为了在“战”之外，“备其一端”；[②]从实际情况看，一直到镇江失守以前，清廷对耆、伊的行动都是有较多限制的，不允许他们直接与英方谈判。清政府确立彻底投降方针的时间，应是在镇江失守之后，其标志是7月26、27日的上谕。

第三阶段中，清政府在遭到一系列失败后，终于被迫全盘接受英国侵略要求，订立丧权辱国的《南京条约》，这意味着它的对外政策发生了根本转变。从此，对英国为代表的西方侵略势力强加给中国的半殖民地秩序（即所谓“条约体制”）的屈从，开始取代“天朝体制断不可失”，而成为清朝对外政策的基调；而所谓“外夷衅端断不可启”，则成为西方侵略势力在华建立半殖民地秩序的莫大助力。

① 《筹办夷务始末》（道光朝），第2127页。
② 同上，第1799页。

三、对转变后的清朝对外政策的评论

鸦片战争引起了清朝对外政策的转变。这一转变，不只是对外政策本身的问题，而且还直接影响到中国社会的重大变化。那么，应该怎样看待这种转变呢？它是积极的还是消极的？该肯定还是该否定？对这些问题，人们的看法并不一致。有些港台学者认为："耆英主政时期（即1842年3月至1848年2月——引者）正是清朝对外政策发生根本转变的时期，可以视为中国近代外交的第一个阶段。"[①]而所谓"近代外交"，即是"平等外交"，是清朝"由高高在上万邦来廷的天朝，走入到各国平等的国际舞台"。而这种"近代外交"又是"认清时代"、"适应时代"的结果。[②]如此说来，清朝对外政策的转变就是积极的、应该肯定的了。但是笔者以为，这种看法是不对的，因为这些看法并不符合事情的本来面目。

首先，清朝对外政策的转变，在性质上是从对外国不平等变为平等吗？不错，鸦片战争前清政府在对外问题上的确存在着"天朝上国"观念，但那不过是关起门来自高自大，实际影响基本限于礼仪，对外国尤其是西方国家的主权和领土完整、实际利益，并未造成侵害。因此，在实质问题上并不存在中外之间的不平等。至于防范、管理来华外国人的措施，限制对外贸易，禁止西方传教士在中国传教等等，则是自主地行使国家主权的表现，绝不是什么对外国不平等。当然笔者也认为鸦片战争前的"天朝体制"已越来越不合时宜，但这是指其内容已陈旧过时，不适应新的形势，而绝不是认

① 王尔敏：《耆英外交》，见《中国近代现代史论》第1编，台湾商务印书馆1986年版，第361页。

② 姚廷芳：《鸦片战争与道光皇帝·林则徐·琦善·耆英》上册，台湾荣泰印书馆1970年版，第271—272页。

为它在性质上是不平等的对外政策。鸦片战争后清朝对外政策的转变，从清朝当权势力的指导思想来看，主要是基于两方面的考虑：其一，“攘外难于措手”。经过一系列战败，清朝当权势力完全被英军武力所吓倒，认为“该夷船坚炮利……非兵力所能制伏”，而清军则武器窳败、士气低落，即使战后重整旗鼓，“从新做起，经费实属不赀”，因此“攘外难于措手”，也就是说再也不能坚决抗击侵略。[①]其二，“攘外必先安内”。前面已经指出鸦片战争中阶级矛盾的激化、清朝统治危机的加深，对清朝当权势力来说，这是“心腹大患”；而以英国为代表的西方侵略势力，无论其多么凶暴，在清朝当权势力看来，“其意不过求赏码头，贸易通商而止，尚非潜蓄异谋”[②]，并非不共戴天之敌；权衡利害，还是要把“安内”放在首位，“内不自安，何暇攘外？”[③]基于这两方面的考虑，清朝当权势力在对外问题上，就把“天朝体制断不可失”，变为“但当计我之利害，不必问彼之是非”，[④]说穿了就是为了巩固清朝的对内统治，不惜屈从英国的侵略要求，丢掉英国侵略者必欲除去而后快的“天朝体制”。至于所谓“平等外交”的观念，从未反映于清朝君臣的任何言论当中。当时他们也不可能有这样的观念。因此，从主观上讲，清朝对外政策的转变，完全是出于对清朝统治利害的考虑，是不得已而屈从，不是什么由“不平等”观念变为“平等”观念。

从转变后的清朝对外政策的具体内容来看，主要有两个方面，即“俯顺夷情”、“一视同仁”和“外示信义”、“坚守条约”。所谓“俯顺夷情”，就是全盘接受西方国家侵略要求；所谓“一视同

---

① 《鸦片战争》Ⅲ，第470页。
② 《筹办夷务始末》（道光朝），第2262页。
③ 《鸦片战争》Ⅲ，第468页。
④ 《筹办夷务始末》（道光朝），第2648页。

仁”，就是一个西方国家所攫取的侵华权益也由清政府无条件推及其他西方国家；所谓“外示信义”、“坚守条约”，就是顺从和维护西方侵略者开始在中国建立起来的半殖民地秩序（即所谓“条约体制”）。这种对外政策的后果，如众所周知，是近代第一批不平等条约的订立、鸦片贸易实际合法化、天主教弛禁，香港割让，连澳门也在葡萄牙殖民者驱逐中国官吏的情况下，实际终止了中国的行政管辖权。因此，从客观上讲，清朝对外政策的转变，所导致的是西方侵略者压迫中华民族的半殖民地秩序取代原有的自主的“天朝体制”，并不是什么由“不平等”变为“平等”。

无论是清朝当权势力的指导思想，还是转变后的清朝对外政策的具体内容、推行的后果，都无可置疑地证明清朝对外政策的转变，在性质上是从自主性转变为屈从性。这种转变，准确地说，是近代半殖民地外交的开端。在中国近代史上，西方与中国的关系，在本质上始终是侵略与被侵略、压迫与被压迫的关系，从无平等可言，这是众所周知的常识。把顺从西方国家的侵略要求，说成是对它们讲平等，这是无论如何也不能令人苟同的。

其次，清朝对外关系的转变是“认清时代”的结果吗？鸦片战争前清朝对外政策的一个很大缺陷，就是相当的盲目性，完全不了解外部世界的状况。那么，鸦片战争后清政府制定对外政策，在这一点上有什么进步没有呢？是否真的“认清时代”了呢？对此不能主观臆断，而要根据当时的实际情况来回答。

按理说，清朝在鸦片战争中遭到惨败，创巨痛深，至少对于发动这场战争的英国，是该认真作一番认识和研究的功夫了，用当时人的话说，就是要认识和研究“夷情”。清朝当权势力对“夷情”的认识究竟如何？只要看看当时参与制定并实际推行对外政策、被视为“夷务”专家的耆英等的说法，就可一目了然。他们对“夷情”

的看法有三个方面：一是认为英国“船坚炮利，断难力敌，亦无术破”[①]；二是认为英国“以贸易为性命，准其贸易则恭顺如常，绝其贸易则骄蹇难制”[②]；三是认为英国发动侵华战争，是因其不满意以往在通商制度上的限制，“其意不过仍欲另立码头，以祛积弊”[③]，“尚非潜蓄异谋”[④]。这些认识的前两个方面，承认英国武力的优越，看到“通商”（即开拓在华市场）对英国的极端重要性，未尝没有反映出一些实际情况，比起以往茫然无知，自是进了一步，但也不过是一点浮光掠影的感受。清朝在战争中遭受那么严重的失败，由此而承认英国武力的优越；在英国迫使清政府接受的侵略要求中，服务于商品侵略的内容占很大比重，具体办理交涉的官员由此感受到“该夷以通商为性命”，这些都是不足为奇的，谈不上认识和研究的功夫。至于英国武力何以优越，英国为何如此依赖“通商”，这些关键性的深层次问题，包括耆英在内的清朝当权势力并无认识，也没有打算研究清楚。就第三方面的认识而言，显然是不把英国为代表的西方势力视为最危险的敌手，而认为他们所求不过是一些枝节细事，对中国（在清朝当权者心目中实为清政府）没有异心。这完全是昧于当时世界形势的谬见。众所周知，19 世纪中叶自由资本主义迅速向全球扩张，以英国为首的西方国家，本着弱肉强食的原则，采取各种手段将落后、弱小国家和民族变成自己的殖民地与半殖民地，后者只要不奋发图强、急起直追，迟早会加入殖民地、半殖民地行列。因此，当时对于中国这样落后的国家来说，最危险的敌手当然只能是以英国为代表的西方侵略势力。即使是当时

---

① 《鸦片战争》V，第 434 页。
② 《筹办夷务始末》（道光朝），第 2649 页。
③ 同上，第 2534 页。
④ 中国第一历史档案馆编：《鸦片战争档案史料》第 6 册，天津古籍出版社 1992 年版，第 57 页。

的中国人，对于印度沦为英国殖民地的惨痛历史也是有所了解的，然而清朝当权势力在刚刚遭到英国疯狂侵略之后，仍不知引为殷鉴，还说什么该夷“尚非潜蓄异谋”，实在荒谬之至。此外，清朝在鸦片战争后制定和推行对外政策，根本没有以近代国家视为至关重要的国家主权观念作指导，负责对外交涉的耆英以及审核所定条约、章程的穆彰阿之流，完全不懂得协定关税、领事裁判权、片面最惠国待遇等条款对中国主权的严重侵犯，他们的注意力只放在清朝关税是否会比以前减少、“外夷”是否感到满足而不生事等问题上。从近代第一批不平等条约订立的情况看，《南京条约》是在英方提出的草案上直接签字，无所谓谈判交涉；《虎门条约》也是完全按英方所提原则订立，所谓谈判交涉不过是磋商一些细节问题；中美《望厦条约》、中法《黄埔条约》等，均是由对方提出条约草案，耆英等“不作任何犹豫而行接受”①。在所有的条约谈判中，在涉及损害中国主权的问题上，清政府的谈判代表基本未与对方发生什么争执，使侵略者喜出望外。

综上所述，鸦片战争后清朝当权势力对外部世界的认识，有些是肤浅的，在关键性问题上仍然是无知乃至荒谬的，处理涉外事务全无近代国家主权观念。这怎么谈得上认清了时代呢？应该说，战后清朝对外政策仍然具有相当的盲目性，并且较之战前对外政策的盲目性危害更大，因为它直接促使清政府屈从于西方侵略势力、肆无忌惮地出卖国家主权。

第三，清朝对外政策的转变是“适应时代”吗？如前面所述，鸦片战争前清朝对外政策有浓厚的保守性，它已不适应中国抵制西方侵略、维护国家主权与民族独立的需要，也可以说是“不适应时

① 张雁深：《中法外交关系史考》，长沙史哲研究社 1950 年版，第 36 页。

代”。那么，转变后的清朝对外政策是否就克服了保守性，“适应时代”了呢？我们可以从两个方面来分析这个问题。首先，战后清朝对外政策的根本目的何在？很显然，是要通过对外妥协投降来换取清朝统治的重新巩固，用清朝当权势力的话说就是“与其兵连祸结，流毒愈深，不若姑允所请，以保江南大局”[①]。本来，经过鸦片战争，中外关系格局已发生逆转，中国开始丧失独立地位，清朝面对如此变局，要重新立于有利地位，只有对其统治痛加改造，弃旧图新，同时在外交方面也要大力扭转局面。然而清朝当权势力毫无此意，战后竟然雨过忘雷，仍复恬嬉，“海疆之事，转喉触讳，绝口不提”[②]，完全是一派苟安景象。而战后清朝对外政策，就是要求得一种貌似太平的外部环境，把这种苟安状态维持下去，它根本没有考虑怎样扭转中国在对外关系中所处的不利地位问题。因此，这种对外政策虽然性质、内容与战前均不相同，但却都是出自清朝当权者维持现状的愿望，为了达到这种愿望，负责外交事务的耆英拼命讨好、巴结外国侵略者，把维持“抚局”、避免发生中外冲突放在高于一切的位置，即使侵略者任意横行、胡作非为，也是低眉隐忍、不敢相争。这样看来，战后清朝对外政策仍然没有消除浓厚的保守性。再从战后清朝对外政策对中国国际地位的影响来看，如前面所述，它并没有促使中国往强大、独立自主的方向发展，恰恰相反，而是促使中国向半殖民地社会沉沦。这一事实本身，连同上面所说的战后清朝对外政策的浓厚的保守性，完全可以驳倒认为它“适应时代”的观点。

总之，转变后的清朝对外政策，以对西方侵略势力的屈从性取

---

① 《筹办夷务始末》（道光朝），第2543页。

② 《鸦片战争》V，第529页。

代了以往的自主性，同时也没有克服盲目性、保守性。这种对外政策使中国开始沦为半殖民地，适应了西方奴役中华民族的需要；而对于中华民族摆脱殖民枷锁、奋起赶上时代潮流，则只有严重阻碍而无任何裨益。因此，这种对外政策毫无积极意义，只能从根本上加以否定。

（原载于《河北学刊》1991 年第 4 期）

试论律劳卑事件的根源与中方的应对

1834年，英国政府派遣的贵族军官律劳卑来到广东，担任驻华商务总监督，取代此前英国东印度公司负责贸易事务的“大班”。他强调自己作为英国官员的身份，拒绝像以往的“大班”那样通过广东行商间接与清朝官员打交道，强要直接交涉，而广东当局则固守旧章，双方由争执而至发生武力冲突，中英贸易也随之一度中断。最后，律劳卑为避免英商利益受损，加上他健康状况恶化难以支撑，被迫对中方妥协，并在不久后死去。这就是所谓“律劳卑事件”，其经过，中外相关著述中已有详细介绍。在此，笔者主要就事件的根源以及当时中国方面所作的应对，提出浅见，敬祈指正。

一、事件溯源

引发事件的直接原因，是律劳卑公然违反清政府针对在粤西人所制定的一套规章。这些规章的内容，在争执开始发生时由广东当局加以重申，其中，除了外国船只进出广州港口应履行的各种手续，不许外商携带枪炮、“番妇”到省和禁止外商任意从商馆出外活动等规定之外，还有很重要的一点，就是：“夷人具禀事务，事关紧要者，应将禀词交保商代递，不准夷人擅至城门口自投。其寻常贸易事务，应赴海关衙门具禀。”[①]由此可以看出，清政府不允许在广东的外国人直接与官员打交道，即使外国人向官员通报重要事情，也必须通过“保商”（即清政府指定的行商）这一中间环节，且采用“禀”的形式。至于这样规定的原由，广东当局也作了明确解释：“天朝命官，从不经理贸易细事，广东自准外夷通市以来，一切交涉事宜及约束夷商，均系责成该商（指行商——引者）等经理，从无与夷目文移往还之事”；具体到中英两国来说，彼此“向来不通文移，该国夷人在粤往来，除贸易以外，亦别无公事”。[②]显然，清政府制定上述规章的指导思想，是认为中国与英国等西方国家之间只存在贸易关系，来到广东的西人皆属商人之列，因此只让行商与之直接打交道，而官府则高居于两者之上，是很自然的事情。

平心而论，清政府的上述规章及其相应的指导思想，在相当长的时间里是有其现实条件与依据的。因为直到律劳卑事件发生以前，中国与西方国家之间确实只保持着贸易关系，即使长期垄断英中贸易的东印度公司，尽管背后有英国政府的强力支持，也还是以商业组织的面貌出现。那时，外商顺利展开对华商务的关键性因素，是取得行商的有效配合，虽然他们对于清政府一些限制性规定也有很多怨言，但“对于贸易的成绩感到欣慰”[③]，因此无意正面挑战清政府的上述规章，而一般采取服从的态度，直至1832年英国酝酿废除东印度公司对华贸易垄断权之时，曾长期任职于该公司驻华

---

① [日] 佐佐木正哉编：《鸦片战争前中英交涉文书》，台湾文海出版社1977年版，第2—3页。
② 同上，第7页。
③ [美] 马士著、张汇文等译：《中华帝国对外关系史》第1册，上海书店出版社2000年版，第98页。

机构的斯当东，还坚持认为在对华关系方面应该维持以往做法。[①]无怪乎广东当局向律劳卑声称："在粤贸易不止英吉利一国，即英吉利夷商在粤，亦不止一两年，均属安静守法。"

然而，在清政府看来理所当然而且长期施行无碍的上述规章（核心是"外夷"与官府之间不直接通"文移"），律劳卑却公然不予遵守：他一开始就将自己与商人明确区分开来，声称奉国王之命担任驻华贸易总监督、有权管理英人在华贸易事务，并撇开行商，直接致函两广总督，要求与之会见，函件亦不采取"禀文"形式。[②]而他之所以这样做，又是因为英国外交大臣巴麦尊曾指示他：抵粤后"立即以公函通知总督"。[③]很清楚，无论巴麦尊还是律劳卑，都是要向清朝当局表明：英国要与中国围绕贸易建立政府之间对等的日常关系，改变以往那种只有贸易往来却无政府之间联系的状态。

律劳卑根据巴麦尊指示而采取的步骤及其意图，并非突如其来。早在1793年至1794年马戛尔尼率使团来华之时，英方就已向清政府明确提出正式建立两国政府之间对等关系的要求，希望英国使节能够"久驻北京"，同时也欢迎中国向英国派遣使节并愿为此提供种种便利。[④]马戛尔尼使团未能达到目的而返，但英国并未放弃其目标，因此在1816年再派阿美士德使华时，外相加索里弗给他布置的重要任务之一，就是设法取得清政府对英国驻使北京的许可，同时声明英国政府随时可以接待中国使臣。[⑤]但阿美士德因不遵从中方规定的谒见清帝礼仪，未及正式交涉就被驱逐出境。将这些事实联

① 参见［日］卫藤沈吉：《炮舰政策的形成——论1834年中英关系的转变》，载《外国学者论鸦片战争与林则徐》上，福建人民出版社1989年版，第126—127页。

② 《鸦片战争前中英交涉文书》，第7、2页。

③ 《中华帝国对外关系史》第1册，第139页。

④ 《英使谒见乾隆纪实》，上海书店1997年版，第408页。

⑤ 郭廷以：《近代中国史》第1册，商务印书馆1947年版，第291页。

系起来考虑，似可认为：律劳卑抵粤后的行动，实际上是英国在通过正常外交途径不能如其所愿改变中英关系现状的情况下，利用派遣政府官员取代以往东印度公司“大班”之机，在当时中国唯一通商口岸所在地广东这个局部范围内，直接建立两国政府对等关系的尝试。

在当时，各国之间联系日益密切并不断扩大，英国要求将对华关系从贸易扩大到政府之间对等的关系，本在情理之中。但是，两国关系如此重大的转变，应以两厢情愿为基础、通过两国政府达成合意来实现，而绝不应靠一方强制另一方来促成。然而，在律劳卑事件中，英方所采取的恰恰是完全无视中方意愿并强制中方服从其意志的手段。

首先从与事件爆发直接相关的律劳卑身份问题来看：在东印度公司因对华贸易垄断权取消而不复设置“大班”之后，不知就里的清政府曾要求英国再派“大班”来粤，充当与行商对应的英商首领，以便约束英商。[①]而英方派来的是不同于“大班”的商务监督，但事先未就其确切身份对清政府作任何说明，也没有授予律劳卑证明其身份的凭据，只是让其到任后直接向清朝地方当局通告其作为英国官员的身份，并要求中方随即按照英方所认可的方式与之交涉。[②]这种做法完全违反了正常的国际惯例，意在强制中方在毫无准备的情况下迅速改变不愿接受英国驻华官员的一贯态度。

再从律劳卑在事件中的举动来看：他在自己的身份并未得到中方承认的情况下，傲慢地拒绝通过行商与广东当局沟通，又拒不遵从中方关于外国人进出港口的规定，为所欲为；广东当局一再要求

---

① 梁廷枏：《粤海关志》卷27，上海古籍出版社1995年影印本。

② 《中华帝国对外关系史》第1册，第160页。

律劳卑在清廷就“更定章程”作出决定之前遵守旧章，然而律劳卑对这完全合理的呼吁充耳不闻，坚持对抗，一味激化矛盾，直至命令英舰击毁虎门、横档炮台，闯到黄埔港，企图强逼中方就范。显然，在律劳卑心目中，纵然他身在中国领土上，英国的意志依然是至高无上的，而中国的立场则不值一顾，为了迫使中国服从英国的意志，哪怕动用武力也在所不惜。

综上所述，英国在 1834 年，试图通过对华派遣商务监督以改变中英关系现状，直接、局部地建立两国政府之间的日常对等关系，但它并不遵循正常的国际惯例，而企图通过对华采取强制性步骤来达到目的，由此显示出浓厚的殖民主义色彩。这正是引发冲突的根源。

二、中方的应对及其评析

以往有关律劳卑事件的研究，多着重于阐述其发生的背景、谴责英方的蛮横无理、分析此事件对中英关系变化趋势的影响，而对中方当时所作的应对却少有深入的评析。从汲取历史教训出发，这一欠缺应该加以弥补。

从史实来看，事件中首当其冲的广东当局，在律劳卑违规进驻英国商馆两天之后、在他派秘书直接到广州城门向官员投递信件的次日（1834 年 7 月 27 日），就指斥律劳卑“并不在澳门居住候示，又不请领粤海关监督牌照，率行来省，殊违定例”，同时以“天朝大臣，例不准与外夷私通书信”，申述拒收律劳卑函件的理由。显然，广东当局对于律劳卑违反清朝“定例”，是相当敏感而绝不懵懂的。不仅如此，广东当局同时还表示：“该夷贸易，如有更定章程等事”，“若事关创始，应候恭折奏明大皇帝，奉有谕旨，再行饬遵”。[①]这说明他们已经感觉到律劳卑有改变中英关系既有格局的图谋。

那么，广东当局如何应对这样的局面呢?

通观事件的全过程，广东当局一直都在致力于控制乃至平息冲突，以求避免“边衅”，但是，他们也从没有离开基本的立足点，那就是“国体断不可失”。他们把清政府针对在粤西人制定的规章（在不同的场合，分别有“定例”、“旧章”、“制度”等提法）提到“国体”的高度，并以无伤“国体”作为他们应对律劳卑挑战的底线。

在广东当局看来，律劳卑的举动有损清朝“国体”之处主要有三：一是“英夷贸易，向由洋商与大班人等经理，从无夷目干预，今忽设官监督，已与旧制不符”[②]，进而又蔑视清政府的“天朝”之尊，“其意以为外夷官目与内地官吏并无尊卑，欲思抗礼”[③]；二是违反定例擅自离开澳门、进入广州城外的英国商馆，企图在“省会重地”“居住办事”，“妄自尊大”；三是与广东当局停止贸易的惩罚性措施相对抗，竟令英舰“闯入内河，并于各炮台轰击时放炮回拒，不法已极”[④]。

而在应对律劳卑挑战的几个回合中，广东当局是一以贯之地致力于维护“国体”，促使律劳卑回到与“国体”不相抵触的轨道上来：

第一回合中，他们拒绝按照律劳卑的要求直接与之交涉，而是按照相关定例，先后五次“谕饬洋商传谕开导”，“告以……诸事均有旧章，该夷目既为贸易而来，即应遵守章程”，并声明中英贸易“从无官为主持之事，英吉利向与中华不通文移”，故律劳卑的要求

① 《鸦片战争前中英交涉文书》，第5页。
② 《史料旬刊》第21期，第769、768页。
③ 《史料旬刊》第25期，第917页。
④ 《史料旬刊》第23期，第845、842页。

“不能准行”。然而律劳卑“不遵传谕”，坚持直接与清朝官员往来，且表示不能“具禀”。

第二回合中，广东当局稍作让步，派出广州知府等低级官吏到英国商馆“面加查询”，意在探明律劳卑来意、其职务性质，并促其离开商馆返回澳门，“将兵船即日开行回国”。但这些官员为双方座次问题拖延两小时到场，且依然拒绝接收律劳卑致两广总督的信函，而律劳卑则对这些官员大加指责，更谈不上按广东当局的要求改变其立场。

第三回合中，广东当局以律劳卑“居心抗衡，不遵法度”，为“肃国体而慑诸夷”，不得已下令暂停对英贸易，同时宣称：待律劳卑“畏罪恭顺，遵照天朝制度，再行……开仓交易”。① 而当英舰击毁珠江口各炮台、闯进黄埔来对抗时，广东当局虽相当担心冲突导致严重的“边衅”，“未敢轻率举行”，但还是“查照旧章，严行驱逐”，并表示：只有律劳卑“已知畏惧，悔罪乞命，一切体制，悉照旧章”，才可“宽其一线”。② 最后律劳卑的妥协，在广东当局看来正是其捍卫“国体”的胜利，他们在奏报中突出渲染了这一点：“律劳卑屡次违执……臣等因国体攸关，不容迁就……且该国商梢数千人，俱以夷目不遵法度为非，无一附和……今律劳卑既已认错乞恩……自应宽其一线，逐令出口……并据该商（指英商——引者）等赴粤海关请领红牌，由……文武妥员……将律劳卑押逐出口……该夷兵船二只亦……押出虎门海口。”③

广东当局维护“国体”的立场，在事件善后工作中也凸显出来：他们除了针对事件中暴露出来的广东海防空虚、武备废弛进行

① 《史料旬刊》第21期，第767—769页。
② 《史料旬刊》第23期，第844—845页。
③ 《史料旬刊》第25期，第916—917页。

一些整顿之外，以很大精力强化针对在粤西人的规章，于1835年推出《防夷新规八条》，其主要内容为：（一）外夷护货兵船不准驶人内洋，应严申禁令，并责成舟师防堵；（二）夷人偷运枪炮及私带番妇哨人等至省，应责成行商一体稽查；（三）夷船引水、买办，应由澳门同知给发牌照，不准私雇；（四）夷船雇佣民人，应明定限制；（五）夷人在内河使用船只，应分别裁节，并禁止不时闲游；（六）夷人具禀，应一律由洋商转禀；（七）洋商承保夷船；（八）夷船在洋私买税货，应责成水师查拿。[①]与1759年的《防范外夷规条》、1809年的《民夷交易章程》及1831年的《防范夷人章程八条》相比较，此章程更为严密、苛细，并更突出地强调了行商是在粤西人的直接对手。此外，在中英关系方面，他们致力于恢复东印度公司垄断英中贸易时期的局面，"仍饬洋商令该散商（指当时在广东的不属于东印度公司的英商——引者）等寄信回国，另派大班前来管理"。

对于广东当局上述立场及其相应的举措，远在北京的清朝中央政府也是完全认可的。最高统治者道光帝，尽管严斥广东海防废弛、"两只夷船不能击退"，但对广东当局采取的各种应对措施，几乎都是批复"所办尚妥"、"所见亦是"，特别是在接到两广总督卢坤等关于迫使律劳卑"认错乞恩"的奏报后，又立即充分肯定他们"不失国体，而免衅端"，表示"朕颇嘉悦"；[②]后来，卢坤等奏呈《防夷新规八条》，道光皇帝认为"所议俱妥，务须实力奉行"；[③]对于卢坤等提出的让英国另派大班来粤管理贸易的建议，道光帝也

① 《粤海关志》卷29。
② 《史料旬刊》第25期，第917、918页。
③ 《东华续录》卷11。

迅速批准，“以符旧制”。[1]

值得注意的是，对于律劳卑事件，广东民间舆论与官府的立场也有相当的一致性。当时在广州城曾贴出一张“民众白”，质问律劳卑：“到我天朝，既为贸易管理司事，何得不遵国例，善自（原文如此——引者）胆敢闯关，任意出入，大干例禁？”还表示希望“以国法恭请王命，斩枭示众，以儆刁风”。[2]这张告白的文字相当简短而粗陋，却先后出现“不遵国例”、“大干例禁”这样与官府斥责律劳卑相近的话语，是很能说明问题的。

综上所述，面对律劳卑来华后强制中国改变中英关系既有格局、局部建立两国政府对等关系的图谋与举动，中方认为自身的“国体”受到了威胁，坚决维护清政府针对在粤西人制定的规章，宁愿延续以往东印度公司垄断英中贸易时期的那种局面，拒绝将两国关系从贸易扩大到政府之间对等的日常关系。在这里，被视为根本的所谓“国体”，实际上就是清政府闭关自守的国策，而支撑它的理念，说到底就是严立中外大防、固守“华夷之辨”。尽管当时清政府的应对并没有超出国家主权的范围（将擅自闯入行凶的英舰逐出珠江尤为正当），视之为顶住外来压力作出自主选择亦无不可，但这样的应对，就其基本精神而言，与乾隆帝当年峻拒英国政府关于建立两国外交关系的要求一样，毕竟是与时代潮流相乖违的，难免有抱残守缺之讥。

这里还应特别强调指出的是，律劳卑事件之中、之后，清政府僵硬地维持陈规，导致其失去及时了解英国对华政策开始发生重大变化的良机，不能在中西关系大变局发生前夕把握住先机。

---

① 《宣宗圣训》，清末刊本，卷102。
② 《鸦片战争前中英交涉文书》，第13页。

本来，对于律劳卑要求“更定章程”、即改变中英关系既有格局的迹象，广东当局早已察觉，他们也曾想弄清律劳卑行事与以往的“大班”大相径庭的原因，并为此让行商打听、派广州知府等前往查询。但是，律劳卑完全拒绝与行商交涉，广州知府等又因固守“华”尊“夷”卑而与律劳卑谈崩，使广东当局无法获得想要的信息。这样，广东当局在应对事件的整个过程中，就连律劳卑究竟是由东印度公司还是英国政府派来这样一个最简单的问题，也从未弄清楚，先是说“该国因公司散局，欲向各夷船抽分税银，随后尚有兵船来粤，或系为挟制夷商起见，亦未可定”①；后来又从行商那里听到一个英商的说法：“律劳卑实系来粤管理贸易事务，因自以为官，即称监督”，还是不明律劳卑究竟由谁派出，似乎还认为其官员地位不过是自封。广东当局眼中，只有一个“不晓事”而又来历不明的律劳卑，因而认为“不遵旧制者止夷目一人耳”②，视事件为律劳卑个人的孤立行动。至于作为事件契机的英国东印度公司“散局”、撤销“大班”是何原因，律劳卑的举措与英国政府对华政策有何联系这些问题，他们一概不明，也没有兴趣去了解。随着事件平息及律劳卑很快病死，相继担任英国驻华商务总监督的德庇时、罗宾臣，又鉴于英国一时无力改变中英关系现状，而采取迁就而避免激怒清政府的“沉默政策”，广州当局觉得万事大吉，更将上述问题抛诸脑后。而北京的清廷，态度也毫无二致，其所关注的只是事件的处置是否做到既无伤“国体”又免“衅端”、恢复旧章，而对律劳卑究竟为何违反“例禁”，则明言“不值与之深较”。③

但实际上，尽管清政府在事件后要求英国再派“大班”来华管

① 《史料旬刊》第 21 期，第 767 页。

② 《史料旬刊》第 25 期，第 916、918 页。

③ 《宣宗圣训》卷 102。

理英人贸易，但英方根本不予理睬，派驻广东的依然是作为政府官员的商务监督。而在粤的英商，也根本不是像广东当局所认为的那样，心甘情愿服从清政府旧章，事件过后，他们集体上书英王，发出以武力逼迫清政府放弃“妄自尊大”、使之服从英国意志的叫嚣。面对这样的现实，未能透过律劳卑事件把握外情变化的清政府却全然不觉，以至于其在1839年作出收缴鸦片决策之时，完全没有考虑英国自1834年以后对华政策的转变，对英国为维护鸦片贸易、根本改变中英关系的既有格局而挑起对华战争毫无预见，在1840年战争爆发后完全陷入被动。

（原载于《江汉论坛》2004年第10期）

关于鸦片战争的开端问题

鸦片战争是中国近代史的开端，已成公论；然而鸦片战争本身的开端，还是一个有争议的问题。史学界一般都是以1840年6月英军来华作为鸦片战争的开端。但国内外有些学者认为鸦片战争的开端是1839年9月4日的九龙之战。牟安世先生在其大作《鸦片战争》（上海人民出版社1982年出版）一书和《试析中国近代史的开始及其上限》（载上海《学术月刊》1987年第2期）一文中就持这种观点，很有代表性。笔者曾对牟先生的观点提出不同意见，[①]但尚嫌粗略，似乎仍有进一步商榷的必要。

笔者主张鸦片战争的开端还是应该定为1840年6月，理由是：鸦片战争是在英国政府确立对华战争政策以后，经过周密准备、按照预定计划发动的第一次侵华战争。因此战争的开端应该是英国侵华战争计划指导下的第一步行动，即1840年6月英军舰队来华。而1839年9月4日的九龙之战，则是在英国政府侵华战争政策确立之前，因中英矛盾激化而爆发的带一定偶发性的局部武装冲突。

牟先生主张以九龙之战作为鸦片战争的开端，理由是：九龙之战是中英之间的武装冲突，而武装冲突就是战争；九龙之战不是偶

---

① 参见《福建论坛》1983年第6期。

发的局部武装冲突，而是在英国侵略者作了充分准备后蓄意发动、而中国方面（即林则徐所在的广东）也相应作了迎战准备的情况下必然爆发的战争；九龙之战是由英国领事义律挑起的，故实质上是义律代表英国政府挑起的"侵略中国的殖民战争"；就算九龙之战是局部武装冲突，但历史上许多战争基本上都是由局部武装冲突开始的，如"七七"事变这场局部武装冲突，便成为中国抗日战争的开端。

看来两种观点的主要分歧表现在两个问题上：一是对战争定义的理解不同，二是对九龙之战的性质看法各异。

什么是战争？牟先生说得很简单，战争就是武装冲突。他引述《新哥伦比亚百科全书》的观点，来阐明这个观点。[①] 其实，这种观点不是对战争定义的全面、准确的反映，不够科学。《苏联军事百科全书》对战争所下的定义是：战争是"一种社会政治现象，政治通过暴力手段的继续"，"为了达到政治目的，在战争中使用军队这种主要的并起决定作用的手段，也使用经济的、外交的、思想的等其他斗争手段"。[②] 笔者认为，这个定义较之牟先生的观点，更符合科学的战争观。与牟先生只讲武装冲突不同，这个定义全面指出了战争的基本要素，即政治目的和为达到政治目的而使用以武力为主的多种手段。按照这个定义，鸦片战争便是英国政府为了达到打开中国大门、维护鸦片贸易的政治目的，派遣所谓"远征军"来华挑起的一场侵略战争。英国政府的政治目的，集中体现在它确立侵华战争政策时所制定的交"远征军"头目带到中国的《对华条约草案》之中。因此，把1840年6月英军来华作为战争开端，并无不妥。但如果依照牟先生的观点，中英战争还应提前到1834年，因为

---

① 牟安世：《试析中国近代史的开始及其上限》，上海《学术月刊》1987年第2期。

② 《苏联军事百科全书》总编译组译：《战争与战略》，中国社会科学出版社1983年版，第5页。

在这一年，英国商务监督律劳卑也曾挑起过一次武装冲突，并且其激烈程度毫不亚于九龙之战。然而，恐怕牟先生也不会认为这次武装冲突是中英之间的一场战争吧。

关于九龙之战的性质，需要弄清几个问题：它是不是带一定偶发性的局部武装冲突？能否说它是由义律代表英国政府挑起的侵华战争？能否把它与“七七”事变这种局部武装冲突等量齐观？笔者认为九龙之战是带一定偶发性的局部武装冲突。说它带一定偶发性，是因为这场战斗是在广东当局与义律之间因尖沙咀事件交凶问题而矛盾激化的情况下，为英人水米供应问题打起来的，而不是英国政府在当时立场的直接反映，也不是预先制定好的战争计划的一环；说它是局部武装冲突，是因为当时冲突双方均未将矛头直指对方中央政府，而是以直接当事者为对手。牟先生看法相反，他认为九龙之战前，英国侵略者作了充分准备、蓄意发动，而林则徐等也相应作了迎战准备，所以必然爆发战争。这就给人一种印象，似乎九龙之战前英国侵华战争政策就已确立，而林则徐等也是有抵御英国侵华战争的准备的。事实是不是这样呢？

九龙之战前，英国政府尚未确定立即武力侵华的战争政策。人们通常认为，英国久已企望打开中国大门，尤其是在1834年对华派驻商务监督之后，中英间矛盾不断激化，战争气氛日益浓厚。这是对的。但这些情况反映的是中英关系发展的趋势，而不能证明英国政府很早就确立了侵华战争政策。1834年律劳卑来华时，英国政府的训令要求他遵守中国规章，除非万不得已，不得把军舰驶进虎门。[①]律劳卑在华挑起武装冲突之后，英国政府指责他的行径“不符

① [美]马士著、张汇文等译：《中华帝国对外关系史》第1册，上海三联书店1975年版，第138页。

合政府的指示，纯属个人而不是官方的行动”[①]。当时英国政府还没有确立并推行侵华战争政策，由此可以得到证明。随后，在德庇时、罗宾臣乃至义律相继担任驻华商务监督期间，英国政府先是对德庇时、罗宾臣的所谓“沉默方针”不置可否，后又对义律争取与广东官宪文移平行的努力表示支持，鼓励其采取强硬态度。但英国政府这时主要还是指望通过外交途径达到目的，而把武力作为辅助手段。直到1837年9月派遣东印度海军舰队来华，英国政府在训令中还说道：“除非遇紧急情况需立即或绝对需要显示或使用武力以保护英国臣民的生命财产外，女王政府的战船必须严格遵守中国政府关于战船的种种规定，不得超越界限迫近广州城。”[②]就基本精神来看，这一训示与1834年给律劳卑的训令无异，可见其对华政策尚无质的变化。截至九龙之战爆发，情形基本依旧。当然，也不能说九龙之战前英国政府未作任何武力侵华的准备，它曾通过驻华官员和鸦片贩子广泛搜集中国政治、经济、军事情报，研究有关侵华战争的问题。但这与正式确立侵华战争政策并付诸实施，毕竟不可同日而语。英国侵华战争政策，是在中国沉重打击外国鸦片贩子的消息传到英国之后，在鸦片贩子与产业资本大肆煽动和积极策划下才确定的，其标志是1839年10月1日，英国内阁会议所作的对华派遣远征军的决议。这个时间，已在九龙之战以后。九龙之战前，英国政府尚未确立侵华战争政策，但其驻华商务监督义律还是作了军事上的准备的。义律的确想借口中国政府收缴销毁大量鸦片，促使英国政府发动侵华战争。但在获得英国政府批准之

---

① Tan Chang, *China and the Brave New World: A Study of the Origins of the Opium War (1840—1842)*, 1978, Delhi: Allied Publishers, p. 141.

② ［美］张馨保著、徐梅芬等译：《林钦差与鸦片战争》，福建人民出版社1989年版，第108页。

前，他的行动是集中在他视为职权范围以内的维护鸦片贸易、保护不法英商等方面，为此甚至不惜挑起武装冲突，而他在军事上的准备也是为此服务的。所以，准确地说，九龙之战只是中英之间的前哨战，是局部武装冲突，不是侵华战争的正式开始。

至于说林则徐等有抵抗英国侵华战争的准备，这更是一种含混不清的观点。应该辨明：九龙之战前，林则徐等准备对付的，究竟是局部的“边衅”，还是英国政府发动的侵华战争？

回答这个问题并不困难，只需看看林则徐在九龙之战前的言论就清楚了。林则徐在广东采取断然措施收缴鸦片时，对形势有一个基本估计：“察看夷情，外似桀骜，内实惟怯。向来恐开边衅，遂致养痈之患日积日深。岂知彼从六万里外远涉经商，主客之形，众寡之势，固不待智者而决。即其船坚炮利，亦只能取胜于外洋，而不能施伎于内港。粤省重重门户，天险可凭，且其贸易多年，实为利市三倍，即除却鸦片一项，专做正经买卖，彼亦断不肯舍此码头！弟看澈此层……断其接济，严禁售私。”[①]这段话写于1839年5月1日，从中可以看出林当时还不了解鸦片贸易对英国资产阶级的极端重要性，并且认为英国在华犯兵家之忌，又不肯使贸易停顿，因而不至于搞大的军事冒险，即认定中英之间不会发生战争。林的这种估计，就是在九龙之战爆发前夕也没有改变。他在9月1日上奏中写道：从英国伦敦到中国，“须历海程七万里……是则越国鄙远，尤知其难，迥非西北口外，得以纵辔长驱之比。又闻该国现系女主……其叔父分封外埠，恒有觊觎之心，内顾不遑，窥边何暇？”虽然英商无国主之命也可私约兵船，在外攻夺，但他们近年在安南遭到重创，在广东与别国商人也有矛盾，“臣等细察夷情，略窥底蕴，知彼

① 杨国桢编：《林则徐书简》，福建人民出版社1981年版，第47—48页。

万不敢以侵凌他国之术，窥伺中华”[1]。

由此可见，就是在九龙之战即将爆发之时，林还是坚信英国政府乃至惯于在外攻城夺地的英商不会发动侵华战争。笔者无意否认林则徐等为加强广东防务所做的卓有成效的工作，但事实也充分证明：他们准备对付的，至多是律劳卑事件那样的局部挑衅事件，而绝不是中英两国之间的战争。

既然九龙之战前英国政府尚未确立侵华战争政策，义律军事上的准备是为了进行局部挑衅，而林则徐等准备对付的也只是局部挑衅，那么，认为九龙之战是带一定偶发性的局部武装冲突，也就没有什么不妥了。

牟先生认为九龙之战是义律挑起的，而义律又是英国政府在中国的代表，因此九龙之战就是义律代表英国政府挑起的侵华战争。这种看法似乎更成问题。首先，牟先生显然是把义律与英国政府等同起来了，这是说不过去的。在异国的外交官不是在任何时候、任何情况下都绝对代表其本国政府的，只有当他在职权范围内、按照本国政府的训示行事时，才能代表本国政府。其次，义律代表英国政府挑起侵华战争的说法没有事实根据。九龙之战前，义律并未接到英国政府有关对华发动战争的训令，他本人也明确表示：对华发动战争，“毫无疑问必须得到女王陛下政府的批准”，而“给予这样的惩罚却超出了我的力量和权力范围之外”。[2] 义律的话正可以证明他不能代表英国政府发动侵华战争，他也不认为由他挑起的九龙之战就是英国的对华战争。

牟先生反对把九龙之战看作局部武装冲突，同时又以“七七”

---

① 齐思和等整理：《筹办夷务始末》（道光朝）第1册，中华书局1964年版，第217—218页。

② 张馨保：《林钦差与鸦片战争》，第183、184页。

事变为例，认为历史上许多战争正是由局部武装冲突开始的。言下之意，在作为战争开端这一点上，九龙之战与“七七”事变是同一类型。诚然，有些局部武装冲突如“七七”事变，本身就是一场战争的开端。但不能把所有局部武装冲突都等同于战争。哪些局部武装冲突与战争等同，要视其特定条件而论。“七七”事变与九龙之战，就各自本身而言都是局部武装冲突，但所处条件大不相同，故各自的意义也不相同。“七七”事变是在什么条件下爆发的呢？它是在日本帝国主义把灭亡中国作为既定国策，妄图在变我国东北为其殖民地后迅速把全中国置于其铁蹄之下，以作为与英美争夺南太平洋的基地与依托，为此而疯狂扩军备战的形势下，由日军蓄意挑起的；从中国的情况看，自“九一八”事件以后，抗日救国的浪潮在中国共产党领导下蓬勃兴起，“一二·九”运动后国民党政府也在各种压力下趋向抗日，尤其是西安事变的爆发与和平解决，又使国共组成抗日统一战线的局面开始形成。这说明，在“七七”事变爆发之前，中国方面已在积极进行抗战的准备。

因此可以说“七七”事变是日本作好全面侵华战争准备、而中国也在准备迎接抗战的条件下爆发的，尽管它本身是局部武装冲突，却无可置疑地成为抗日战争的开端。相比之下，九龙之战所处的条件与“七七”事变差别甚大，如前面所述，当时中英两国都还不能说作好了战争的准备，故将九龙之战与“七七”事变视为同一类型是不恰当的。九龙之战爆发时的特定条件，决定了它只是一次局部武装冲突，至多是鸦片战争的前哨战，而不是鸦片战争的正式开端。如果一定要作类比，恐怕把九龙之战与“九一八”事变相比，较之与“七七”事变相比更合适一些。

综上所述，牟先生据以论证九龙之战为鸦片战争开端的理由是不充分的，难以令人信服；还是以1840年6月英军来华作为鸦片战争开端的看法更为妥当。

（原载于《湖北社会科学动态》1990年第8、9期）

试论耆英的投降外交

耆英是中国近代投降外交的鼻祖。然而，在中国近代史的一般著述中，他却往往被一笔带过，其罪责虽重却未引起足够的注意。因此，笔者认为有必要对耆英的投降外交及其理论作一番论述。

一

耆英（1787—1858），字介春，清朝宗室，道光十八年（1838）任盛京将军。鸦片战争前后，他对禁烟、抵抗侵略一贯持消极态度。[①]1842 年 3 月，他被清政府任命为与英军媾和的钦差大臣，步入清朝外交舞台。从这时起一直到 1848 年春，耆英一直是清政府对外政策的策划者和执行者，全力从事投降外交。

耆英投降外交的第一件事，就是促使清政府确立彻底投降卖国

---

① 1839 年禁烟运动中，耆英借口防止“转滋弊端”而反对搜拿鸦片，因清廷督促才做一些造册呈报有无吸食情形的表面文章，被道光帝斥为“将就了事”。耆英在奉天搞的声势最大的禁烟活动，也只查获鸦片 509 两、烟具 186 件，藏、食鸦片人犯 38 名。这在“恶习传染日久”，从宗室、官员、兵丁到平民都有吸食鸦片之人的奉天，是微不足道的（据中国第一历史档案馆所藏 1839 年耆英关于禁烟问题奏折及道光帝有关上谕）。1840 年 9 月，中英天津谈判期间，英军船只驶往奉天海面进行侦察和劫掠，耆英也未进行任何防范，或稍加阻止。参见［英］宾汉：《英军在华作战记》所述。

方针、并与侵略者订立屈辱的城下之盟。

耆英被任命为媾和大臣，直接起因是清军在浙江反击英军战役失败后、清政府抵抗方针根本动摇。但清政府此举并不意味着它已打算彻底投降，当时它还不愿意全盘接受英国的侵略要求，并继续进行防范英军新的进犯的军事准备。清政府派耆英媾和，目的在于缓和英军的军事进攻，求得较为有利的妥协。正因为如此，耆英虽身为媾和大臣，却无权自行接受英方条件，更无权签订条约。

耆英对清政府由抗战转向媾和十分欣喜，说是“天意回春”，[①]但对清政府在战与降问题上仍然犹豫不决，不以为然。他认定继续抗战有害无益，而把对英投降视为清朝的唯一出路。因此，他与一同受命的原两江总督伊里布结成搭档，赴浙后两面开弓：对外，不顾国家体面、民族尊严，向英军苦苦哀求、百般献媚，以打通媾和渠道；对内，竭力摇唇鼓舌，叫喊英军“凶焰甚炽”，“舍羁縻之外别无他策”，[②]敦促清政府下定投降决心。但是耆英等人的投降活动并未马上奏效。英军方面，为迫使清政府无条件投降，决心对长江下游大举进犯，而拒不与耆英等交涉；而清政府方面，对耆英等求降急切也不满意，不准他们与英方谈判。这些使耆英等不免有些沮丧，然而求降促降之念并未消减。英军进犯到哪里，他们也尾随乞和到哪里。同时，他们继续大力向清政府促降。他们的乞降促降活动，在英军打入长江后达到高潮。在此期间，他们一面传令“沿江各州县，馈送英夷牛羊，勿与构怨”，[③]一面又向清廷疾呼“战守两难，日久更不堪设想”，并大肆渲染清朝内部危机，说“文报往来隔绝，粮饷转运维艰”，“长江浩渺，逼近淮泗，盐枭出没；界近楚

① 中国近代史资料丛刊《鸦片战争》V，神州国光社 1954 年版，第 354 页。
② 齐思和等整理：《筹办夷务始末》（道光朝），中华书局 1964 年版，第 1799 页。
③ 《鸦片战争》II，第 216 页。

豫，民心强悍，在在攸关”，“将见外患未除，而内讧又起”，催促朝廷“敕下廷臣速议良策”。清廷在英军与耆英等外压内促之下，完全丧失抗战意志，唯恐内忧外患交织导致自身倾覆，因而逐步放宽对耆英等的限制，镇江失守后又明确授予他们“便宜行事”之权，同意全盘接受英国侵略要求。[①]至此，耆英等达到了目的——清政府确立起彻底投降的方针。他们发誓“竭犬马愚诚”来执行这一方针。结果，1842年8月29日，耆英和伊里布便在英舰上与侵略者订立了城下之盟——《江宁条约》，以屈辱的投降换取了战争的结束。鸦片战争后，耆英因受清朝当权黑暗势力赏识和外国侵略者青睐，得以继续负责清朝外交事务，又相继与英、美、法、葡、比、瑞典、挪威等西方国家签订了一系列不平等条约。连同《江宁条约》在内的这些不平等条约，开始把中国社会推向半殖民地，而耆英对此也负有直接的不可推卸的罪责。

首先，这些不平等条约的签订，固然是中国封建统治阶级整体对外屈服的结果，而耆英起了巨大的推动作用。

如《江宁条约》，耆英不仅直接参与订立，而且还煞费苦心地促使清廷批准。他伙同伊里布等捏造险情，危言耸听，把条约的订立与清朝统治转危为安联系起来，同时又逐项说明条约各项并不妨害清朝统治，如割让香港就被说成是换回失地、对英国“结以恩信”的好办法；赔款也被说成是“永息兵端”、免去持久抗战的“靡费”所应付的代价，这笔钱也无须清廷解囊，可从别处搜括；至于不准惩治汉奸的条款，也被说成是“宽胁从以安反侧”的良方；如此等等。[②]这些谬论，对于清廷消除疑虑、作出批准条约的决断，无

① 《筹办夷务始末》（道光朝），第2089—2090、2123、2134页。

② 《鸦片战争》II，第167—169页。

疑有很大作用。战后，英国继续要挟勒索，美法等国也趁火打劫，而清廷在对外方针上，一度显得摇摆不定。它既不敢得罪这些西方国家，又企图以“天朝制度，自有一定，不能少有改变”[①]作盾牌，来遏制西方国家的无厌之求。然而，权势显赫、对外交事务有极大发言权的耆英，却打着“法穷则变”的旗号，极力劝说清政府“俯顺夷情”，并对西方国家“一视同仁”，全面接受它们的侵略要求。耆英的主张得到了道光帝的批准，成为清政府的对外方针，《江宁条约》以后的那些不平等条约，正是这一方针实施的产物。

其次，在订立不平等条约过程中，耆英没有为维护国家主权和民族利益作任何努力。

在鸦片战争前期，琦善办理妥协外交时，对侵略者还采取一些“磨难”手段，不肯百依百顺。然而，在耆英的投降外交中，连这种情形也从来没有过。江宁谈判，耆英对侵略者是“一切唯命”，[②]《江宁条约》正是在英方所提草案上一字不易地签订的。战后中英继续交涉，耆英一如既往，完全依照英方意志决定一切。美法特使来华后，为了全面分享英国所获权益并捞到更多好处，费尽心机，反复策划，本以为会遇到不少困难曲折，不料他们拿出条约草案谈判时，耆英等竟是“均不作任何犹豫而行接受”，进展异常顺利。中美《望厦条约》，从正式谈判到签字，只用了13天，而中法《黄埔条约》，也只用了18天。后来，像瑞典、挪威这样的国家，居然懒得经过谈判程序，径自向耆英提出条约草案，而耆英竟然也照签不误。这些事实足以证明，耆英心目中根本没有国家主权和民族利益，完全成了侵略者的应声虫。

---

① 《筹办夷务始末》(道光朝)，第2482页。

② 《鸦片战争》VI，第163页。

鸦片战争后，西方国家在对华侵略方面，成功地实现了鸦片贸易事实上的合法化和天主教弛禁。这些也是与耆英的投降外交密切相关的，是耆英外交生涯中又一页可耻记录。

迫使“中国政府把鸦片贸易置于一个正常合法的地位”[①]，是英国侵华政策的一个重要目标。英国侵略者在与耆英交涉中，多次劝说清廷对鸦片弛禁。耆英本人向来不赞成严禁，因此他对侵略者的劝说感到“颇能言之成理”。在江宁，他当面向璞鼎查保证：清朝将把禁烟范围严格限制于国内，至于“各国商船携带鸦片与否，中国无须过问，也毋庸对他们采取任何措施”[②]。1843 年 8 月 24 日，他在广东又向英方宣称：“中国严禁鸦片各条例，均所以约束中国人民，未尝禁及外国。”[③]同年 11 月 23 日，耆英向道光帝密奏，提出“禁烟应先截其流”，意即不要再去追究鸦片来源——外人贩卖鸦片。同时，他还特意指明“夷务初定”、“弛张均无把握”的局势，把对外弛禁与维持中外相安联系起来。[④]耆英这些论点，本来都是得自璞鼎查的传授，[⑤]但出自他之口，就引起早已背弃禁烟立场的道光帝的强烈共鸣，道光帝认为耆英“所见真切”，传谕各地将禁烟对象限制于内地官民，“特不可任听关吏人等，过事诛求，致滋扰累”[⑥]。这样，对外国鸦片贩子任其所为而不予惩治，就有了清政府的法令依据。英国孜孜以求的鸦片贸易合法化，在耆英协助下，事

---

① [美] 马士著、张汇文等译：《中华帝国对外关系史》第 1 册，上海三联书店 1975 年版，第 75 页。

② 《鸦片战争》VI，第 514—515 页。

③ [日] 佐佐木正哉编：《鸦片战争的研究（资料篇）》，东京：近代中国研究委员会 1964 年版，第 253 页。

④ 《筹办夷务始末》（道光朝），第 2772 页。

⑤ 璞鼎查多次对耆英提出鸦片弛禁问题，声称：清朝如继续禁烟，将使禁、违双方“彼此招恶强行”，“致清英国踌躇不和”，“令清英人民相怀仇恨不绝”。

⑥ 《筹办夷务始末》（道光朝），第 2772 页。

实上已经实现。

不顾中国政府禁令，通过传教进行渗透扩张，是法国在鸦片战争前侵华的特点。而在鸦片战争后，法国更决计要冲破清政府的禁令，加强和扩大传教。法使拉萼尼在与耆英交涉中，一直以此作为重要议题。耆英认为正可借此笼络不重商务的法国，以免中西关系别生枝节。因此，他毫不犹豫地接受法方之请，并与拉萼尼共同策划，力求“使礼部方面，作最少之反对，于宗教方面，获最大之成功”[①]。最后，耆英以拉萼尼所提供的康熙三十一年（1692）清廷一道关于天主教弛禁的“敕文”为据，奏请依例办理。他力言天主教不同于白莲教等项“邪教”，“二百余年来并未滋事”，使清廷相信对之弛禁无碍于统治。同时，他又使出恫吓惯伎，讹称法使“其术已穷，其志已决，若过为峻拒，难免不稍滋事端”，“似应姑允所请以示羁縻”。[②]耆英与拉萼尼的共同策划果然奏效，道光帝很快就批准了天主教弛禁。拉萼尼得寸进尺，又要求清廷为此出示于各通商口岸，并发还以往没收的教产。这些也相继由耆英一一奏准。

随着一系列不平等条约的订立，东南沿海通商口岸开始形成半殖民地秩序，侵略与反侵略的斗争依然此起彼伏。耆英自 1844 年 6 月至 1848 年 2 月，驻节于堪称民族矛盾漩涡的广州，既负责办理外交，又担任两广总督。在这里，他全力维护半殖民地秩序，破坏和镇压人民群众反侵略斗争，为其投降外交扩充了新内容。

耆英在粤奉行所谓“外示信义”原则，其实质就是恪守和维护由他一手签订的不平等条约。他曾说：“条约为信守之凭”[③]，“惟恪

---

① 张雁深：《中法外交关系史考》，长沙史哲研究社 1950 年版，第 41 页。
② 《筹办夷务始末》（道光朝），第 2865—2877 页。
③ 同上，第 2683 页。

遵历奉谕旨，坚守条约”[1]。这就决定了耆英必然要以维护半殖民地秩序为己任。且看其所作所为：不平等条约都规定了严重损害中国司法主权的领事裁判权，外国歹徒由此更加无法无天，肆意残害中国民众，耆英对此听之任之，甚至凭借领事裁判权的规定为之开脱罪责，压制人民反抗。1844年6月美国歹徒枪杀广州无辜平民，耆英说是“烂匪意主寻衅”所致，听由美方“准按公义了结”，[2]而美方将凶手无罪释放之后，耆英也毫无异议，并威胁群众“勿得私相报复，致酿事端”[3]。1846年7月，英商无端殴打广州水果摊贩，激成群众围攻英美商馆事件，英美歹徒枪击人群，造成死伤9人的血案。耆英派兵驱散群众，并自动援引美国歹徒杀人一案，听由英美方面处理这次事件，还说“断不因此次情节较重，过为吹求”[4]。结果英美没有处理一个凶犯，肇事犯也未损一根毫毛。耆英果然不加“吹求”，为了防止群众再找侵略者算账，他还下令对外国商馆严加保护，“派委文武员弁，分段巡查”，事后向侵略者表功说：“管束华民，不可谓不严。”[5]

不平等条约规定外国人可在通商口岸租地造房，英国侵略者以此为据，在广州强租硬占城外居民土地，对此，当地民众同仇敌忾，寸土不让，租地与反租地斗争十分激烈。耆英明知侵略者的行径“不洽于舆情”，却搬出条约规定为其帮腔，并派员“频传业主，勒令议价”，[6]唆使买办商人暗中捣鬼，给反租地斗争造成了极大困

① 《筹办夷务始末》（道光朝），第2942页、

② ［日］佐佐木正哉编：《鸦片战争后的中英抗争（资料篇稿）》，东京：近代中国研究委员会1964年版，第360—361页。

③ 同上，第293页。

④ 同上，第31页。

⑤ 同上，第96页。

⑥ 同上，第66页。

难，最终使侵略者强占了新豆栏6间铺屋、黄埔冈5亩坟地。

耆英对侵略者讲所谓“信义”，恪守和维护不平等条约，但侵略者毫无信义可言，当条约不能满足其欲望时，便完全置之不顾，恣意妄为。遇到这种情况，耆英依然是一味顺从，而对起来抗争的群众皮鞭斧钺相加。且看两个典型事例：广州进城问题。外商在广州贸易，向来在城外指定区域进行，不得入城，而战后条约也没有赋予外商入城的权利。然而，英国为了侵略的需要，一再强要入城。广州各阶层人民对此进行了强有力的抵制。这个问题成为当时民族矛盾的焦点。耆英明知英国要求入城没有任何条约依据，[①]却一再表示欢迎英人入城。他向英方倾诉苦衷，说目前进城不能实现，“实因粤民一时难于开悟，现设法办理。不佞总尽其力所能为，以期仰对知己”[②]。事实证明此言并非虚语。耆英为了破坏反进城斗争，确实玩弄了不少阴谋诡计，然而收效甚微。耆英气急败坏，便对坚持斗争的下层群众施以严刑峻法。[③]1845年12月，清朝付清全部战争赔款，可是英方竟不遵约归还其占据的舟山群岛，扬言要以进城作为归还的前提条件。此事关系到耆英官运及投降派势力在朝中的地位，但他仍不敢向侵略者据理力争，却说什么“以舟山之退还与广州之进城比较，则舟山之退还为重而广州之进城为轻”[④]，发出告示强令广州民众停止斗争，让侵略者进城。只是在广州人民更为强大的斗争浪潮打击下，他的卑劣行径才未得逞。鸦片战争后的不平等

① 耆英曾在致英方照会中指明：“英民进城一节，实未列人条约。查江南和约……并未言及进城之事，即善后事宜内，亦均未开载。”

② ［日］佐佐木正哉编：《鸦片战争后的中英抗争（资料篇稿）》，第73页。

③ 1845年3月18日，3名英国人故意到广州城墙上散步以示挑衅，被市民郭亚顺等掷石赶走。耆英将郭等定为“匪民”，将其中2人杖一百徒三年，其余4人也加以“恃强欺凌，用石掷打，虽未成伤，情殊凶横”的荒唐罪名，加等治罪。

④ 《筹办夷务始末》（道光朝），第2970页。

条约，明确规定外人在华活动范围只限于通商口岸。但侵略者全然无视这种规定，或超出范围肆意骚扰民间，或潜入内地传教，进行间谍活动。耆英对此一向持默许态度，可是当民众给予侵略者正义的惩罚时，他又总是严厉镇压，以取悦于侵略者。1847 年 12 月，6 名英国歹徒窜至南海县黄竹岐村（此地在外人活动范围之外），行凶作恶，被村民全部打死。耆英闻讯，立即派兵包围该村，逼迫乡绅交出“正凶”。英方气势汹汹，要耆英“将该凶手全数在犯事地方正法”①。耆英完全了解案情，但却一味顺从侵略者旨意，自行判处村民斩立决 4 名，斩监候、绞监候各 1 名，充军流放 3 名，杖一百徒三年 6 名。事后耆英专门向侵略者表白，说他的判决“较之该犯等应得罪名，实已加至数等。为英人申冤，亦可谓不遗余力”②。

耆英从事投降外交 6 年，为西方国家实现侵华目标、建立和维护半殖民地秩序效劳出力，由此而得到侵略者的交口称赞，璞鼎查说他是“头脑开明”的政治家③，拉萼尼夸他是“超时代之人物”④，美国传教士办的《中国丛报》也“毫不犹疑地承认他们（指耆英等——引者）正在用他们所能想到的最好方法，使条约各款生效”⑤。英国政府认为耆英是其侵华利益的可靠维护者，特别指示其驻华公使尽量不做“可能损害到耆英地位的事”⑥。以道光帝为首的清朝当权势力，也认为耆英的投降外交维持了中外相安局面，使之得以集中力量对付国内人民，因而对他一贯大力支持，并褒奖、擢升。但是，人民群众和爱国官员，对耆英充满愤恨，认为

① ［日］佐佐木正哉编：《鸦片战争后的中英抗争（资料篇稿）》，第 311 页。
② 同上，第 311 页。
③ 见［日］坂野正高：《近代中国外交史研究》，东京：岩波书店 1970 年版，第 28 页。
④ 见张雁深：《中法外交关系史考》，第 50 页。
⑤ 见广东省文史研究馆编：《鸦片战争史料选译》，中华书局 1983 年版，第 341 页。
⑥《中华帝国对外关系史》第 1 卷，第 439 页。

"自有权奸以来，未有丧良心、无廉耻若耆英之极也"[①]。耆英在粤虽有总督之权、钦差之威、宗室之贵，但声名狼藉、千夫所指，惶惶不可终日。就连侵略者也看出他的投降外交"更进一步地削弱了他对于这愤激的、好乱的和反叛的广州人民的控制力量"[②]。耆英如同置身于火山顶上，再也无法在外交舞台上干下去了，在多次请求获准后，于1848年2月狼狈回京，大体上结束了他的外交生涯。

二

在作为近代史开端的鸦片战争时期，耆英所从事的外交，投降性质最明显，其卖国行径最严重。不仅如此，他还有一套较系统的投降外交理论。

耆英的投降外交理论，包括中外力量对比、对内对外政策的关系、外交指导原则等内容，即所谓"攘外难于措手"论、"攘外必先安内"论、"俯顺夷情"和"一视同仁"论。

"攘外难于措手"论，是耆英根据唯武器论观点，对比中外力量而得出的抗击侵略必败论。耆英认为清朝战败，"并非战之不力，亦非防之不严"[③]，而主要是因为中英武力相差太远。在江宁，他奏称："该夷船坚炮利……非兵力所能制伏"[④]。战后，他回顾历年战守情形，又大谈英军武器之凶猛、行动之敏捷、士气之高昂，相反极言清军武器之败窳、防守之无用、临阵之溃散，并强调这种状况

① ［日］佐佐木正哉编：《鸦片战争后的中英抗争（资料篇稿）》，第312页。
② 《中华帝国对外关系史》第1卷，第440页。
③ 《鸦片战争》Ⅲ，第466页。
④ 《筹办夷务始末》（道光朝），第2305页。

在各战区“无不皆然”。关于战后清朝军事实力，耆英的看法也十分悲观，他认为清军实力已因战争而遭到严重削弱，“从新做起，经费实属不赀”，即使制造新的武器装备，也不能保证精良适用，而军队也因战争失败而“闻风落胆，势常不敌”。耆英的逻辑是：鸦片战争中清朝失败的主因是武力不敌，而在战后这种状况又不易改变，从而“攘外难于措手”就成了理所当然的结论。

耆英的看法不能说毫无事实根据，但他把敌我武力强弱的差距极力夸大了，这种夸大不是为了提醒人们正视现实、加强国防，而是为了据以作为对外来侵略放弃抵抗的借口。从琦善到道光帝等当时一切妥协派、投降派，在这一点上都是一样的，但比较起来，耆英的表达最充分，在他看来，武力不如人就势必进行投降外交，否则大局“不堪复问”。

“攘外必先安内”论，也就是耆英基于清朝黑暗统治的利害，把握对内对外政策关系而得出的对内镇压优先论。为何把对内镇压放在优先地位？这是因为耆英对当时激烈的阶级矛盾有亲身感受，他看到了“官与民，民与兵役，已同仇敌，良民与莠民亦成水火”、“民皆疾视其长上”的现实。耆英把敢于反抗斗争的人民群众视为最危险的敌人，因此他在“熟筹善后之谋”时，就明确提出：“自古远猷，攘外必先安内”，“内不自安，何暇攘外？”[①] 至于外国侵略者，耆英的看法就大不相同，他认为侵略者无论多么凶狠，总不是清王朝的不共戴天之敌，“其意不过求赏码头、贸易通商而止，尚非潜蓄异谋”，[②] 与他们的矛盾较之与国内民众的矛盾，就只能是次要的，因而“攘外”自然要放在“安内”之后。

---

① 《鸦片战争》Ⅲ，第468—472页。

② 《筹办夷务始末》（道光朝），第2262—2263页。

“攘外必先安内”的主张，并非耆英首倡，当时奕山、刘韵珂、牛鉴等人，也有不少类似的言论。但耆英的主张显然比他们深刻，因为他的主张是建立在对比和确认侵略者和人民群众孰为清王朝死敌的基础上。耆英既然把人民群众视为死敌，又认为当时的形势是“内不自安”，强调把“安内”（即扑灭人民群众反抗斗争，确保清朝统治平安）放在首位，那么，从事投降外交在他看来就十分必要，因为只有这样，才能确保清政府集中力量“安内”，反之就会内外交讧，使清王朝陷入莫大危险。

“攘外难于措手”论、“攘外必先安内”论，是耆英投降外交理论的支柱，建立在这两个支柱上的便是他的投降外交的指导原则——“俯顺夷情”论和“一视同仁”论。

“俯顺夷情”，原是清政府遮掩其投降丑行的一句门面话，而耆英则把它发展为一条具有特定内容的指导投降外交的原则。关于“夷情”，耆英有两个基本观点：其一，“该夷以通商为性命，准其贸易则恭顺如常，绝其贸易则骄蹇难制”①；其二，鸦片战争前，来华的外国人是被虐待和欺压的对象，受辱含冤日久，以致“逞其骄傲，酿成变乱”②，“然其意不过仍欲另立码头，以祛积弊”③。耆英的观点严重歪曲历史，与侵略者的谬论如出一辙，这是不言而喻的。这里要指出的是，耆英对“夷情”的基本观点正是他主张“俯顺夷情”的依据：既然侵略者只“以通商为性命”，那就不存在政治上与清朝为敌的问题，即使顺从其侵略要求，也无损于清朝统治，“俯顺夷情”是可行的；既然以往外国人受了虐待，那么现在顺从其意志、清除其仇视的“积弊”，就完全合乎情理，还会使外国人“恭

① 《筹办夷务始末》（道光朝），第2649页。
② 同上，第2748页。
③ 同上，第2534页。

顺如常”，而不再“逞其骄傲，酿成变乱”，因此，“俯顺夷情”是必要的。

“俯顺夷情”的原则，是耆英在办理对英交涉中提出的，而在美法等国趁火打劫的形势出现后，他又进一步扩展这个原则，提出所谓“一视同仁”。何谓“一视同仁”？耆英有明确的解释：“如美利坚等国必欲在闽、浙、江苏通商，似可准其一并议定税则，任其所之。”也就是说，出卖给英国的各种权益，也可一并推及西方各国。耆英主张“一视同仁”，理由主要是：西方其他国家以往同样受到虐待欺压，“今英夷既遂所欲，而各夷仍在广东向隅受累，易地而观，窃恐心有不平”，不让其他国家分享英国所获权益，既难做到，又会带来莫大危险，使“夷与夷则相结日深，而夷与我则乖违日甚，一英夷已足为害边疆，况合众夷而使之为一耶？”如果实行“一视同仁”原则，那对清朝统治无害有益，既不减少税收，又可借以“驾驭外夷”，因而“未始非计”。①

综观耆英主张“俯顺夷情”、“一视同仁”原则的依据，不外是两个方面：一是把办理投降外交、一味顺从侵略者的意志视为维护清朝统治的必要措施；二是把西方国家的侵略要求视为天经地义，认为理应接受。这就无怪乎耆英如此肆无忌惮地放手卖国，也无怪乎清朝黑暗当权势力对其投降外交事事认可、件件批准了。

耆英的投降外交及其理论，在鸦片战争时期是最全面、最有代表性的。究其原因，除了他本人的投降立场而外，更主要的是由于在他从事外交期间，清朝黑暗统治势力的腐朽性、为自身利益不惜出卖国家主权和民族利益的反动性都空前明显地暴露出来，他们需要耆英这样一种人，更需要耆英所从事的那种可耻的投降外交。

---

① 《筹办夷务始末》（道光朝），第2537—2538页。

纵观整个中国近代史，投降外交具体内容和表现形式虽有差异，但指导思想是一致的，都极端畏惧西方列强的武力，都把国内人民的反抗斗争视为心腹之患，把对外妥协投降作为稳定自身统治的手段，基本特征也是一样的，都是一味顺从侵略者的意志，严格遵守不平等条约，竭力镇压人民反侵略斗争以取悦洋人。无论是近代投降外交的指导思想，还是其基本特征，都最先比较全面地体现在耆英办理外交的言行中。因此，我们可以断言：耆英是中国近代投降外交的鼻祖。

（原载于《武汉大学学报》
[哲学社会科学版] 1990 年第 3 期）

国门打开前夜中日“经世”内涵之比较

中日两国在相继被西方打开国门之前，都活跃着经世家群体，他们关注社会现实矛盾并讲求应对之策，分别成为各自国家迎接近代挑战的先驱者。那么，他们“经世”的内涵究竟是什么？这对于把握当时两者的本质来说，是最重要的问题。而两者之间的比较，也有助于我们从一个侧面理解近代中日两国的历史进程发生重大差异的因由。

笔者认为：当时两国最为突出并引起经世家们高度关注的社会矛盾，主要发生于经济领域；与此同时，西方势力强化扩张所导致的外来压力不断增大，又对两国经世家提出了新的严峻课题。因此，本文主要从这两个方面，对当时中日“经世”的内涵进行叙述和比较。

一、中日经世家应对社会经济矛盾之比较

（一）关切国计民生，反映社会经济矛盾

在国门打开前夜，中日经世家对社会经济矛盾都是高度关注的。

中国经世实学代表人物龚自珍、魏源、包世臣，都是从青年时代

起就高度关注社会经济状况。龚自珍犀利揭露社会经济矛盾的《平均篇》、《乙丙之际箸议》作于24、25岁之间，29岁所作《西域置行省议》也与他对社会经济问题的看法密切相关，31、32岁之间所作《农宗》亦主要是反映其社会经济理念；[①]魏源20岁时从湖南赴京，即沿途观察社会状况，在诗中记述众多民众死于饥馑的惨景，[②]后来他到了江南，依然十分关心民间疾苦，并在贺长龄、陶澍的幕中以很大精力研究漕运、盐政问题；[③]包世臣自称其“比及成童……见民生日蹙，一被水旱，则道殣相望，思所以劝本厚生”[④]，由此开始了对于经济问题的探求，而为他赢得最大的社会声誉的，也正是在这方面的造诣。[⑤]

在日本经世家中，本多利明[⑥]是鉴于当时社会经济面临困境、思谋富国之方而走上经世家之路的；海保青陵[⑦]一生最关心的就是社会

---

① 参见《定盦先生年谱》，载《龚自珍全集》，上海人民出版社1975年版，第600、603—604页。

② 《北上杂诗七首》、《道中杂言》，载《魏源集》下，中华书局1983年版，第577、590页。

③ 参见魏源：《江南吟》，魏耆：《邵阳魏府君事略》，载《魏源集》下，第670—671、948页。

④ 《再与杨季子书》，载《包世臣全集·中衢一勺　艺舟双楫》，黄山书社1993年版，第264页。

⑤ 《清史稿》卷486《包世臣》以主要篇幅记其在漕运、盐政问题上的卓见，并称：“东南大吏，每遇兵、荒、河、漕、盐诸巨政，无不屈节咨询。”

⑥ 据日本学者推断，本多利明出生于越后蒲原郡，祖上为加贺藩武士，后脱士籍迁至蒲原郡。本多利明幼时受到与一般武士子弟同样的教育，18岁到江户，从著名数学家关孝和的弟子学习“和算”（即日本传统数学），同时还学习天文、历学，并与许多兰学家关系密切。他一生主要是在江户开办算学、天文私塾，授徒著述，其间曾经到发生严重饥荒的地区实地考察；鉴于俄国的威胁日益临近，他还曾渡海前往虾夷地（今北海道）探查。主要著作有《經世秘策》、《西域物语》等。

⑦ 海保青陵生于江户，其父为丹后宫津藩的家老（地位较高、协助藩主主政的武士）。海保青陵两岁时，因其父隐居而成为家中门第的继承者。青年时代，他认为自己的性情更适合于相对自由自在的学者生活，故让其弟继承门第，自己则潜心于经世儒学的研究。35岁以后，他周游众多地方，广为结交包括豪农、豪商在内的各类人物，实地获得了当时日本社会多方面的丰富知识。他生涯中的最后十年主要在京都度过，其主要著作《稽古談》等也是在这期间完成的。

经济问题，各藩大名的财政运作、武士生活状况、大阪等城市商人的经营之道、农林水产和手工业的生产等等，都是他观察和研究的对象，有关经济问题的论著在其著作中占最大的比重；水户学虽以讲“名分”、崇“国体”为主干，但也绝不忽视社会经济问题，藤田幽谷[①]1797年的《丁巳封事》即以“富国强兵”为主题，1799年又撰《劝农或问》，会泽正志斋[②]写于1825年的《新论》[③]和藤田东湖[④]写于1832年的《壬辰封事》，亦包含对于社会经济现状的分析；渡边华山[⑤]的经世家生涯，也与他设法扭转田原藩的财政困难

---

① 藤田幽谷出生于水户藩一个估衣商之家，少年时期接受儒学教育，15岁被推荐到彰考馆，18岁获得下级武士身份，后因藩主赏识而上升到彰考馆总裁位置，并一度兼任“郡奉行”这一行政职务，得到中级武士的待遇。他自青年时代就以敢谏著称，一生主要从事学术撰述、讲学授徒，是后期水户学基本主张的首倡者。著作集中于《幽谷先生遗稿》。

② 会泽正志斋祖上是农民，到其父才获得下级武士身份。他10岁时拜藤田幽谷为师，深受其“正名”说与攘夷思想的影响。18岁进入彰考馆，在藤田幽谷指导下从事《大日本史》的编纂，并于1801年写成充满对俄国扩张的危机感的处女作《千岛异闻》。1824年6月，英国水手在水户藩所辖大津滨上岸被执，会泽正志斋等参与了讯问。受此事件刺激，他愤然撰写了集中论述后期水户学“尊王攘夷”主张的《新论》，希望以此影响水户藩藩主。1840年，他被任命为弘道馆总教。在外患日益严重的形势下，没有正式出版的《新论》被广为传抄，使会泽正志斋声名远播，各地学子纷纷到水户拜其为师。但在1845年，因德川齐昭失势，会泽正志斋失去官职，翌年又因参与为德川齐昭鸣冤的活动而遭禁锢，直至1849年才恢复行动自由。1855年，他再任弘道馆总教。在幕末，他与吉田松阴等交往，并于1857年公开出版了《新论》。

③ 参见《新论》，载《日本思想大系》53《水户学》，东京：岩波书店1973年版。

④ 藤田东湖为藤田幽谷的次子，22岁任水户藩彰考馆编修，学问与思想深受其父影响，成为水户学的中坚。1829年拥戴德川齐昭继任水户藩藩主获得成功，深得后者信任和重用，提出一系列改革藩政的主张，并促成水户学基地——弘道馆于1841年设立。1844年至1849年，因德川齐昭失势而遭软禁，其代表作《回天詩史》、《弘道館紀述義》等即于此间写成。1853年，美舰叩关事件发生后，随着德川齐昭重新参与幕府外交事宜，藤田东湖也重返政治舞台，筹划海防与内政改革，一时名重国内。1855年在江户大地震中罹难。

⑤ 渡边华山（1793—1841）是田原藩有家禄百石的地位较高的武士，但因该藩狭小且土地贫瘠、财政上长期入不敷出，因此即便渡边华山的家庭也是困苦不堪，这使他在少年时代无法致力于对正统儒学的深入研习，而不得不学画以获得谋生手段，在此过程中对西洋画技法的学习，成为他接触西方文化艺术的最初机缘。1832年，他被藩主任命为年寄役末席，开始了政治家的生涯。

密不可分。[1]

那么，中日经世家反映出各自国家怎样的社会经济矛盾呢?

其一，以农民为主体的一般民众乃至下层士人、武士的经济状况趋于恶化。

龚自珍在《西域置行省议》中写道：

> 自京师始，概乎四方，大抵富户变贫户，贫户变饿者，四民之首，奔走下贱，各省大局，岌岌乎皆不可以支月日，奚暇问年岁?[2]

这实际上反映了经世学者对于当时社会经济状况的基本看法。关于一般民众的经济状况，龚自珍强调贫富分化的严重性：

> 贫者阽，富者安……至极不祥之气，郁于天地之间。[3]

魏源、包世臣则着重指出江南农民负担的沉重：

> 有田何不种稻稷，秋收不给两忙税。洋银价高漕斛大，纳过官粮余秸秆。[4]

---

① 田原藩1832年任命渡边华山为年寄役末席，是因其前任的财政改革失败，要他出台收拾局面。而渡边上任后最主要的政务就是筹划推行新的改革措施。参见［日］佐藤昌介：《洋学史研究序說》，东京：岩波书店1964年版，第160、186—191页。

② 《龚自珍全集》，第106页。

③ 《平均篇》，见《龚自珍全集》，第78页。

④ 《魏源集》下，第670—671页。

银价岁高费增半，民除抗租抗赋无饱啖。①

浮收勒折……害遍编户，而细民之受毒尤甚。②

关于下层士人的物质生活状态，龚自珍述其在京城的见闻曰：

居平以贫……崇文门以西，彰义门以东，一日不再食者甚众……廪告无粟，厩告无刍，索屋租者且相逐，家人嗷嗷然呼。……

谓外吏富乎？积逋者又十且八九也。③

日本经世家笔下的民众生活也很凄惨。本多利明在1798年所撰《西域物语》中，描述了他在1786年见到的令人恐惧的饥荒情景：在奥州会津，看不到人烟，房屋皆空，他投宿的一户人家聚集着来自7个村子的7位妇女，是7个村子仅有的活人，个个骨瘦如柴，只靠吞咽草根苟延生命。与之邻近的仙台一带，饥荒更为严重，路旁尸骨枕藉，甚至发生母食其子的惨剧。本多利明估计，仅在奥羽一带，就有200多万人在持续数年的饥荒中死去。④同在1798年，藤田幽谷从平常年景下农民分化的角度揭示了贫民的苦痛：

---

① 《魏源集》下，第683页。

② 《海淀问答》，见《包世臣全集·中衢一勺　艺舟双楫》，第88页。

③ 《明良论》，见《龚自珍全集》，第30页。

④ 《西域物语》，《日本思想大系》44《本多利明　海保青陵》，东京：岩波书店1970年版，第123—127页。这次饥荒是由1783年信州、1786年伊豆火山爆发、火山灰殃及农田，及1786年日本关东地区大洪水引发的。再，据日本学者研究，本多利明对此次大饥荒中的死亡人数有所夸大，实际数字是他估计数字的几分之一。参见冢谷晃弘为本多利明《经世秘策》所作的校注，载《日本思想大系》44，第27页。

贫民之苦于逋负者，质田于富民，以免一时捶挞之责，遂得私相买卖，则贫民田才余十亩而常出百亩之税，富民才出十亩之税而常收百亩之饶。是谓助强而毙弱，民何由而殖乎？①

至于下层武士的穷困，从17世纪以来就一直是政论家的话题，如熊泽蕃山在17世纪80年代指出：

近世无告者多。所谓无告，乃无依靠、无出路、不能养家糊口者之谓。……今之无告至极者乃浪人。饿死于历次饥荒者不计其数。②

即使是在籍的武士，也因要将禄米换成金钱购买各种用品，在米粟价贱而各种用品价昂时入不敷出，加之开支日繁，日益陷入贫乏穷困。③

到江户时代后期，在经世家笔下，下层武士的穷困状况一如其旧，如本多利明在其著作中反复提到：

武家身为有定禄之长者，皆贫穷。④

海保青陵的著作，不少篇幅用以分析武士陷于贫困的原因，并

① 《丁巳封事》，见《日本思想大系》53，第376页。
② 《大學或問》，见《日本思想大系》30《熊泽藩山》，东京：岩波书店1971年版，第415页。
③ 《集議外書》，转引自［日］本庄荣治郎：《日本经济思想史》，东京：有斐阁1958年版，第130页。
④ 参见《经世秘策》、《西域物语》，载《日本思想大系》44，第33、39、153页。

为扭转这种局面提供对策；藤田幽谷在向藩主上书中，突出地提及本藩“夺仕者禄俸之半”令“一国失望”，致使藩主“不胜臣民嗟怨”；[①] 渡边华山在《退役愿书之稿》中对自身经历的回忆，简直就是一幅武士贫困生活的凄婉图画。[②]

其二，国家财政困窘。

中日两国的经世家固然关注各自社会民众、下层士人与武士的状况，但在他们心目中头等重要的，无疑还是统治者的状况。所谓社会经济问题，在他们眼里，占据首位的是“国计”，也就是国家的财政状况。而两国在财政上的困窘，也如同磁石般吸引了他们的注意力。

1815 年，包世臣推出研究清朝实政的文集《中衢一勺》，并在该文集的序言中写道：

> 河、漕、盐三事……人人以为大，人人以为难，余是以不能已于言也。漕难于盐，河难于漕，余是以不能已于言，而于河言之尤多者也。[③]

魏源于 1837 年作《明代食兵二政录·叙》，强调清朝面临的最大问题是：

> 黄河无事，岁修数百万，有事塞决千百万，无一岁不虞河

① 《丁巳封事》，见《日本思想大系》53，第 377 页。

② 参见《日本思想大系》55《渡边华山　高野长英　佐久间象山　横井小楠　桥本左内》，东京：岩波书店 1971 年版，第 96—104 页。渡边家在田原藩本有较高地位，但穷困之状“非纸笔所能尽”。为了减轻负担，他的弟妹或到寺庙帮工、当和尚，或当用人，他本人也因家贫而无法正常读书，想成为儒者的愿望未能实现。他选择学习作画，最初的出发点只是救贫。

③ 《包世臣全集·中衢一勺　艺舟双楫》，第 3 页。

患，无一岁不筹河费，此前代所无也；夷烟蔓宇内，货币漏海外，漕鹾以此日敝，官民以此日困，视倭患尤剧也。[①]

其中，除鸦片贸易这个外来因素（见后述）外，河工、漕运、盐政，都与清朝财政乃至社会经济关系密切，实际上从乾隆时期以来一向为人们高度关注。[②]

黄河之患是困扰历代王朝的问题，特别是在清代，河南以下的黄河河道泥沙淤积严重而形成“悬河”，甚至壅塞出海口，而下游区域又人烟稠密，“欲其顺轨安流，不为民田庐舍之患，较古人为更难矣”[③]。加之黄河在淮安清口还与运河交错，一旦发生倒灌，冲毁运河河道，将危及清朝的漕运和南北经济联系。因此，清政府从康熙朝开始就一直不惜投入巨大财力与人力进行黄河治理，并曾取得可观成效。但是，自乾隆后期以来，黄河之患日益严重，清政府投入治河的费用也随之大增，正如魏源所言：“我生以来，河十数决”；“岁费五六百万，竭天下之财赋以事河”；“乾隆四十七年以后之河费，既数倍于国初；而嘉庆十一年之河费，又大倍于乾隆；至今日（19 世纪 40 年代——引者）……其费又浮于嘉庆，远在宗禄、名粮、民欠之上”。“河工者，国帑之大漏卮也。”[④]

清朝定都北京，宫廷、贵族、庞大的官僚机构和拱卫京城的军队，以及为数众多的旗人，共同形成了对粮食的巨大需求。但当时北方的气候与水利条件限制了粮食生产的发展，因而清政府每年都

---

① 《魏源集》上，第 165 页。

② 黄爱平：《论清代乾嘉时期的经世思潮》，见《中国哲学史》1997 年第 4 期。该文主要依据《清经世文编》，叙述了乾嘉时期官员与士大夫对于河、盐、漕等问题的议论，可参考。

③ 《徒骇河》，见《御制诗五集》卷 54，乾隆五十五年。

④ 《筹河篇》，《魏源集》上，第 365—367 页。

要从江苏、安徽、浙江、江西、湖北、湖南和山东征收粮食，运往北京。此即所谓漕运。在有漕各省和京畿地区，漕粮的征收、运输、交兑成为政府机构的一项重要政务。在清朝统治中期以前，漕运运转基本正常，但从嘉庆以后，危机日益凸现：首先是实际运抵京畿的漕粮数量不断减少，“嘉庆以前每年平均在400万石以上或接近400万石。道光之后……由400多万石减至300多万石乃至200多万石”[①]；其次是漕粮征收运输费用极高，“每漕一石抵都，常二三倍于东南之市价”[②]，“几数两而致一石”[③]，每年用于漕运的经费都以千万两白银计算。为了支撑漕运，清政府除了不断加重有漕地区（特别是江南）民众的额外负担外，每年还需支出数百万两白银以充经费。[④]1824年冬，运河河道被冲毁，大批漕船困于运河之中不能行进，漕运严重受阻，因而“南士北卿，匪漕莫语”[⑤]。

盐税是清政府财政收入中仅次于田赋的重要来源，而清代盐务的枢要在两淮，该地区海盐产量居全国之首，运销江淮和长江中下游6省250余州县，盐税额居全国总额之半，故“国家海府之利，无大两淮”[⑥]。但从康熙后期开始，就出现了两淮官盐运销不畅的现象，嘉庆、道光时期盐务更是久衰不振，淮北在1830年以前，盐商十存其三，销售区域的运销者“弃店罢市，逃避一空”，竟10年无税可收；[⑦]在淮南，1830年官盐运销还不到额定量的三分之一，积欠盐税达5700万两。[⑧]

---

① 李文治、江太新：《清代漕运》，中华书局1995年版，第53—54页。
② 《庚辰杂着》四，载《包世臣全集·中衢一勺 艺舟双楫》，第67页。
③ 《筹漕篇》下，载《魏源集》上，第405页。
④ 《上江苏巡抚陆公论海漕书》，载《魏源集》上，第427页。
⑤ 《筹漕篇》上，载《魏源集》上，第398页。
⑥ 《淮北票盐记》，载《魏源集》下，第889页。
⑦ 同上，第890页。
⑧ 《清史稿》卷123，《志》98《食货四》。

清朝在河、漕、盐诸政中的危机，在经世家看来是“天意欲重困斯民，浸削国脉”[①]。他们对此充满忧虑，并认为许多当权者“罔知漕、盐、河、兵得失何在”，故“奋志讲求”，期于“上利国而下利民”。[②]因此，在陶澍奉清廷之命试行漕粮海运、整顿盐务时，魏源与包世臣都成为积极的谋划者。

如果说清朝河、漕、盐诸政的危机主要发生于19世纪前后的话，那么，日本各藩财政困窘的出现就早得多了。

还是在17世纪后期，山崎暗斋就指出一些藩的租税与御用金不足，财政困难，向町人借债后，即使削减本藩武士的俸禄也不能偿还，只得让债主拿走本藩之米，从藩主到下属武士都如同债主的手下人一般。[③]

到100多年以后的18世纪末，财政困窘在各藩已成普遍现象，藤田幽谷写道：

> 今之诸侯莫不皆忧贫。

他所在的水户藩，虽说在诸藩中经济景况算是“中等”，但也是“国用岁穷，士风月衰，民力日困”，“借金之数，岁多一岁”，并为偿还利息而不惜“夺仕者禄俸之半”，以免“得罪于大阪则凶年饥岁无所仰给也”。至于属于“下等”的藩如仙台、秋田，则是“不能自富其国，乃借金于人，弃信背约，一借而不归，借贷不通，无可奈何”。[④]

---

① 《中衢一勺　附录　序言》，见《包世臣全集·中衢一勺　艺舟双楫》，第9页。
② 参见《明代兵食二政录·叙》、《中衢一勺　附录　序言》。
③ 《盍徹問答》，转见《日本经济思想史》，第129页。
④ 《丁巳封事》，见《日本思想大系》53，第374、377页。

本多利明也指出：在当时，各藩统治者为偿还商贾债务而削减下属武士之禄，但债务依然不见减少，是司空见惯之事；有的藩只有6万石贡租收入，负债额却高达118万两，即使将贡租全部用以还债，也要用五六十年才能还清；各藩统治者为了应付财政困窘，拼命榨取农民，导致恶性循环，以致“有司”无力应付，退隐、称病甚至急死者均有之。[①]

海保青陵在19世纪前期讲到各藩经济状况，还是认为：无论哪个藩国都是艰难竭蹶，不能应付自如的。[②]

会泽正志斋1825年作《新论》，对于各藩“有邦有土，亦莫不仰给富民；豪奸大猾操货财之权，愚弄王公股掌之上”，表示愤愤不平。[③]

（二）各自对社会经济矛盾根源的认识

在中日经世家眼中，各自国内社会经济中的矛盾都是严重的。但对于引发矛盾的根源，他们的议论是异大于同。

相同的方面，是两国经世家中都有人注意到当时人口增长和土地兼并对于社会经济所形成的压力。

众所周知，洪亮吉（1746—1809）1793年撰《治平篇》和《生计篇》，提出了他的人口论，认为当时的人口“视三十年以前，增五倍焉；视六十年以前，增十倍焉；视百年百数十年以前，不啻增二十倍焉”，但新开土地在人口增加十倍二十倍的同时“不过增一倍而止矣，或增三倍五倍而止矣”，“是田与屋之数常处其不足，而户与口之数常处其有余也。又况有兼并之家，一人据百人之屋，一户占

---

① 《经世秘策》卷下，见《日本思想大系》44，第26—27页。

② 《稽古談》卷5，见《日本思想大系》44，第326页。

③ 《日本思想大系》53，第395页。

百户之田，何怪乎遭风雨霜露、饥寒颠踣而死者比比乎？”“户口既十倍于前，则游手好闲者更数十倍于前”。[1]洪亮吉的看法后来实际上为龚自珍所沿袭，故其《西域置行省议》曰：

> 今中国生齿日益繁，气象日益隘……自乾隆末年以来，官吏士民，狼艰狈蹶，不士、不农、不工、不商之人，十将五六，又或飧菸草、习邪教、取诛戮，或冻馁以死，终不肯治一寸之丝、一粒之饭以益人。

他作《平均篇》与《农宗》，也表明了对当时土地兼并现象的关注与忧虑。

在日本，与洪亮吉大致同时的本多利明，在著于1798年的《西域物语》中也提出了他的人口论。在他看来，在正常情况下，只要实行保护、养育生命的政治，生产不受妨碍，人口就会在33年中增加19.75倍，而与此同时日本并不能随之扩大到相应的倍数，因此必然出现生产不能满足社会需要、职业缺少的问题；而在此状况下，“士工商僧游民之增殖日逐月追”，使粮食短缺日益严重，统治者唯有加重对于农民的榨取之法，使农民陷于极端困苦的境地，饿死、杀婴层出不穷，农民因而减少，贡租亦随之减少，而“庶士”也进一步贫穷。[2]关于日本农村中出现土地兼并及由此引起的贫富分化、民生疾苦，已见前文所引藤田幽谷之论，兹不赘叙。

应该说，人口增长所造成的压力和土地兼并的影响，在当时中日经世家关于社会经济矛盾根源的思考中都不占主要地位，尤其是

---

① ［日］洪亮吉撰：《洪北江诗文集》上，商务印书馆1935年版，第48—49页。
② 《日本思想大系》44，第144—147页。

在有关下层士人、武士生活艰难、统治者财政困窘原因的分析中，他们的视线都投向了其他方面，而相互之间的差异，也正是出现在这些方面。概而言之，中国经世家特别注重当时吏治与相关体制的消极影响，而日本的经世家则突出地强调商品经济潮流的猛烈冲击。

龚自珍关于下层士人物质生活穷困的议论，在同时期经世家中并不多见，而他本人实际上也并不是从经济角度而是从俸禄制度的角度来谈这个问题的。在他看来，下层士人的穷困完全是因为朝廷的俸禄制度不合理，没有给予他们以应有的待遇，“汉、唐、宋之制俸，皆数倍于近世”，但在清朝，即使是“久资尚书、侍郎，或无千金之产，则下可知也”。他批评“人主以大臣不富为最可嘉可法之事”，强调“无恒产而有恒心”只能是士人用以自律之言，“非君上所以律士大夫之言也”。[①] 其本旨是十分明白的。

在当时中国的经世家中，包世臣、魏源对于河、漕、盐诸政的研究最为深入。他们的视线固然也投向影响危机产生的自然条件变化（如黄河与运河河道的泥沙淤积日益严重）、经济条件变化（如物价不断上涨）、外部因素（即鸦片贸易）等方面，并努力探讨相应对策，但聚焦点都在于清朝腐朽的吏治与相关体制的弊端上。

拿河工来说，包世臣在接触这个问题之初，产生的最深印象，就是染指河工的官吏对于治河经费的大量侵吞。他在关于郭大昌（包研究河工问题的引路者）事迹的记述中讲道：乾隆年间黄河老坝口决堤，当道欲请款50万堵合，而郭大昌在排除员弁的情况下，只用10.2万多两就如期实现了堵合。但这样一个“善河事”的人，却“终以省工费、拙言语触众怒”。嘉庆年间，“举丰工，工员欲请帑百廿万，河督议减其半”，郭大昌主张“再半之足矣”，并且是

① 《明良论一》，载《龚自珍全集》，第29—30页。

“以十五万办公，十五万与众工员共之”，而河督竟“怫然”。[1]经过对河工的长期研究，包世臣认为治河本身并非难事，“人事果至，虽遇异涨而可必其无事”，真正难办的是防止贪官污吏“靡费”，“靡费之时，必各工并举，而无一归实……工生而水势因之更险，引盗入室，隳败为期，防之不能，尚安望其治哉？”[2]魏源的看法与包世臣一致，且锋芒更加尖锐，他指出：河工之所以成为清朝财政的大漏卮，绝非河难治，而是由于“治河之拙”、“食河之饕”。清朝长期“不治海口，而惟务泄涨……海口渐淤，河底亦渐高，则又惟事增高”，随着“堤日增，工日险”，河工机构也不断膨胀起来，以致“文武数百员，河兵万数千，皆其数倍其旧”，这个群体实际是将河工作为肥私渠道，每年要吞噬“数百万冗费”。[3]

再就漕运问题而言，包世臣与魏源同样是将危机的根源主要与清朝相关体制的腐朽相联系。包世臣致力于研究漕运问题，直接的动因是“见官擅漕利，民冒死与官争，心忧之甚”[4]，而他认为“漕弊已极”的关键原因，就在于“其为官吏利薮也”。清朝的漕运机构本来环节众多，加之往往一缺两官，安插不少无济公事的所谓“差委”，必然层层索取陋规贿赂，导致“浮收勒折，日增一日，竭民力以积众怒”[5]。魏源认为，漕运积重难返的根源，就在于漕运机构的层层需索：“过浅过闸有费，督运催攒有费，淮安通坝验米有费，丁不得不转索之官，官不得不取赢于民”。而只要漕运按原样进行下去，就谈不上“东南民力之苏困”和“吏治之澄浊”。[6]

---

① 《郭君传》，见《包世臣全集 · 中衢一勺　艺舟双楫》，第36—37页。
② 《答友人问河事优劣》，见《包世臣全集 · 中衢一勺　艺舟双楫》，第47、48页。
③ 《筹河篇》，载《魏源集》上，第365—367、378—379页。
④ 《安吴四种总目序》，载《包世臣全集 · 中衢一勺　艺舟双楫》，第1页。
⑤ 《庚辰杂着》三，载《包世臣全集 · 中衢一勺　艺舟双楫》，第65—66页。
⑥ 《筹漕篇》，载《魏源集》下，第405—406页。

关于两淮官盐滞销、亏欠巨额盐税的问题，包世臣与魏源都认为源于“盐法”即清朝盐政体制之弊，要害在于相关官吏与特权盐商利用盐政体制之弊中饱蠹蚀。清朝实行所谓“纲盐制”，实为政府特许下的商专卖制。在这种体制下，“盐为利薮，官为盐蠹”。管理盐务的官僚与少数特权盐商之间既有榨取与被榨取的关系，又相互勾结侵吞官款；[①] 同时，淮盐运销环节繁多，而每个环节都为“规费”的索取提供了条件，“名色百出，不可胜胪”。而上述榨取、侵吞和各种规费，又统统打进食盐的销售成本（据魏源计算，淮南如年销140万引纲盐，成本中包含约达400万两的种种“浮费”、“官费”），[②] 造成淮盐持续高价的局面，使之无法与低价的所谓“私盐”竞争，陷入滞销、亏欠盐税的恶性循环。

总之，在包世臣、魏源心目中，影响清朝财政大局的河、漕、盐诸政的危机，归根结底是吏治腐败和相关体制的弊端所导致的，比较起来，其他因素都是次要的、非决定性的。

日本的经世家对于社会经济矛盾根源的分析，当然也涉及对于施政者的批评，如藤田幽谷在《丁巳封事》中就非难水户藩藩主“不务其本，徒逐其末”，“好货之疾，朘士民之膏血，而独富筐笥”，“颇有不急之土木”，延误了“富国”；本多利明对于各藩当政者不顾农民的死活、榨取无度也极为不满，将其视为各藩陷于穷困的重要原因。[③] 但是，他们最为强调的还是商品经济潮流的猛烈冲击。

观念相对保守的藤田幽谷与会泽正志斋，都以颇为愤激的言辞

---

① 参见《筹鹾篇》，载《魏源集》下，第435页；《小倦游阁杂说记二》，《包世臣全集·中衢一勺　艺舟双楫》，第128—129页。

② 参见《筹鹾篇》、《淮北票盐志叙》、《淮北票盐志凡例》，载《魏源集》下，第431—442页。

③ 参见《日本思想大系》53，第376、378、379页；《西域物语》，见《日本思想大系》44，第145页。

描述了商人经济势力之盛：

> 今之富商大贾……出金收息，坐营素封之业，锦衣玉食，王侯不若，天下无事则乘诸侯之拙以牟大利……贫我士民，以资彼辈之富。
>
> 今之诸侯莫不皆忧贫，故不能一日不仰给大阪……（就连德川家三亲藩之一的水户藩竟然也）仰给商贾……徒取悦于市人。[1]

> 今举天下籴粜之权一委之贾竖，王公大人俯伏听命，不得有所问，天下民命专系市人之手。
>
> 百需皆资于市，而每患物价之贵；岁时所献幕府，除其国土所产外，鱼虾饵饼之属多出于市人之手……必待贾竖印封以验其信；驺从必雇于市井，置之前行，宴饮待市人刀匕，然后尽其欢；及他宫室衣服妇女玩好，凡奢侈之所以糜财者，视以为故常，谓之大名役。虽其君相，谨守旧习，不或敢易之。[2]

本多利明在其著作中反复强调：如将日本财富分为16份，则商贾占据了15份，剩下的1份才归于武家；农民一年干活360天，有337天半是为商贾，22天半是为武家。因此，各藩无不依赖于商贾的钱财，后者看待各藩，犹如渔夫猎手看待钻进网罟里的鱼鸟。而之所以出现这样的局面，是由于当政者将国计民生中最重要的航海、运输与交易全都委诸商民，而商贾则“依其势雄长于四民”。[3]

海保青陵的观察最为透彻。在他看来，日本已经处于离开“买

---

① 《丁巳封事》，见《日本思想大系》53，第378、377页。

② 《新论》，《日本思想大系》53，第395、404页。

③ 参见《经世秘策》、《西域物语》，《日本思想大系》44，第33、34、27、39、153页。

卖”就一天也不能维持的状态，不仅大阪等处的商人是买卖中人，“自大国大名以下，皆买卖中人也”[①]，各藩之间实质上在进行着剧烈的贸易竞争，“邻国之富即本国之穷”。而武士阶级与农民之所以普遍穷困，是由于他们对于这种经济状况不能适应所致。[②]

（三）不同的应对社会经济矛盾之策：修补与开新

中日经世家都不喜欢玄理空谈，社会经济矛盾对于他们来说绝不只是书斋中的话题、纯粹的学术研究对象，而是紧迫的现实课题。他们的种种议论，落脚点都在于提出应对社会经济矛盾之策。而正是他们各自寻求的对策，最鲜明地展现了两国经世家的特性之异。

就与社会经济相关的思想观念而言，中日经世家中各有相对保守的一翼，且分别以龚自珍和藤田幽谷、会泽正志斋为代表。他们所提出的应对社会经济矛盾之策，在本质上颇为接近：都钟情于自然经济，而希望将现实中的商品经济因素缩小到最低限度。

在龚自珍的著述中，商品交换、商人一般都是作为有害的、须加抑制的形象出现的。其名文《平均篇》，集中抨击的对象只有商业与商人，将商业描述成藏污纳垢的行业，所谓“服妖”、“食妖”、“玩好妖”尽在其中，甚至“男子咿唔求爵禄”、“盗圣贤市仁义”、“女子鬻容”，也被列入商业范围；而对于商人的描述则是：

> 其心皆欲并十家、五家之财而有之，其智力虽不逮，其号既然矣。[③]

---

① 《善中談》，转见《日本经济思想史》，第 90 页。

② 参见《稽古談》，《日本思想大系》44，第 295、323、285 页。

③ 《龚自珍全集》，第 79—80 页。龚自珍对于商业、商人的反感，似乎以道德因素居多，他从来没有认为商业与商人操纵了社会经济。在这一点上，是与藤田幽谷、会泽正志斋有所不同的。

龚自珍希望造成一种理想的社会经济状况，即在传统的宗法关系下让所谓“大宗”、“小宗”、“群宗”按各自等级拥有不同数量的土地，交由所谓“闲民”佃耕；在这样的经济体系里：

衣食之权重，则泉货之权不重。①

在龚自珍看来，货币财富仅仅“便怀袛而已，不挈万事之柄”，因此，“百家之城有银百两，十家之市有钱十缗，三家五家之堡终身毋畜泉货，可也”。只要人们的心思都不被“货”所吸引，以农为重，“天下复奚扰扰贫与富之名为？”②

藤田幽谷与会泽正志斋心目中的商业与商人也同样是丑陋的，这从前文所引他们的言论中可以看得很清楚。对于商品经济潮流的猛烈冲击，他们显得颇为痛心疾首，并试图遏制这样的潮流。藤田幽谷主张：

（各藩应）与大阪绝……设使海内诸侯奚不借金……则不出一二年而大阪之富商大贾困矣……节俭之政，行之二三年，其效可见矣；牧民得道，民务稼穑，不数年而所入之数亦倍于今，富国之业于是乎成矣。③

会泽正志斋力言：

今欲转贫为富，固不得拘习俗，俗以为不可废而有不可不废

① 参见《农宗》，载《龚自珍全集》，第50页。
② 《乙丙之际塾议第十六》，见《龚自珍全集》，第8页。
③ 《丁巳封事》，见《日本思想大系》53，第377—378页。

者，以为不必兴而有不可不兴者……农者民命之所系，故抑末贵本，制产颁职，时使薄敛，均田里，除兼并……皆所以安民。①

但无论是龚自珍还是藤田幽谷、会泽正志斋，都不是中日经世家应对社会经济矛盾的主导倾向的代表，代表主导倾向的分别是包世臣、魏源与海保青陵、本多利明。而正是他们的应对之策，凸现出重大的差异：前者旨在对传统经济框架加以修补，后者探寻超越农本经济的新路径。

如前面所述，包世臣与魏源认为中国社会经济矛盾的根源主要出自清朝吏治的腐朽与相关体制的弊端，而不是经济本身发生前所未有的根本性变化所致。因此，他们的应对之策也就以“除弊”，即消减腐朽吏治与不当的体制的有害影响、修补传统经济框架为基本着眼点。故包世臣曰：

平生所学，主于收奸人之利，三归于国，七归于民，以期多助而止奸。②

魏源曰：

惟去法外之弊，弊去而法仍复其初。③

包世臣与魏源“除弊”之策的指导思想，是设法缩小官僚体制

① 《新论》，见《日本思想大系》53，第404、403页。
② 《答族子孟开书》，见《包世臣全集·管情三义　齐民四术》，黄山书社1997年版，第235页。
③ 《默觚下·治篇四》，《魏源集》上，第46页。

对于河、漕、盐事务的控制范围，尽可能减少中间环节。为此，在河工方面，包世臣苦心寻求防范工员侵吞的办法，魏源则鉴于黄河下游河道已无有效治理的可能性，继承孙嘉淦等人的观点，主张促使黄河改道北流，以根本改变险情不断的局面，借此消除众多河工机构存在的余地；在漕运方面，他们都主张改变政府船队沿运河运送的惯例，而招募海商进行海运，以大大减少官僚体系插手漕运的机会；在盐务方面，则主张废除所谓纲盐制，改行民间商贩领照纳税、自由贩盐的票盐制，使贪官污吏无法与特权商人相互勾结以售其奸。对此学界已有很详细的研究。

问题是，以往一直有一种观点，认为魏源（其实也包括包世臣）主张在漕运、盐务方面借用商人的力量、同时提出“利商”，是为了“满足商业资本发展的要求”，“对中国资本主义工商业的产生和发展起到了推波助澜的作用”。①

笔者认为，这种观点并不顾及魏源等人自身申述的着眼点，人为地将他们最为重视的“国计民生”（实际内容是改善清政府财政状况和减轻漕粮缴纳者的负担）淡化，而将他们用作“除弊”手段的民间商人的利益抬高为他们提出主张的出发点，还直接将他们的主张与近代以后在复杂条件下产生的中国资本主义工商业挂起钩来，不免有主观塑造历史之嫌。另外，这种观点似乎也没有注意到，魏源等借用民间商人运送漕粮、贩盐的主张乃至“利商”之说，都可以在中国传统思想库中找到渊源，并不具有创新性质。

就盐务来说，反对官营的主张早在汉代就已出现，唐代刘晏允许民间商贩向官府买盐后运至任何地方出售，白居易与韩愈也都不

① 巫宝三等编：《中国近代经济思想与经济政策资料选编》，科学出版社 1959 年版，第 142 页；李汉武：《魏源传》，湖南大学出版社 1988 年版，第 170 页。

赞成官府过多介入盐务，北宋李觏，明代郑介夫、宋应星，明末清初的王夫之都提出过让民间商人向官府买盐后自行销售的意见，而魏源本人也说他所主张的票盐制“即刘晏收税之法”。[①]就漕运来说，政府出资雇工运输之法，也是唐代刘晏早就采用过的，魏源在论证漕粮海运的合理性时，也以“唐、宋漕运，皆以民不以军”作为根据之一。[②]

至于“利商”，载于《史记·货殖列传》的计然的议论中，就已提出：

> 农末俱利，平粜齐物，关市不乏，治国之道也。[③]

北宋欧阳修也专门作过论述：

> 大国之善为术者，不惜其利而诱大商……与商共利，取少而致多。[④]

这些言论中的“利商”都有很宽泛的指涉范围，是作为一种原则提出的。而与之相比，魏源与包世臣从来没有在一般意义上谈论过“利商”，都只是在讲漕粮海运、推行票盐制的实际效果时，提到参与其事的民间商人可以从中获利。因此，他们所讲、所赞同的“利商”，并不是具有普遍意义的经济、政策主张，严格说并不成其为一种观念，在思想上还未达到古人已有的高度。如果将魏源等的

---

① 《淮北票盐志凡例》，见《魏源集》下，第441页。
② 《筹漕篇》，见《魏源集》上，第400页。
③ 《史记》卷129《货殖列传第六十九》。
④ 《通政司上书》，《欧阳文忠公集》卷45。

“利商”说成是为了“满足商业资本发展的要求”，那又将计然、欧阳修的主张置于何地？至于将魏源等的“利商”之说与中国资本主义工商业的产生与发展挂钩，除了两者之间在时间间隔上最短这个因素外，实在难说还有什么站得住脚的理由。①

笔者不赞成将魏源、包世臣应对当时社会经济矛盾之策说成是为了“满足商业资本发展的要求”、促进中国资本主义工商业的产生与发展，并不是否认他们的应对之策在当时条件下的积极意义，而只是认为他们的应对之策既非新的创造，更不具有超越传统经济框架的性质。

那么，日本经世家海保青陵、本多利明应对社会经济矛盾之策又如何呢？要而言之，前者旨在促使武士阶级自觉顺应并学会驾驭商品经济的潮流，以摆脱被动地位；后者则主张仿效西方国家的样板，将日本变成一个重商型国家。

早在18世纪前半期，经世家太宰春台就已经注意到武士阶级深深卷入商品经济浪潮的现象，曰：

> 当今之世，有禄之士大夫、国君（指大名——引者）皆如商贾，端赖金银以充万事之用，汲汲以获金银为计，视之为当今急务。而获金银之术，莫近于买卖。

他认为：“以诸侯而求市贾之利，虽非治国之上策，然亦救燃眉之急之一术”，因此主张各藩致力于增加土特产，并让农民多推出手工产品，以此“与他国交易以足国用”。② 太宰春台本人并没有改变

① 本段的论述深受叶世昌的《中国经济思想简史》中册（上海人民出版社1983年版）启发。

②《经济录拾遗》，转见《日本经济思想史》，第26、140—141页。

农本商末观念，只是将武士阶级求市贾之利作为一种权宜之计。但到19世纪之初，海保青陵又再向前大大跨进一步，完全突破了农本商末观念，将自觉顺应商品经济潮流上升为武士阶级不能回避的根本性课题。

在海保青陵看来，当时的日本已是不可一日无商品交换的“治世”，而武士阶级长期遵循的孔孟重义轻利之说，原本只适用于“乱世”，已经完全失去其效用。在现今条件下，不信奉求利之“天理”，而“以孔孟救时之法为定规，乃大错”。[①] 他指出：

> 武士……得米又卖米，大名卖海滨、卖田地、卖米、卖本藩土产。[②]

也就是说，武士阶级在现实中本来已与商品交换息息相关，但是，他们“皆讳言利，昧于天理”[③]，远不如大阪町人明于利害、眼光锐利，故大阪町人富有而武士阶级则陷于穷困。[④] 然而，武士阶级却嫉视町人之富，为官者“皆以刁难町人为乐，乃一世风气”，海保青陵斥之为“极端之愚计，极端之贫政”。[⑤] 他力言，这种陋习不改，武士阶级只能继续穷困下去，而一旦抛弃陋习恢复“真面目”，就会很快富起来。[⑥]

海保青陵将武士阶级在经济上的出路归结为二：

---

① 《稽古談》卷之一，见《日本思想大系》44，第218页。
② 《日本思想大系》44，第239页。
③ 《稽古談》卷之二，《日本思想大系》44，第247页。
④ 《日本思想大系》44，第249页。
⑤ 《稽古談》卷之一，《日本思想大系》44，第237页。
⑥ 《日本思想大系》44，第240页。

> 外则实行与大阪之金银应对，内则着眼于市场、振兴物产。[①]

所谓对外实行与大阪之金银应对，也就是投入大阪的商品交换以获取金银。他主张：武士必须吃透大阪町人精于谋利的诀窍，[②]千方百计摸清市场动向，抓住最有利的时机将本藩产品推销出去，将所需产品廉价买回来，同时还可在各藩之间做转手买卖，这样不仅武士阶级可以获得金银，对本藩民众也会带来益处，使士民都能摆脱困境。[③]就藩国内部来说，海保青陵认为：一味勒索农、工、商，只会激化上下之间的矛盾、造成敌对状态，唯有举国紧密团结、汲取别的藩国的财富，才是最佳之策；[④]为此，须使财货在藩国内上下流通顺畅，引导民众适应市场需要从事生产、改进生产方法，并负责将其产品推销出去；而统治者这样做，也自然能够从中得到回报，可谓“上下皆宜”。[⑤]

正如日本学者所指出的那样：海保青陵的应对之策，基本特征在于向流通领域求“富”，显示出初步具有近代性的经济观念。[⑥]

如果说海保青陵主要是从顺应日本自身商品经济潮流的角度立论，那么，本多利明的应对之策，就是以取法西方国家的经济之策为着力点。

美国学者唐纳德·金（Donald Keene）在其名著《日本人的西洋

---

① 《稽古談》卷之五，《日本思想大系》44，第326页。
② 同上，第280页。
③ 同上，第324页。
④ 《日本思想大系》44，第323页。
⑤ 同上，第325页。
⑥ ［日］杉原四郎编：《日本の経済思想四百年》)，东京：日本经济评论社1990年版，第136页。

发现》中写道："对于本多利明以及与之同时代的一些人来说，欧洲是一个理想的世界。在这个世界里，漫长的文明岁月使人们懂得战争之愚，民众住在坚固的房子里，不会受到火灾与窃贼的危害，统治者为了臣民的幸福而日夜心系施仁政"；本多利明认为欧洲的各种制度都包含了6000年的经验，而中国与之相比，进化还很不够，因此日本应该学习的榜样不应是中国而是欧洲；西方的文字、建筑、历法较之于日本更为有效、便利，应该取法。[①]

对西方世界如此倾心向往的本多利明，在思考应对现实社会经济矛盾之策时，很自然地关注西方国家的经济之策。他指出：

> 西域治道，以航海、运输、交易为国之首务，此乃帝王之天职，极被看重，官僚、当政者亦特别尽心照料，故天下万国之金银财宝、珍器良产皆群集于欧洲。[②]

他对英国与荷兰特别重视，指出英国是当时世界上最强大的国家，"世界海洋上无处无英国领地"，其在海洋航行中有坚固并配备大炮的船只，有懂得天文、地理、航海术的博学之士把握航程，因而在世界上无处不到，成为"如此卓越之大国"；[③]讲到荷兰，他详细介绍了阿姆斯特丹的"开祖某"以卓绝的智能将这个荒寒之地变为欧洲三大繁富都市之一的过程，着力强调："开祖"微服赴法、英学习天文、地理、航海之术，归国后自任船长航行于世界，从事交易获得大利，进而靠从海外得到的财富将阿姆斯特丹建成一个与伦

---

① ［日］芳贺彻译：《日本人の西洋発見》，东京：中央公论社1968年版，第93、95页。
② 《西域物语》上，《日本思想大系》44，第103页。
③ 《西域物语》中，《日本思想大系》44，第140—141页。

敦、巴黎比肩的海港城市，世界各国物产蜂拥而至，无所不有。[①]他毫不掩饰学习这些西方国家的愿望，直言：

取西域之善美以为我国之助，乃吾本意。[②]

而当时的日本，在本多利明眼中是一个十分贫苦闭塞的社会：“我日本无所谓天文、地理、航海之治法，是以昧于作为头等国务之航海知识，且不向外国派出船只，不与外国交往”；虽然古时日本船只曾航行到中国浙江、广东以及安南、交趾、占城、南洋各岛进行交易，但后来逐渐停止，致使金银铜大量流出、国内良田荒废，这是日本的不幸。而要使日本成为不亚于“西域”的富强国家，就应该让日本船只航行海外，从事交易。[③]

基于日本与西方国家的对比和学习西方的立场，本多利明提出了应对现实社会经济矛盾的所谓“四大急务”——焰硝、诸金、船舶、属国开发。

所谓“焰硝”，也就是大力发掘火药资源，不仅用于加强武备，而且用于清除妨碍水陆交通的障碍，疏浚水路以确保和开辟良田。他认为西方在这方面树立了样板：“欧罗巴洲以焰硝为国家最良最长之产物，以达国用、取大功者甚多。”

所谓“诸金”，也就是由国家严格控制金银铜山的开采，使庶民亦知金银铜乃国之根本，在对外贸易中严禁输出金银。

所谓“船舶”，也就是以官船航海，从事天下物产的运输与交易，通天下有无，救万民饥寒。他主张：

---

① 《西域物语》下，《日本思想大系》44，第155—156页。

② 《西域物语》上，《日本思想大系》44，第106页。

③ 同上，第99、102页。

> 日本乃海国，航海、运输、交易为国家政务之要害自是当然之理。①

这当中的“交易”，在本多利明看来，主要是用来“绞取他国之金银铜，收归我国以厚国力”的手段，在他心目中，这方面也是“以欧罗巴大洲为天下第一”，而别国则“未尽悉其道，故本国之宝货悉为欧罗巴大洲所有”，日本必须仿效欧洲国家的榜样，“以交易为守护国家之本”。②

所谓“属国开发”，也就是开发“日本周边各岛”，在那里开采金山、生产粮食及各种物品，使“日本之国力大为增殖”。在这一点上，本多利明明显受到了俄国对堪察加等地扩张势头的刺激与推动，且颇为“日本之人无赴外国之事，不懂天文算数之人多”，“迄今鲜有明了国务本末之人”而抱憾。③

本多利明的“四大急务”主张，日本学界几乎一致认定为“重商主义”，并且指出其与本多利明的外国知识有直接联系。④

（四）中日经世家应对社会经济矛盾的差异之由来

从上面的论述不难看出，在魏源与包世臣、海保青陵与本多利明各自对中日社会经济矛盾根源的把握中，对于商品经济影响的重视程度相差很大，所提出的应对之策则分别属于不同的层次，前者还在传统的框架中徘徊，而后者则已迈向近代门槛。

导致这些差异产生的原因，笔者认为可从三个方面来分析：

---

① 《经世秘策》卷上，《日本思想大系》44，第14—20页。
② 《交易论》，《日本思想大系》44，第166—167页。
③ 参见《经世秘策补遗》，《日本思想大系》44，第44—51页。
④ 参见［日］冢谷晃弘：《本多利明》，《日本思想大系》44，第467—469页。

首先，商品经济本身在当时中日两国社会经济体系中的地位与实际影响确有很大差异。

清王朝统治下的中国尽管出现过所谓“康乾盛世”，但社会经济发展从乾隆后期即18世纪末期呈现出停滞的局面，而资本主义的萌芽“在农业中，还是微不足道的；在手工业中，亦只占极小比重。直到鸦片战争前也未能进入工场手工业阶段”，从总体上看，小农经济生产结构还很坚固，市场狭隘，自然经济占据优势地位，分配上是地主、商人、高利贷者三位一体；[①] 而商人阶层，即使是淮扬盐商、广东行商、山西票号之类财大气粗者，对整个经济体系也还谈不上有何等巨大的影响，官商之间，依然是以农本经济为基础的专制政权支配着商人的金钱，而不是商人的金钱暗中制约着专制政权。而与此形成鲜明对照的是：日本在进入19世纪后，农民的商品经济获得显著发展，农民手中的剩余增加并出现利润的萌芽，动摇了封建领主制经济的基础；各藩统治者很早就被卷进商品经济的漩涡，为了攫取农民商品经济发展的成果、支撑财政，而普遍推行“专卖制”、奖励土特产生产和出售的重商政策；而城市商人阶层，则正如日本经世家所言，逐步成为日本社会经济实力最雄厚的群体，以至于在很大程度上操纵着日本统治者的财政，所谓“大阪豪商一怒，有令天下诸侯恐惧之威”[②]，并非无稽之谈，而是现实生活的生动写照；与此同时，更值得注意的是：当时还有所谓“在乡商人”从农民中崛起，向城市中的特权商人挑战，使后者不断削弱。[③]

中日两国的社会经济状况差异如此之大，各自的经世家对于商

① 许涤新、吴承明主编：《中国资本主义的萌芽》，人民出版社1985年版，第673—687页。
② ［日］普生君平：《献芹詹語》，转引自藏並省自、实方寿义：《近世社会の政治経济》，京都：密涅发书房1995年版，第245页。
③ ［日］石井宽治：《日本經濟史》第2版，东京大学出版会1994年版，第79—87页。

品经济的感受和认识，当然也不可能相近，所看到的现实矛盾及所作的应对也必定各异。

其次，中日两国农本商末思想传统的韧性颇异。

在中国，农本商末思想早在先秦时期就已形成，且在最注重经世致用的儒家与法家有关社会经济的思想意识中都占支配地位，从秦以后一直到清王朝，它也一贯是历代统治者与士大夫群体的基本经济理念。值得注意的是，农本商末思想并不绝对排斥在一定条件下、一定范围内对于商业、商人作用的认识与强调。因此，从先秦的管子到汉代的司马迁，以及古代不少思想家、政治家、理财家（如西汉的桑弘羊，魏晋时期的傅玄，唐代的白居易，北宋的王安石，南宋的叶适，明代的海瑞和张居正，明清之际的王夫之等），虽然都不反对农本商末，但又都有不少强调商业、商人在社会经济生活中重要作用的看法与言论。[①]这些看法与言论与农本商末思想并行不悖，实际上成为后者以相当的灵活性因应社会经济矛盾的辅助性因素。众所周知，黄宗羲在明清之际提出了有名的“工商皆本”论，显示出经济观念变化的微弱动向，但还谈不上是对传统农本商末思想全面彻底的清算，更没有在学界乃至政界引起共鸣，充其量只是经济思想发展过程中的一个亮点，而缺乏强劲的影响力，在清代前期几乎湮没无闻。总之，农本商末思想在中国韧性极强，直到国门打开前夜，也没有遇到真正有力的抵制与挑战。

反观日本社会，在江户时代以前，对于社会经济问题，只有一些非常零星的意识（如劝农、重视土地、促进使用货币、关注流通等等），并未形成系统、牢固的思想理念。经济思想的真正形成与展

① 参见叶世昌：《中国经济思想简史》中册，上海人民出版社 1983 年版。

开，主要是从17世纪以后的江户时代开始的。[①] 在江户时代，与朱子学成为官学相对应，农本商末思想也得到幕府统治者提倡而居于正统地位。但是，江户时代的日本社会，实际上难以为这种思想提供适宜扎根的土壤：不过几十年的时间，经济地位相对独立而苦于财政困窘的各藩当政者，就普遍开始推行面向市场、追逐金钱的经济政策，其与农本商末思想之间的乖违日益凸显；而在兵农分离制度下，与“农”基本隔绝、日常生活又与城市商品交换息息相关的武士阶级众多成员，对于农本商末思想的体认也缺乏深厚基础；商人阶层的经济势力对于社会日益增大的影响力，更使广大民间不可能真正认同农本商末思想。因此，笔者认为，农本商末思想在国门打开以前的日本并没有确立起牢固传统，自然也不会有很强的韧性。

中国农本商末思想极强的韧性，使国门打开前夜的经世家不易摆脱它的钳制，而传统的与农本商末并行不悖的一些重视商业、商人作用的思想言论，此时在经世家们看来还足以凭借为因应社会经济矛盾的资源；相对而言，日本农本商末思想不具有牢固传统，国门打开前夜更遭到社会经济现实的强烈冲击，在此背景下，基本出自武士阶级、与农业、农村没有密切联系的经世家们容易冲破它的束缚，像海保青陵那样视其为过时之论，直至形成重商主义的认识主张，是不难理解的。

第三，对西方经济状况的了解、认识程度迥异。

十五六世纪以后，西欧国家因资本主义的迅速发展，经济上逐步取得了相对于世界其他区域的巨大优势，并随着持续不断的扩张而将其触角伸向全球。16世纪中日与西方国家贸易关系的建立，正反映出这种趋势。西欧资本主义的对外扩张，在给广大非西欧世界

---

① 参见［日］本庄荣治郎：《日本经济思想史》，第8—9页。

带来巨大灾难的同时，客观上也确实对后者展现了新兴资本主义的经济状况。近代世界历史证明，遭受西方殖民侵略的国家与民族在争取自身政治独立的同时，必须摆脱落后的生产方式，在经济发展等方面充分借鉴和吸收西方近代文明的成果，而这就需要深入了解和认识包括社会经济在内的西方国家状况，并且愈是主动成效愈大。

就与西方国家的经济交往而言，中日均始自16世纪上半叶，但论其规模、交往对象等等，日本均不能与中国相提并论。德川幕府推行锁国政策后，长期与日本保持经济联系的，只有在西方国家中经济地位日渐低落的荷兰；而在中国，与英国为首的西方主要国家之间的经济联系，在清代前期总体上呈现出不断增强的趋势。按常情，西方新兴资本主义经济的影响，在中国应大于日本；中国人较之日本人，应更易于了解和认识西方社会经济状况。但实际情况并非如此。

从贸易状况来看，一直到中国国门打开前夜，西方国家靠其已有的正常商品都无法打开中国市场，而中国的茶叶、生丝、瓷器等却在西方市场上持续畅销，如果没有鸦片贸易，西方国家只能一直处于入超地位。故西方资本主义经济相对于传统农本经济的优长，在那时的中国人面前还缺乏有效的表现；而谋财害命、践踏道德准则的鸦片贸易，又激起了中国上下的强烈憎恶。与此同时，西学的传入，也随着日益严厉的禁教而基本断绝。这些因素，就使得包括经世家们在内的中国学界乃至政界不可能有兴趣、有条件去了解和认识西方资本主义的社会经济状况，更不可能受其影响。因此，魏源与包世臣等在国门打开前夜应对社会经济矛盾，还不可能从当时西方社会经济状况中受到启迪，更谈不上吸收西方近代经济理念。

江户时代的日本，在与西方国家的经济交往中，从来没有像中国那样占据明显的优势地位，也不曾受到鸦片贸易的严重祸害；且在18世纪中期以后，在武士阶级上层和豪商群体中，还形成了喜好乃至痴迷于荷兰进口货的风气，"器械图画之有可观者，更不厌其价之贵"，各种荷兰文书籍也大量输入，收藏者众多。[①]正是在此状况下，受兰学影响较深的日本经世家，较之当时中国的同类人物，更能了解和认识西方新兴资本主义经济的优长；而本多利明高度赞美西方社会经济状况，据以思考应对社会经济矛盾之策，试图取西方之"善美"以使日本经济摆脱困境，也就是顺理成章的事了。

二、中日经世家应对外来压力之比较

自16世纪前半期以后，中日相继与西方国家发生联系，清朝在康乾时代、德川幕府在17世纪前半期都有效地对付了来自西方宗教势力的压力，而清朝在遏止沙俄对华领土扩张方面取得的巨大成功尤为引人注目。但在国门打开前夜，西方势力向远东扩张的势头不断加强，因此如何应对外来压力的问题，重新开始成为中日两国面临的重大课题。而两国经世家对外来压力的感应和应对之策的筹划，也就成为他们"经世"的重要内容之一。

（一）对外来压力感应的迟钝与敏锐

1. 国门打开前中日所受外来压力的对比

笔者认为，论国门打开之前承受的外来压力之大，中国无疑超过日本。

其一，从打交道的西方对手来看，一直到19世纪中期，中国吸

---

① ［日］沼田次郎：《洋学》，东京：吉川弘文馆1996年版，第77—81页。

引了西方强国英、美、俄、法的主要注意力，而日本则被它们相对忽视，因此中国不能不面对众多西方对手，而日本在1854年以前得以只与荷兰发生贸易关系，而将其他西方国家排除在外。

其二，从受外部因素影响的角度看，以英国为首的西方国家为改变其正常商品长期不能打开中国市场的局面，从18世纪70年代后期确立起对华进行鸦片贸易的政策，到19世纪前期，鸦片贸易恶性发展，导致中国白银大量外流、社会经济秩序严重紊乱；而日本直到被美国强逼打开国门之前，与荷兰之间的贸易规模很小，不存在鸦片贸易问题，国内经济基本没有受到外部因素的冲击。

其三，从与西方国家之间发生矛盾、交涉的频率看，中国远比日本要高。在华西方商人无论就数量还是就实力而言，都非日本长崎出岛上寥寥无几的荷兰商人可比。因此，在华外商屡屡无视中国法令，擅自前往非通商口岸进行走私侦察活动，在指定的口岸也不断破坏清政府管理外贸外商的规章制度，欺压中国民众，酿成事端，而这些在中国司空见惯的情形，在同时期的日本却极少发生；至于西方国家彼此为争夺在华地盘而发生冲突的情况（如1808年英军图占澳门事件[①]），在日本也不可能出现。18世纪后期日本与西方国家之间的矛盾，只表现为俄人对日本北面包括虾夷地（今北海道）在内的荒凉岛屿进行的小规模骚扰活动；而与英国的矛盾，则主要是从18世纪末以后才渐渐多起来。从与西方的交涉来说，中俄之间围绕边境、通商问题的交涉在17、18世纪多次进行；1793年以后，英国又两次派出使团来华，向清廷提出种种要求，1834年又欲打破中英没有政府之间日常关系的格局，派来常驻广东的政府代

---

① 参见萧致治、杨卫东编：《鸦片战争前中西关系纪事》，湖北人民出版社1986年版，第277—282页。

表，由此激起与清政府的剧烈冲突；而日本从开始推行锁国政策以迄于1853年，除了一些地方当局接触过俄国的代表及靠近日本海岸的无通商关系的西方国家船只之外，从未与西方国家政府之间有过正式交涉。

上述情况证明，中国所承受的外来压力之大，确非日本所能比拟。然而，论两国经世家对于外来压力的感应，中国方面却远不如日本方面敏锐。只要对比一下两国经世家对于俄、英威胁的感应，就可以证明这一点。

2. 两国经世家对俄国威胁的感应

在清代，最早与中国发生严重冲突并订立一系列边界、商务条约和协议的是俄国，自1715年后，俄国的东正教布道团还长期驻扎北京。但一直到19世纪中期，这样一个国家从来没有成为清朝学界认真研究的对象，“谭者莫知其涯际，或以为臣服之国”[①]。18世纪以后清朝兴起的西北边疆史地学，主要是与清朝实现多民族的大一统以后有效治理边疆地区的需要相联系，而与警惕沙俄扩张无关。[②]国门打开前夕，与沙俄相关的研究著作极为少见，为人所知者仅有俞正燮的《俄罗斯事辑》、张穆的《俄罗斯事补辑》、姚莹的《俄罗斯通市始末》、《卡伦形势》等等。而这些著述，也只限于介绍与俄罗斯相关的简略的地理、通商情况，并没有反映出对于俄罗斯威胁的危机意识。[③]鸦片战争以前，魏源、包世臣等经世家代表人物没有谈论过俄国问题。龚自珍研究过《平定罗刹方略》，写了《西域置行省议》、《御试安边绥远疏》等文，一些论者因而得出结论说：“俄国对中国西部、北部领土的侵略……使龚自珍一代人忧心忡

① 魏源：《圣武记》下，中华书局1984年版，第498页。
② 参见黄爱平：《18世纪的中国与世界》思想文化卷第五章第二节，辽海出版社1999年版。
③ 参见郭双林：《西潮激荡下的晚清地理学》第二章第一部分，北京大学出版社2000年版。

忡”，龚自珍“主张巩固西北边境安全、维护国土完整”。[①]但龚自珍实际上从来没有从防俄角度发过议论。《西域置行省议》的主旨，在于巩固清朝在新疆的统治，同时通过向新疆移民以解决内地人口膨胀和物资供应问题，即所谓“人则损中益西，财则损西益中”；至于与边防相关的文字，则是这样写的：

> 应请设立办事大臣一员，驻南路极边羌、和二州之地，统领满洲兵九百名，蒙古索伦兵七百名，锡伯兵四十名，绿旗兵六百名，共计二千二百四十名，以控藩部之布鲁特、哈萨克、那木干、爱乌罕各国。掌各国之朝贡之务，铸总统西边办事大臣印一，敕文一，秩正二品，受准、回总督节制，与提督、巡抚互相节制。……岁一阅，三岁总督一阅，十岁请旨派威重大臣来西一大阅。布鲁特、哈萨克之人咸侍，是为天朝中外大疆界处。[②]

这里提到的新疆以外须控御的对象，是指处于“朝贡”地位的“藩部之布鲁特、哈萨克、那木干、爱乌罕各国”，并未提及沙俄，更没有表现出“忧心忡忡”。至于《御试安边绥远疏》，主要是议论如何使新疆“钱裕、粮裕、用物裕，官私一切裕”，不依赖于内地“解饷”，使当地少数民族“不敢轻吾将帅”，“卡内之各城安”，对外的考虑则是：

> 卡外之哈萨克、布鲁特、爱乌罕、那木干、安集延，以及巴克达山、温都斯坦之人，亦慑于我之声灵，而环向以安。[③]

---

① 陈铭：《龚自珍评传》，南京大学出版社 1998 年版，第 170—171 页。

② 《龚自珍全集》，第 111 页。

③ 同上，第 112—114 页。

可见，其立意与《西域置行省议》并无不同，也没有涉及防俄问题。总之，直到国门打开前夕，对于俄国扩张的危机意识尚未在中国经世家中真正形成。

锁国时代的日本，最早遇到的外来压力也同样是来自沙俄。从1739年起，俄国势力开始出现在日本东北海上，其触角伸向千岛列岛，进而向虾夷地（当时日本还未将其视为本国属地）扩张。1771年，被俄国流放到堪察加半岛的匈牙利战俘贝尼奥乌斯基在逃亡途中漂流到日本海岛，向日本当局发出俄国威胁的警告；而在日荷兰人也因担心俄国势力进入日本于己不利，一再向日方告知俄国的扩张动向与野心。这样一来，日本人对于俄国扩张的危机感逐步产生。1778年，身为“通词”的吉雄耕牛议论说：

> 我国东北乃虾夷之地，虾夷北面已为西洋所得，若蚕食而据有虾夷，则我国常有北顾之患。

他建议日本“用西人之术”，对虾夷地区恩威并用，建立起日本的统治，“则金矿可开、财货可据，北门可由此而固”。“不取易取之国，若为西洋蚕食，国家岂堪北顾之忧？”[①] 1783年，仙台藩医工藤平助（1734—1800）向幕府老中田沼意次上呈《赤虾夷风说考》，依据得自兰学者、荷兰语通词以及荷文书籍中的信息，具体考察了俄国势力自北向日本扩张的过程，指出：俄国“西侵欧洲之邻国，东越亚洲之境，完全征服鞑靼故国之西伯利亚之地，而直抵北海”，其势力已延伸到与虾夷地相连接之各岛屿及堪察加岛，在这些

① 参见［日］井野边茂雄：《新訂維新の前史研究》，东京：中文馆书店1942年版，第37—51页。

地区设官、建城、开河、实行海运，广泛展开贸易；其知日本盛产金银，又见荷兰与日本通商而国日富，因而迫切希望与日本贸易以富本国；俄国人还善待漂流到其境内的日本人，通晓日语，派人调查日本的地势，如此等等。因此，他感到俄国是“无论怎样提防亦不为过的可怕之国”，对于他们的意图绝不可毫无所知、置之不问。出于对俄国威胁的强烈危机感，工藤平助指出：如果日本在虾夷地区依然维持现状，该地之人就会臣服于俄国而不受日本统治，那时就悔之晚矣。他主张，日本应该在详细了解俄国情况的基础上，与俄国展开日常贸易，用对俄贸易所得利润开发虾夷地区，获取虾夷地区的金银资源及其他物产，增强日本国力，同时在虾夷地区建立政府机构。[①]仙台藩武士林子平（1738—1793），同样基于对俄国威胁的危机意识，在1786年至1791年间撰写了《三国通览图说》和《海国兵谈》，主张迅速开发虾夷地区，并力言日本必须具有与“海国”相适应的武备，建立海军，在沿海构筑炮台。1792、1804年，俄国使节拉科斯曼、勒札诺夫先后赴日，提出通商要求，均遭日方拒绝，俄方因而在1806至1807年间对日本北方岛屿进行了一系列武装袭击，进一步加深了日本人对于俄国威胁的危机感。藤田幽谷在《丁巳封事》中表达了他的极大忧虑：

> 今北虏之警，岁切一岁，而当路之人率喜无为……海内皆溺于宴安矣。[②]

本多利明也写道：俄国已经强占堪察加和东虾夷列岛中十八九

① ［日］佐藤昌介编：《日本の名著》25《渡边崋山　高野長英》，东京：中央公论社1984年版，第404、395、396—399页。

② 《日本思想大系》53，第379页。

个岛屿，所至筑塞、设官、安抚土著，将这些岛屿的丰富物产攫为己有，而日本没有对这些岛屿采取任何积极措施，如果继续延误下去，“直如无屏垣而欲防盗贼，危险之至”。①

3. 两国经世家对英国威胁的感应

自17世纪末以后，英国成为中国对西方贸易中最主要的对手国、对华鸦片走私的魁首、引发中西矛盾的主要根源。1793年和1816年英国马戛尔尼、阿美士德两个使团来华，对清朝提出一系列要求，并且都发生了激烈的礼仪之争，因此都是中西关系史上的重大事件。十分关注清朝掌故的龚自珍、魏源、包世臣等经世家理当了解这些事件，但只有包世臣在1826年和1828年简略提到：

> 英夷乾隆中已有招宝山之请（实为马戛尔尼要求清朝给予英国以舟山附近小岛一处——引者），是其垂涎江浙也久。
>
> 乾隆、嘉庆之末，英夷两次蓦至天津入贡，骄倨殊甚。

可是，令包世臣最为担心的，却又并非英国本身（在他看来“英夷去国五六万里，与中华争势难相及”），而是在广东行商和新加坡的中国“客民”中有所谓英国的“谋主”、“党羽”、“胁从”。②

1834年，英国废除东印度公司对华贸易垄断，直接派政府官员来华管理贸易事务，其首任商务监督律劳卑在广东不愿遵守清朝体制，挑起武装冲突，预示着中英关系大变局即将来临。对这一严重事件，只有魏源在鸦片战争后回顾中英矛盾之来由时提起过，且在那时还认为：这主要是由于广东当局在英国东印度公司派出机构解

① 《经世秘策补遗》，见《日本思想大系》44，第45—47页。

② 《答萧枚生书》、《致广东按察姚中丞书》，见《包世臣全集·管情三义　齐民四术》，第485—488页。

散后措置失当，“饬令彼国派领事来粤”所致。①

1832年，英国东印度公司的间谍船“阿美士德”号违禁在中国沿海进行侦察航行，相继停泊南澳、厦门、福州、宁波、上海等口岸，甚至登岸活动。当时分别任两江总督、江苏巡抚的陶澍和林则徐怀疑该船走私鸦片，曾向朝廷提出严加搜查的建议，但遭到害怕激起中外冲突的道光帝严词训斥而未果。②而这一严重事件，在包括陶澍与林则徐在内的经世家中，依然没有成为激发对英危机感的契机。③

当时真正使中国的经世家们深感忧虑的，是以英国为主展开的鸦片贸易。

众所周知，包世臣是清朝最早指出“鸦片耗银于外夷”的人士之一，④魏源将鸦片贸易引起的白银外流视为中国社会经济状况恶化的重要原因，龚自珍一贯将鸦片斥为“食妖”，林则徐、陶澍等正直官员也为鸦片贸易造成清朝银荒兵弱而痛心疾首。

可是，如果考察一下他们在鸦片战争前有关鸦片问题的议论，就会有一个令人惊异的发现：他们的目光所向，都集中在国内所受鸦片贸易危害的方面，而对鸦片的来由乃至于出产地、鸦片贸易的从事者、鸦片贸易与西方国家政府之间的关系这些重要的外部问

---

① 《筹海篇四·议款》，《魏源集》下，第884页。

② 参见《鸦片战争前中西关系纪事》，第360—368页。

③ 鸦片战争前，曾有为数很少的海外航行者（如谢清高）、生活在东南沿海的文人（如萧令裕、叶钟进、何大庚），在其撰述中根据所见所闻，对英国凭借其经济实力和强大武力对外扩张的情况作过一些介绍，并程度不同地表达了对中国受到英国潜在威胁的危机感。但他们的叙述与议论当时在学界、政界得不到起码的重视，即使在包世臣、魏源等经世家中也未引起反响。参见胡逢祥：《鸦片战争时期中国的世界史地研究》，华东师范大学学报（哲学社会科学版）1984年第4期。

④ 参见《庚辰杂着二》，载《包世臣全集·管情三义　齐民四术》，第210页；井上裕正：《关于清代嘉庆、道光年间的鸦片问题》，载武汉大学历史系鸦片战争研究组编：《外国学者论鸦片战争与林则徐》。

题，却显得相当无知。

博闻多识如包世臣，说到鸦片来源，称“各小国所产，不敢显售，必附英夷与匪徒为市”。他笔下的鸦片产地是一笔糊涂账，而英国只被他看成鸦片贸易的后盾和贩卖者。①

对鸦片贸易的研究相对来说最为深入的魏源，鸦片战争后撰《海国图志》，竟还误认为在对华鸦片贸易中位居第二的美国与鸦片贸易没有干系，且“岁运金银百数十万以裨中国之弊”。②

精明强干如林则徐，赴粤查禁鸦片时，将鸦片贸易判断为鸦片贩子的个人行为，全然不了解其与英国政府的利害关系，因而恳切希望英国政府理解与支持中国的禁烟运动。③

至于龚自珍，从其写于1838年底至1839年初之间的《送钦差大臣侯官林公序》来看，除了知道外夷贩卖鸦片使中国白银“漏于海”之外，对与鸦片相关的海外状况还不具备起码的常识。④

总之，这些经世家当时主张严禁鸦片，基本上是出自对于国内状况的考虑，而与他们对外部世界形势的认识和分析、对外危机感没有多少联系。

再看日本。在锁国时代相当长的时间里，英国势力在日本与西方关系中一直是一个消极角色，晚至18世纪90年代前后，英国船只才重新开始频繁出没于日本海面（其中不少是捕鲸船）。而英国势力与日本发生正面冲突，则是进入19世纪以后的事情，以1808年10

① 《致广东按察姚中丞书》，见《包世臣全集·管情三义　齐民四术》，第487页。

② 《外大西洋·墨利加洲总叙》，见《海国图志》卷59。

③ 林则徐在上奏中写道：鸦片“实皆港脚奸夷所带，与英吉利国之修职责者殊不相涉”。见中山大学历史系中国近现代史教研组、研究室编：《林则徐集·奏稿》中，中华书局1963年版，第576页；另参见林则徐在粤所拟《谕英吉利国王檄》，载《鸦片战争》第2册，神州国光社1954年版，第169—171页。

④ 《龚自珍全集》，第169—171页。

月英舰“费顿”号对长崎的骚扰为发端。这次事件本因英荷处于战争状态，“费顿”号追踪荷舰而起，英舰判明荷舰不在长崎之后，索取薪、水、粮食离去，并未爆发武装冲突；事后幕府也力图淡化其影响。但日本上下还是受到强烈冲击，使此事件成为“视听逐渐由北向西转移”的契机。[①]实际上，早在18世纪末，英国作为一个西方强国就已经引起日本人的警觉。

1797年，大原左今吾在所著《北地危言》中指出：英国之长于武事、精于制造，乃世界第一，以此横行天下，虽远隔千万里之国，如当其通行要冲，亦夺为己之属国。该国船只近来已接近虾夷之地，对之绝不可掉以轻心。[②]

次年，本多利明所著《西域物语》，也展示出英国在当时世界上的头号霸主地位（见本文第一部分的叙述）。

就在“费顿”号骚扰长崎事件发生的前一年，著名兰学家大槻玄泽（1757—1827）也强调英国极为可虑，担心其与俄国联手共同对付日本，认为：对英国“若疏忽大意，事急之时噬脐难及”。[③]

从上述可见，日本人因“费顿”号骚扰长崎事件受到强烈冲击绝非偶然。

在这样的背景下，1824年5月英国捕鲸船船员为获取薪、水而在水户藩所辖大津滨上岸，就激起该藩经世家的强烈反应：

藤田幽谷为了使被俘的英国船员有来无回，不惜让独子藤田东湖以生命为代价尝试对英俘先斩后奏。[④]

会泽正志斋参与对英俘的审讯后，“慷慨悲愤”而撰《新论》，

---

① 参见［日］井野边茂雄：《新订维新前史研究》第六章。

② 转引自［日］井野边茂雄：《新订维新前史研究》，第266页。

③ 同上，第270—271页。

④ 同上，第364页。

描述天下形势曰：

西洋诸蕃绝海万里而相吞并……人文渐开，则夷狄者亦渐知设条教立规制；其高城深池非古之究庐，巨炮大舰非古之骑射，回回逻马之教法非古之威驱利诱麇至鸟散者。各雄据一方，合纵连衡，欲举宇内归一教，非复逐水草转移之类也。……

今西夷驾巨舰大舶，电奔数万里，驶如风飚，视大洋为坦路，数万里之外直为邻境……向所谓天险者，乃今之所谓贼冲也。①

他陈述日本所受外来威胁曰：

近时则鄂罗（指俄国——引者）殊张，诱虾夷以邪教，蚕食诸岛，遂伺内地；而谙厄利（指英国——引者）亦频来，潜诱边氓。……夫鄂罗之怀祸心，百方窥伺，殆将百年……谙厄利者先是其来甚疏，而忽与鄂罗相代，逼人之侧，搜人之怀。②

对于外来威胁的强烈危机感，使会泽正志斋痛感到：

保疆安边者，岂得执畴昔之迹以论今日之势哉。③

可以说，在日本幕末时期，水户学的内外主张都是与这种强烈的对外危机感密不可分的。

在田原藩，经世家渡边华山于1832年被任命为年寄役末席，兼

① 《新论》，见《日本思想大系》53，第382页。第396页。
② 同上，第396页。
③ 同上，第400页。

管该藩海防事务。当时，该藩早已奉有幕府关于强行驱逐靠近海岸的外国船只的严命，故渡边华山“常思万一外国船开来时如何避免束手无策”，主要在对外危机意识的促动下，由高野长英等配合，开始了对外部世界的研究，[①]而这种研究，又使他进一步看清了日本所面对的外来威胁的深刻性。他了解到：

> 今天下五大洲中，亚墨利加、亚弗利加、亚斯太罗利三洲（即美、非、澳三洲——引者）已为欧洲各国所有；亚洲亦仅有我国、唐山（指中国——引者）、波斯三国（保持独立）。[②]

西方国家图谋夺占外国领土、扩展国境、增强势力，并非全出于“犬戎之性”，还源于它们各自独立争强所导致的无边“大志”；世界各国遭受其害并非全是疏于防范的结果，也是由于西方国家争相并吞其他国家所致。西方国家为了目的不择手段，并且具有“坚忍之性”，如英国征服锡兰、印度即非一朝一夕之功，荷兰占据爪哇亦极百数年之力。在西方国家中，对日本最关紧要的是英、俄。英国国力强盛，长于海军，在海外拥有广阔的殖民地，有征服世界的野心；俄国则据有地球总面积的八九分之一，自彼得大帝以后文明之盛堪与欧洲各国匹敌，长于陆军，征服邻近之国。[③]因此，在渡边华山看来，日本的处境“实不堪杞忧”：

> 由西人视之，我邦如路途之遗肉，饿虎渴狼岂有不顾之理。[④]

---

① ［日］渡边华山：《口书》，见《日本の名著》25，第185页。
② 《慎机论》，见《日本思想大系》55，第69页。
③ 《外国事情书》，《日本思想大系》55，第27—28、31—42页。
④ 《慎机论》，第69页。

综上所述，在国门打开之前，尽管中国受到的外来压力比日本大得多，但中国的经世家对它的感应确实远不及日本经世家那样灵敏，后者相对说来要清醒得多。

至于形成这种差距的主要原因，上面的叙述实际上已经揭示出来：两者对外部世界关注和了解的程度相去甚远。这与当时中日西学积淀之异颇有关系。对西方史地几乎漆黑一团而又不明当时西方实际情形的中国的经世家们，自不可能认清外来压力的严重性。这里还要指出的是，当时的中日经世家研究对外关系问题、提出自己的主张，都面临闭关锁国体制的严重束缚，从而都伴随着很大的危险性，在这方面，日本的条件并不比中国宽松多少。渡边华山和高野长英因致力于了解外情、议论日本对外政策问题而获罪，不得其死，[①]就充分证明了这一点。因此，关于中日经世家对外认识的不同水平，只讲客观因素的影响还是不充分的，还须联系他们自身思想观念的差异来探讨原因。笔者认为，与日本经世家相比，中国经世家的文化优越感、自我中心意识强烈得多，对“四夷”存而不论

① 渡边华山与高野长英都是所谓“蛮社之狱”的牺牲者。据佐藤昌介研究，所谓“蛮社”，是日语中“蛮学社中”一词的简略语，“蛮学”即兰学，“蛮学社中”则是指渡边、高野与其他对兰学有相近的志趣、常进行交流的一派人（包括一些幕藩官吏、兰学者和儒学者等等）。1837年，美国商船“马礼逊”号送日本遭海难渔民驶至江户湾，遭日方炮击退去。翌年，荷兰商船又传来“马礼逊”号将再至日本的消息。幕府当政者因而采取了强化江户湾防务的措施，有人还主张待其来时仍以武力驱逐。在此形势下，渡边与高野基于对外部世界状况的了解和认识，分别撰写了《慎机论》和《梦物语》，反对幕府恪守“祖法”、对西方国家一概采取拒斥态度。当时，出身于学阀世家的鸟居耀藏，对于渡边等热衷于研究兰学颇为不满，在奉命巡视江户湾防务过程中，得知渡边等对于幕府对外政策写有批判性意见，便借机告发，致使渡边、高野等于1839年6月被捕入狱。1840年初，幕府分别判处渡边和高野“在所蛰居”、“永牢”。是为所谓“蛮社之狱”。渡边在“蛰居”中依然关注政务，被本藩敌对者告发，致使幕府传令原田藩责问，渡边为免连累藩主而于1841年11月自杀。高野则于1844年买通牢卒，放火越狱，潜伏于江户，从事荷兰兵书的翻译；1848年受宇和岛藩主伊达宗城之邀，前往该藩讲授兰学，翻译荷兰书籍；1849年秋重返江户，并于1850年夏开始行医。同年11月，在幕府侦探袭来时拒捕自杀。

的传统态度也顽固得多，这妨碍了他们对于外部世界的主动关注和自觉探究。

（二）应对外来压力之策的盲目与清醒

中日经世家对外来压力的感应不同，对外来压力产生的根源的认识更有巨大的差异。与此相关联，他们的应对外来压力之策也颇异其趣。

1. 中国经世家关于鸦片问题的对策所反映出的对外盲目性

如前文所述，作为外来压力的表现而引起中国经世家忧虑的主要是鸦片问题，尤其是从 1820 年以后，鸦片走私恶性膨胀，迫使清朝统治集团设法寻求有效对策。1836 年和 1838 年分别由太常寺少卿许乃济、鸿胪寺卿黄爵滋上奏引发的清政府内部关于鸦片对策的争论，正是这种状况的反映。

当时经世家的立场，是一致主张采取严禁政策而反对弛禁论：陶澍、林则徐对于黄爵滋“重治吸食”的主张予以明确、有力的支持，魏源在有关鸦片战争的记述和议论中一贯毫不含糊地强调禁烟，龚自珍在《送钦差大臣侯官林公序》中要求对制造、贩卖、吸食鸦片者一律给予最严厉的惩处，包世臣早在 1828 年就力言“漏卮之塞，必在厉禁烟土”①，都证明了这一点。这种立场，是出自他们对于中国所受鸦片危害的深刻认识和力挽颓波、实现国泰民安的强烈愿望，体现了中华民族的根本利益，毫无疑问是正确的。

但问题在于，这些经世家的应对之策，眼光基本没有超出本国的范围，对于真正操纵鸦片贸易的西方对手并不知其底蕴，从而缺乏对西方动向的深入思考和确切把握。从这一点来说，他们的主张

---

①《致广东按察姚中丞书》，载《包世臣全集·管情三义·齐民四术》，第 487 页。

又不免有较大的盲目性与片面性。

追溯林则徐1839年赴粤查禁鸦片之前绝大多数经世家关于鸦片对策的议论，就会发现：其焦点在于内禁方面，最典型的表现，莫过于黄爵滋的《请严塞漏卮以培国本疏》。该奏疏集中讨论鸦片在中国流毒之广之深、种种禁烟措施之无效，并提出“难防者不在夷商而在奸民”之说，因而主张通过“重治吸食”（即令吸食鸦片者在限期内戒毒断瘾，否则处以死罪）来根绝鸦片流毒。[①] 按照这样的逻辑，原本属于外来压力的鸦片问题，就变成了一个在根本上取决于对本国内部之人采取何种措施的问题，而实际操纵鸦片贸易的外国势力，倒成了可以无关紧要的因素。而当时的经世家们，对这样的逻辑也没有提出什么异议。当然，清朝的督抚们在讨论黄的这一奏疏时，不少人提出禁绝鸦片的根本办法在于“严海口之禁”。但这些官员所着眼的，也只是清朝所能采取的堵塞鸦片来源的手段，并非是将外国势力作为解决鸦片问题的关键来看待。[②] 对于从事鸦片贸易的外国势力，包括经世家在内的清朝人士，除了憎恨他们践踏道德、谋财害命、罔顾清朝法令之外，并不了解、也不曾研究其深刻的背景。这种状况，决定了林则徐在初到广东时，并不清楚他的使命牵涉到何等重大的利害关系，虽然对于外国鸦片贩子以武力抗拒中国禁烟措施有所准备（龚自珍亦有禁绝鸦片则“夷不逞，奸民不逞，有二不逞，无武力何以胜也”之论），但完全没有料到英国政府会为维护鸦片贸易而挑起对华战争（林则徐在虎门销烟后英方有意恶化中英关系的形势下，依然认为英国“万不敢以侵凌他国之术窥

① 中国近代史资料丛刊《鸦片战争》I，神州国光社1954年版，第485—488页。

② 参见中国第一历史档案馆编《鸦片战争档案史料》第1册（天津古籍出版社1992年版）所载相关奏折。

伺中华”[①])。

在经世家中，包世臣围绕禁绝鸦片曾提出过另外一种设想：

> 此物内地无种……但绝夷舶，即自拔本塞源。一切洋货皆非内地所必须，不过裁撤各海关，少收税银二百余万两而已。……说者或以为回市已久，而骤绝之，恐生他患。从来外患，必由内奸，通商各国以英夷为强，然其地其民，不足当中国百一，前此屡次骄蹇，皆洋商嗾之，而边镇文武和之。……现今东西两洋，皆与中华回市，西洋来市，东洋往市。西洋夷民所必须者，内地之茶叶、大黄……准商人携不禁货物赴彼回市，彼货仍可通行，西夷更何词之有？且关撤则洋商罢，夷目无汉奸为谋主，自必驯贴。……设有逆命夷民，不过自外生成以求死耳，而何患乎？[②]

采取“绝夷舶”即停止中西贸易之策，以“拔本塞源”；同时让中国商人“携不禁货物，赴彼回市，彼货仍可通行”，使“西夷”无可挑剔。这种设想，是建立在“一切洋货皆非内地所必须”，而“内地之茶叶、大黄”为“西洋夷民所必须”这样一种想当然色彩很浓的认识之上；也是出于包世臣对于中西力量对比的判断：“通商各国以英夷为强，然其地其民，不足当中国百一”，本不足以与中国抗衡，离开了“洋商”（即垄断外贸的行商）的怂恿和“边镇文武”的附和，并无在华逞威的可能，完全处于听从摆布的地位，故中国“绝夷舶”后，即使有“逆命夷民”，也不足为患。显然，包世臣完

---

① 《鸦片战争档案史料》第1册，第674页。

② 《庚辰杂着二》，见《包世臣全集·管情三义·齐民四术》，第213页。

全是以中国传统的标准衡量英国等“西夷”，心目中的强弱只与幅员、人口相联系，而根本没有意识到中西之间在经济发展水平、军力上的巨大差距，更不理解西方来华贸易的真实动因，故将“绝夷舶”这万难做到的事情想得极为轻易。

此外，包世臣还有一种意见，认为英国所盘踞的新加坡“近在肘腋，易为进退”，因而主张将该地的中国“客民”“悉徙之内地”，“或驱逐英夷，而设重镇郡县如台湾，庶可销逆萌以弭边衅也”。①这可以说是一种具有主动出击意味的建策。但他在筹划如此重大的举措时，根本不把英国的阻力作为一个严重问题加以慎重考虑，竟认为靠一个广东按察使的努力就能做成此事。这表明包世臣何等疏于把握外部世界状况，其应对外来压力之策的盲目性何等严重！

2. 日本经世家相对清醒的应对外来压力之策

在19世纪前期，日本经世家应对外来压力之策，大致上有两种倾向：一是水户学所代表的“尊王攘夷”，二是渡边华山、高野长英所代表的顺应潮流的积极应对。这两种倾向的代表者在观点上虽有很大歧异，但有一个共同点，那就是都对西方国家的实际状况予以极大重视，其应对之策与对西方国家状况的具体分析和把握紧密联系。

“尊王攘夷”主张之最系统的论述，是会泽正志斋写于1825年的《新论》。如前文所述，他对当时西方国家凭借强大实力横行世界的严峻形势有明确的认识，将西方国家与未开化的人群区分开来，视之为前所未遇的强敌；而他筹划应对之策，也清醒地意识到不可“执畴昔之迹”。为了“攘除”如此强大的“西夷”，进而“宣国威海外”，会泽正志斋的思虑颇为深广。他强调：根本之途在于秉承所谓“天祖之遗谋、天孙之继述”，树立起以天皇为绝对权威的所谓

① 《致广东按察姚中丞书》，见《包世臣全集·管情三义·齐民四术》，第487—488页。

“国体”，在此基础上“修内政”、“饬军令”、“富邦国”、“颁守备”，形成举国一致、严阵以待的态势；在军事措施上，除了设屯兵、加强沿海防务设施外，须将“缮水兵”、“练火器”放到突出位置，因为：

今虏以海涛为家，于水技最熟，而其拒之者，船舰之制不可不精，水操之法不可不讲。

火器亦虏之长技，非我所恃以制虏也。

非令邦国大铸造巨炮、士卒能通晓用法，则莫以壮天下之气，而所谓利器者，亦不足以为守国之用也。

值得注意的是，会泽正志斋所主张的“攘夷”，还是与采用西方先进武器相联系的：

鸟铳原西夷所制，及中国（指日本——引者）采而用之，其制之精更倍之……如船制，亦善取于彼以为己之用，制造之精何独在于他人之后哉。

在这方面，俄国彼得大帝实际上成为他心目中的榜样：

鄂罗汗伯得勒者（指彼得大帝——引者），尝微服为船匠，间行到荷兰，习造大舶。鄂罗善用大舶、精于航海之术，盖是为始。……夷虏用心犹尚如之，况中国而反自弃不为乎？①

① 《新论》，见《日本思想大系》53，第393、402—405、407、409页。

总之，在笔者看来，会泽正志斋关于“攘夷”的规划与设想，绝不仅仅是出于对“西夷”的憎恶之情，也不纯然是立足于想当然，而是在较清楚地看到当时日本与“西夷”之间实力差距的前提下做出的；尽管其中包含大量“华夷观”的陈腐因素，所希望树立的“国体”也不具有真正的开明性，但这些是和他对世界形势较为冷静、客观的观察和把握奇特地混合在一起，因而没有导致严重的盲目性。

如果说以会泽正志斋为代表的水户藩经世家的应对之策，主要是鉴于“西夷”武力的强大，而试图利用天皇的绝对权威来实现举国一致，在此基础上通过强化武备以正面抗击，但对“西夷”的“政教”还是持蔑视态度的话，那么，以渡边华山和高野长英为代表的另一派经世家，就更全面地看到了日本相对于西方国家的落后性，而主张顺应时代潮流、以主动开放来应对外来压力。

本来，自18世纪前期以来，随着兰学的不断输入和研究的逐步加深，日本人对于西方在自然科学方面的领先地位早已有所认识，而眼界最为开阔的兰学家如前野良泽（1723—1803）、大槻玄泽、司马江汉（1747—1818）等，已经破除了视西方人为“夷狄”的传统观念，对西方文化的价值予以高度评价；[①]本多利明思考日本社会经济发展的道路，还明确地以西方国家作为榜样。经世家渡边华山、高野长英正是在这样的背景下讲求应对西方压力之策的。

渡边华山和高野长英通过对西方的研究，明确认识到西方绝非只是军事力量领先于日本。渡边华山在1832年至1838年间撰写有关西方状况的文章若干篇，认为西方国家所崇奉的宗教是五种“圣人

① 参见［日］源了圆：《德川合理思想の系譜》，东京：中央公论社1979年版，第159—165、167、179—183页。

之教”之一，它们虽然也曾处于“食肉衣皮”的野蛮状态，但当今已成“北狄吞并之世”，其中：

俄国“自彼得之世以迄于尼古拉之世，近二百年间，政教文物臻于极盛”。①

英国则“最长于机巧，勉于工艺，所制造之奇器及产物输送万国，而本国无缺乏之虞”，在美洲、非洲、澳洲、亚洲到处拥有极广阔的殖民地。②

西方国家的强盛，从根本上说是源于它们具有更高的文明程度：在那里，政治与宗教具有同等的地位，即使“天子”犯有过失，“教主”亦可纠正，使其以治己之身、治人为首务，并将“造士开物之学校”作为政事之原本。因此，其学校之盛非“唐土”（本指中国，但这里是用来委婉地讲日本——引者）所能及，其教育内容涉及宗教、政学、医学、物理学（这里指哲学——引者）以及技艺、力役、商业多个方面，教育对象也延及妇女、穷家孩子等。学校之盛使得崇尚和传播知识成为风气，人们的“穷理”精神不仅投向自然界，而且贯穿于对人世间“事理”的把握。西方国家就是通过这样的学术实践，来洞察世界、培养人才并扩张国土的，以致“今之地球上无一地不属于欧罗巴洲所有”。③

高野长英本人精通荷兰语，是渡边华山有关西方知识的主要提供者之一，对于西方处于先进地位这一点，与渡边华山的认识完全相同。他在写于1838年的《戊戌梦物语》中指出：英国人“敏于行，于诸事钻研不倦，以喜好深究学问、研究技术、勤于练武、富民强国为首务”；伦敦繁华至极，适于海运，大力与各国贸易；英国

---

①《再稿西洋事情书》，《日本思想大系》55，第45、46页。

②《外国事情书》，《日本思想大系》55，第34、32—33页。

③《再稿西洋事情书》，《日本思想大系》55，第47—49页。

人航行到各国，开垦不毛之地以殖民，且“教导夷人（这里指英国殖民地的土著——引者），使之服从”，其海外殖民地分布于各大洲，人口为本国人口的4倍；在此过程中，英国航海术与海军力量均变得出类拔萃，“凡五大洲中，无可与之匹敌者”。①

上述对西方的认识，包含不少将西方国家理想化乃至美化的成分，但在视西方人为夷狄的观念占主导地位的情况下，这些认识在总体上还是难能可贵的。正是基于这样的认识，渡边华山与高野长英都认为，以德川幕府传统的锁国政策来应对日益严重的西方威胁已不明智，必须顺应潮流主动开放。因此，1838年，他们听到英船“马礼逊”号将赴日送还日本漂流民、而幕府准备以武力驱逐的消息（这一消息本身不确，“马礼逊”号实为美国船，幕府也没有明确表示将以武力驱逐），便迅速作出强烈反应。渡边华山批评道：

固守锁国政策的当政者闭目塞听，流于“井蛙之见而不自知”，“以三代绥服之制与秦汉御戎之论论今，亦如胶柱鼓琴”。

他力言：

在海外各国盛行航海的形势下，不能“以一国之故有害于地球诸国”；继续拒绝与西方国家贸易往来，只会“成为鄂罗斯、英吉利二国骄横之端”，而“一旦有事，即使以全国之力，亦恐鞭长莫及。何况西洋膻腥之徒乃明四方、治万国、世世扰乱之骄徒，如以海船火技之长当我之短、妨碍海运、攻其不备，则以逸攻劳，事事出我意外，使我无所措手足”。②

高野长英则认为：幕府以武力驱逐英船的政策将使日本陷于

① 《日本思想大系》55，第162—163页。
② 《慎机论》，见《日本思想大系》55，第69—72页。

"不仁不义"，会给日本带来严重祸患；他主张善待英船，即使拒绝通商，也应利用来日的英船了解外部世界的情况。[1]后来，高野长英又在《知彼一助》中写道：荷兰本为欧洲一贫国，中世以后主要靠通商贸易、航行于各海国之间广为结交，而得以国富民丰，成为欧洲有数的富强国家，"由此亦可知贸易乃富国良策之一"。[2]显然，高野长英是希望日本像荷兰那样主动走向世界，以摆脱困境并实现国家富强的。

从上述情况可以看出，在国门打开前夜，中日经世家应对外来压力之策，确有盲目与清醒之别。就中国经世家而言，应对之策还只限于鸦片贸易这一具体事项，并且，对此具体事项的思虑也还很单纯，尚未真正把抵御外来压力作为关系民族命运、影响国家前途的大事来筹划，对于即将来临的对外关系变局还谈不上有何精神准备；而在日本经世家眼中，外来压力已经对日本民族形成了严重威胁，因而一般性消极防范无济于事，只有举国团结加上空前强大的武力才能抵御，眼光更为开阔者还显示出改变日本传统的对外姿态、主动顺应时代潮流的倾向。应该说，在西方势力对远东大扩张的风暴起于青萍之末的时刻，日本经世家相对于同时期的中国经世家而言，更有力地把握住了先机。

通过以上对国门打开前夜中日"经世"内涵的比较，似可得出这样的认识：两国同样密切关注社会现实矛盾的经世家群体，就其思想状况而言，前者基本没有超出传统的范围，而后者却与近代的脉搏更加合拍。这从一个侧面证明：在被世界资本主义浪潮席卷之

---

① 《戊戌梦物语》，见《日本思想大系》55，第167—169页。

② 《日本の名著》25，第356—357页。

前，中日两国的立足点已经出现很大距离，而两国近代历史进程出现重大差异，也就不是偶然的了。

（原载于武汉大学中国传统文化研究中心主办
《人文论丛》2002年卷）

魏源、冯桂芬与横井小楠对外观之比较

魏源与冯桂芬是近代中国最早倡导开眼看世界、学习西方的先驱思想家，横井小楠（1809—1868）则是日本德川幕府被迫对外开放门户后最为卓越的开国论者。他们都活跃于19世纪中期，面对着如何回应西方的挑战、顺应世界潮流、御侮图强的共同课题，分别提出了在当时条件下最为进步的思想主张，以此取得了各自的历史地位。而当我们将魏、冯与横井主张进行比较时，又会发现其间的明显差异。这里，仅就他们的对外观——最能体现其对时代的适应程度的部分，进行比较。

一、对世界的认识

魏、冯与横井所亲身经历的中日历史大转折的直接促动因素是两国与外部世界关系的巨大变化。因此，他们都致力于打破两国长期的闭塞状态，如饥似渴地搜集和了解外部世界的知识，以弄清剧变之由来。在这方面，魏源走在前面。他在鸦片战争后发愤编纂《海国图志》一书，对包括冯桂芬与横井小楠在内的中日志士仁人了解和认识世界起了十分巨大的作用。[①]但是，中日两国对世界的认

---

① 参见萧致治：《评魏源的〈海国图志〉及其对中日的影响》，载宁靖编：《鸦片战争史论文专集续编》，人民出版社1984年版，第398—403页。

识（这里主要指有关世界基本形势和对西方国家的认识），很快就发生了明显的差异，这在魏、冯与横井之间突出地反映了出来。

关于当时世界的基本形势，即地球上各国、各民族之间的相对孤立分散状态，已因海道大通和西方国家持续不断地对外扩张而基本改变，世界正在形成一个整体的趋势，魏、冯与横井是怎样看的呢？

魏源在《海国图志》中，尽其所能地介绍世界各国历史地理与政教人情，同时对沟通远近各国的新式交通工具也很重视。不过，他对19世纪中期的世界基本形势，却很少谈论。有论者指出：《海国图志》咸丰二年增补版卷5《东南洋各国叙》中有“天地之气其至明而一变乎？沧海之运随地圆体，其自西而东乎”、“岂天地气运自西北而东南，归中外一家欤”等语，可见魏源已认识到世界形势的变化。[①]这种看法不能说没有道理，但魏源的上述认识毕竟还是十分朦胧的，带有神秘色彩。所谓“中外一家”，比较含混，尤其是对世界基本形势变化的深刻意义，魏源尚未充分认识。

冯桂芬在1861年编成的《校邠庐抗议》的《采西学议》中写道：“今则地球九万里，莫非舟车所通，人力所到”，“顾今之天下，非三代之天下比矣”。[②]他在魏源所云“天地之气”的基础上更进一步，强调了舟车、人力在全球逐渐连为一体过程中的作用，但还是很粗略。至于世界形成一体的深刻意义，他与魏源一样，还没有明确的认识。

横井小楠对世界形势的观察，主要始于1853年美舰来日之后。1855年，他读到《海国图志》，大大推进了对世界的了解与认识。在这之后，他的认识又很快超越了魏、冯。与冯桂芬撰写《采西学议》差不多同时，横井写出了他的名篇《国是三论》，其中指出：

---

① 参见王家俭：《魏源对西方的认识及其海防思想》，台湾精华印书馆1964年版。

② 冯桂芬：《校邠庐抗议》，光绪十八年敏德堂版下卷，第67页。

“外国之形势大变，航海之术广为发展，大洋中通航，便捷胜于平陆，火轮船发明以来，千万里亦如毗邻。地球上除冰海之外，无不可至之处。”如果说这些文字，与魏、冯的认识难分伯仲的话，那么，以下的论述便显示出横井的认识上升到一个新层次：“当今航海大开，成不可拒纳海外诸国之时势”；“天地之气运与万国之形势，非一己之好恶所能改变之事……乘天地之气运，顺应万国之状况，以公共之道经纶天下，则万方无碍”；“有纵论万国之能力，始可治日本”。①显然，横井不仅看到了世界基本形势的变化，而且明确认识到这种变化的深刻意义，即闭关锁国、拒纳海外诸国已为时代潮流所不容。在此局面下，只有主动面向世界，日本才会有前途。

如何看待西方国家，是魏、冯与横井对世界认识的重要内容。在此问题上，他们都看到西方国家的侵略性及其在武力与科技上的先进性。在他们看来，西方国家既是必须戒备和抵抗的对象，又是应该学习的对象。而他们之间的差异，主要出现在他们所肯定的西方国家的先进性的一些内容上。

众所周知，魏源所明确肯定的西方国家的先进性，是它们的船炮、养兵练兵之法和与之相关的科学技术。他认为，只要像俄国彼得大帝那样，善于学习西方技艺、器械，就会很快转弱为强。当然，他也关注西方国家的政教，对美国的总统选举制与国会制、瑞士的“不立王侯”都很有好感，但他没有肯定这些是应该学习的先进东西。他在晚年撰写的带总结性的著作《默觚》中写道：“乾尊坤卑，天地定位，万物则而象之……是以君令臣必共，父命子必宗，夫唱妇必从。天包地外，月受日光。”②可见，中国当时的政治伦

---

① ［日］山崎正董编：《横井小楠遗稿》，日本日新书院1942年版，第41页。
② 《魏源集》，中华书局1976年版，第26页。

理，在魏源看来仍是天经地义的，从而不可能认为美国、瑞士的政治制度在整体上比中国优越。

冯桂芬对西方国家先进性的看法，较魏源有所发展，认为："人无弃材不如夷，地无遗利不如夷，君民不隔不如夷，名实必符不如夷"；"军旅之事，船坚炮利不如夷，有进无退不如夷"。[①]他所肯定的西方国家的先进性，已超出了军事、技术范围，而扩展到经济（"地无遗利"）、政治（"君民不隔"）、教育和用人制度（"人无弃材"）、社会风气（"名实必符"）方面。但是，问题在于，冯的上述认识，还相当粗略和笼统，缺乏具体的说明。他在《采西学议》和《制洋器议》中主张要向西方学习的东西是"富强之术"，包括数学、物理学、化学、地理学、历法、农业和纺织机械及"其他凡有益于国计民生者"，基本上还是科学技术。至于政治方面，冯桂芬尽管已经感受到西方国家有其长处，明确将此方面排除在学习的范围之外。他的《公黜陟议》，原稿上本有介绍美国总统选举制"传贤不传子"，并说美国"国以富强"的内容，但定稿时删去了；[②]而公之于世的《采西学议》，则明言"以中国之伦常名教为原本"，还是肯定中国的政治伦理不可动摇。

横井小楠对西方国家先进性的肯定，比魏、冯都要广泛。尽管他与魏、冯一样，不曾亲赴西方国家，也不识西文，无法直接阅读西书，但观察西方国家尽量做到了解其"政法治术及其他百般技艺器械等"。他认为应该取法华盛顿，"取智识于万国，裨益政教"。[③]这样做的结果，使他从军事、政治、经济等方面认识到西方国家的先进性。军事方面前已述及，兹不赘述。政治方面，他不仅与魏、

① 《校邠庐抗议》，第 71 页。
② 参见《陈旭麓学术文存》，上海人民出版社 1990 年版，第 747 页。
③ 《横井小楠遗稿》，1942 年版，第 45 页。

冯一样对美国的总统民选制深表好感，而且还将目光进一步延伸到英、俄等国的政治制度，赞赏“英吉利政体一概本于民情，官之所行，事无大小均必与民议；其所便者从，所不悦者不加强制，出兵言和亦然。是以与俄战，与清战兵革数年，死伤无数，所费不赀，皆取诸民，而无一怨嗟者”；“俄罗斯等国……政教悉本诸伦理，而莫不急于为生民者”。[①]他对当时西方国家政治制度的了解，当然还是很幼稚、肤浅的，甚至还因误解而过于美化，但考虑他所受的局限，这些不足为怪。难得的是，横井作为儒学者，明确肯定他所了解的西方政治制度符合“三代治教”；还无所顾忌地将其与当时日本的政治制度相比较，大胆地赞同美国海军提督培理关于日本“无政事”的批评，明言“诚然如此”。[②]这表明横井毫不含糊地承认了当时西方政治制度较之于日本的先进性，是应该取法的对象。这一点，与魏、冯形成了鲜明的对照。在经济方面，横井充分肯定了西方国家在经济发展上的先进性。他在《沼山对话》中谈道：“西洋之前代，总体可视为以商贾立国。近来又发明众多经世济民之道……达到如是之富强。”[③]他认为，西方国家在经济上的领先，除了侵略掠夺弱小国家民族的原因之外，还由于它们“对民生日用者如火轮船、蒸汽车、传信机、水力纺织机等，皆讲究制造而至其极”，同时“与万国交通，以扩充交易之利”。[④]西方国家讲究制造、与万国交通以发展经济的做法，又被他肯定为“经纶之功业”，“可谓得圣人之作用”。[⑤]他还将西方国家的经济状况，与日本在锁国条件下生产停滞、流通壅塞、游手无业者多、举国贫弱的状况相比较，以

① 《横井小楠遗稿》，第32页。
② 同上，第39页。
③ 同上，第40页。
④ 同上，第909页。
⑤ 同上，第905页。

凸现出西方国家在经济发展上的先进性。应该注意的是，横井特别痛感到日本当时在通商交易方面能力远不及西方国家。他曾指出："外国之交易，有商法之学，研讨世界产物之有无，究明物价之高下，与万国广为通商，又结商社以互为影响。以如此之熟练对我拙劣之人，几如大人之对小儿。"①

与横井相比较，魏、冯对西方广为运用机器与科技而臻于富强的现实固然也有认识，冯还主张"辅以诸国富强之术"，但他们都没有像横井这样将西方发展经济的做法赞为"圣人之作用"，进而据以批判和否定本国现有的经济运作方式。尤其在"与万国交通，以扩充交易之利"这一点上，魏、冯更未像横井那样引起高度重视。魏源在《海国图志》中指出了英国对海外贸易的高度依赖性，注意到其"专行贾"与"雄岛夷"之间的联系，但并不欣赏"专行贾"；相反，对他眼中"物产丰盈"、"不必远涉万里而谋生"，不"专于争利"的法国，他的好感更多。②冯桂芬在其著作中，谈论西方国家科技发展、盛行机器生产之处不少，但对它们善于从事国际贸易及由此所产生的效果，极少言及。魏、冯均未如同横井那样，把本国在海外通商贸易上与西方国家之间的差距视为严重问题。冯在他认为应该借用的各国富强之术中，并没有列举这一项。

二、对外观念

这里所说的对外观念，包括对本国国际地位的看法和本国与外国之间关系的看法。在这方面，魏、冯与横井思想上的差异也很明显。

---

① 《横井小楠遗稿》，第95页。

② 魏源：《海国图志》咸丰二年增补本卷37《大西洋欧罗洲各国总叙》。

首先，关于本国国际地位。魏、冯与横井都是爱国者，面对本国对外关系的逆转，他们都十分关注本国的国际地位，也都有一个转变传统的华夷观念的问题。

视本国为天下中心，对别国有强烈的文化优越感，是中国封建时代士大夫中非常普遍的观念，鸦片战争前的魏、冯也不例外。清王朝在两次鸦片战争中惨败，订立不平等条约，使中国的国际地位一落千丈。这种现实，对魏、冯是极大的刺激。魏源疾呼："此凡有血气者所宜愤悱"[①]；冯桂芬悲愤地写道：这是"有天地开辟以来未有之奇愤"[②]。他们都明了中国国际地位的严重受损。但是，这并不意味着他们已重新审视传统的华夷观念。

魏源的华夷观念，终生不曾改变。他在鸦片战争后编纂的两部发愤之作《圣武记》与《海国图志》，前者旨在发扬清朝文治武功，以恢复"一喜四海春"、"一怒四海秋"、"四夷来王"的局面；[③]后者目的在于"以夷攻夷"、"以夷款夷"、"师夷长技以制夷"。[④]这两部书的反侵略精神是无可置疑的，但又都将西方国家放在"夷"的位置上，不认为它们与中国对等。魏源晚年所著《默觚》，依然认为华夷之间的上下关系不可改变，写道："四夷非中国莫统。"[⑤]冯桂芬与魏源也并无不同，在他看来，中国是"广运万里地球中第一大国"，"五洲之内，日用百须，无求于他国而自足者，独有一中华"；"国最大，天时、地利、物产无不甲于地球而已"；"且中华扶舆灵秀，磅礴而郁积，巢、燧、羲、轩数神圣，前民利用所创始。诸夷晚出，何尝不窃我绪余"；"中华之聪明智巧，必在诸

---

① 《魏源集》，第 208 页。
② 《校邠庐抗议》，第 70 页。
③ 《魏源集》，第 167 页。
④ 同上，第 207 页。
⑤ 同上，第 26 页。

夷之上”。他主张借鉴西方的“富强之术”，最终目的在于“雄长瀛寰……复本有之强……雪从前之耻……完然为广运万里地球中第一大国”。[①] 面对剧变的国际环境与中国国际地位的沦落，魏、冯所憧憬的是恢复以往的旧观，而未自觉地把改变华夷观念、代之以国家之间对等的观念作为课题。

至于横井小楠，直到1855年之前，因受传统儒学和日本水户学的影响，加上不太明了海外状况，他对于日本的国际地位持有不合实际的看法，认为：“我神州百王一代，三千年来独立于天地之间，世界万国无可比拟”[②]，而西方各国，不过是“丑虏”而已。在1855年读到《海国图志》之后，他的观念迅速起了变化。如前所述，他从多方面认识到西方国家的先进之处，痛感到日本的落后，从而消除了自视优越的观念。这不仅体现在“夷虏”之类的称呼逐渐从他的文字中消失（如《国是三论》，论及西方国家，已不称“夷”），更体现在他明确将西方国家政治、经济、军事等方面的先进性与中日两国的落后性作对比，指出：“支那与我国终成愚国，大劣于西洋。”[③] 对于他本人也曾信奉的华夷观念，也毫不含糊地作了尖锐批判。当然，这种批判主要是以当时的清朝为对象展开的。他在《国是三论》中写道：清朝“自称中国华域，视外国为蛮夷”，至道光、咸丰年间，“其敝流于骄傲文弱，不知海外各国多穷理开智、施仁崇义、国富兵强，非如诸夏之亡者，而以昔日之夷狄待之，视同禽兽而轻藐之”，由此导致鸦片战争之败，却依然“骄惰侮慢”，加之其他原因，又导致第二次鸦片战争中的大败，“国体陨坠如斯”。在这里，横井强调指出了华夷观念不仅不符合当时国际关系的现实，而

① 《校邠庐抗议》，第74页。
② 《横井小楠遗稿》，第135页。
③ 同上，第290页。

且还会给国家造成严重危害。他力言："宜以支那为鉴。"① 此外，横井还对华夷的概念重作解释，在1857年的一次谈话中指出："道之所在处，虽外夷亦为中国；若变为无道，则我国、支那亦为夷，初无所谓中国、夷之分。"②这就是说，他认为所谓华夷是与道之存否相联系的，并不限于特定的国家。与魏、冯固守中国为华、外国为夷的观念相比，横井显然完全摆脱了传统观念的束缚。

其次，关于本国与外国之间的关系。在中日被迫向西方世界打开国门之后，怎样看待本国对外关系，是否继续维持闭关锁国观念，是两国思想家必须回答的问题。魏、冯与横井对此问题，也各有其回答。

中国当时的对外关系，除了与周边国家之间传统的宗藩关系之外，主要是与欧美国家之间的关系。对宗藩关系，魏、冯是主张要继续维护的，因为他们并未改变华夷观念。而对与西方国家之间的关系，他们主要出于对英国等国侵华的愤慨，而强调对抗、利用或驾驭。这一点，从魏源明言编纂《海国图志》的目的是"为以夷攻夷而作，为以夷款夷而作，为师夷长技以制夷而作"③；从冯桂芬在《采西学议》中所言"驭夷为今天下第一要政"④，就可看得很清楚。对魏、冯的上述主张，有关论者多强调其反抗侵略和重视对外关系的积极意义而予以肯定，而对魏、冯是否还认识到必须与西方国家展开正常交往的问题，则未加以深入探讨。

现在看来，魏、冯尚未明确提出必须与西方国家展开正常交往的主张，而主要是感到制服、驾驭外夷的难度空前增大。因此，他

① 《横井小楠遗稿》，第40—41页。
② 同上，第207页。
③ 《魏源集》，第207页。
④ 《校邠庐抗议》，第69页。

们对如何与西方国家打交道没有提出多少具体意见，而着重于探求在新情势下如何“制夷”和“驭夷”，魏源之“师夷长技”，冯桂芬之“采西学”、“制洋器”，落脚点都是“攘夷”。正如冯所说：“用之乃所以攘之也。”①

与此相对应的是魏、冯对闭关自守政策的批判。魏、冯反对闭关自守，在史学界已成定论，根据是他们主张开眼看世界、学习西方。笔者认为：开眼看世界和学习西方，与反对闭关自守似不能完全等同。魏源对闭关自守政策确有批判，但这种批判主要集中在抨击闭关自守所导致的不明外情和不能取得外国先进武器与技艺方面，不满统治者对外国“莫知其方向，莫悉其离合”，“互市二百年……独于行军利器则不一师其长技”；②而对以闭关自守为特征的对外关系本身已不适应国际关系的新变化，对本国社会经济发展尤为有害这些更关键的问题，他没有提出意见，只是主张继续维持长期以来一直进行的对外贸易，以利于获得西方船炮与白银流入。冯桂芬的看法与魏源基本相同。显然，他们反对的主要是闭关自守状态下的不明外情、不吸收外国长技，而不是那种状态下的对外关系本身。他们对闭关自守的批判，还不能说是深入和击中要害的。

反观横井小楠，在1855年前后，他经历了从“攘夷”到“开国”的思想观念的转变，此后他考虑日本的问题，便自觉地与他所观察、理解的世界形势紧密联系起来，在日本对外关系问题上，也是一样。他认为：当时的世界，“天涯而成比邻，已呈相互交通之势。至今日而主张独立锁国之旧见，乃悖于天理”③。因此，他虽然愤恨美国等西方国家依恃武力逼迫日本开放门户，但同时也承认它

① 《校邠庐抗议》，第73页。
② 《海国图志》咸丰二年增补本卷2《筹海篇三·议战》。
③ 《横井小楠遗稿》，第208页。

们要求日本开放也有顺乎“公共之道”的地方，进而十分明确地指出：世界上本无“华夷彼此之差别，同为人类，则互相交通、通交易之大利，乃今日自然之理势”①，因此不能“以日本一国之私而行锁国”，必须“以公共之道经纶天下”②。横井以往的“攘夷”观念已被主动放弃锁国、与世界各国广泛交往的新思想完全取代。这是与魏、冯明显不同的。相应的，横井对德川幕府长期奉为“祖法”的锁国政策，也作了在当时可称是深入的批判。在《国是三论》中，他尖锐地指出：“锁国乃二百年之积习，其害尤大，然而人皆不注意锁国之害。”对于锁国之害，横井细加论列。首先，他指出锁国导致日本经济萧条、普遍穷困：在锁国条件下，日本金银花费日多而无增加之途，国内人口增多而土地有限，消耗多而产出少，加上骄奢的社会风气，只能导致普遍穷困；此外，锁国还使民间生产的销售渠道受到限制，导致产品壅滞、不能充分实现其价值，影响生产者的利益。其次，他从政治角度指出锁国之害：日本不仅对外锁国，内部各藩也互相闭锁，谋利己而不惜损人，搜括聚敛无所不至，发生财政困难时就削减武士俸禄、榨取豪农富商、汲细民膏血，使士、农、商“交互困穷”，终至民心叛离，多处爆发反抗和向上诉穷事件甚至骚乱；即使官府不向下榨取、厉行节约以图解决财政困难，也会造成“省有益”的问题，且“不遑救士民之急”。总之，继续锁国，只会加剧社会矛盾。第三，从对外关系角度，他指出锁国对日本国家安全有害：在航海自由、万国犹如毗邻的状况下，唯独日本固守锁国之法，则外寇之兵衅不可免；一旦外敌入侵，要在无事尚且极困的国势下严兵备、驱使叛离或怀二心的士民

① 《横井小楠遗稿》，第906页。
② 同上，第32页。

建防御之策、奏攘夷之功，是根本不可能的。[①]第四，他通过批判当时清朝的闭关自守，指出锁国不利于取外国之长而导致落后挨打："上自朝廷下迄庶民，有夸大骄傲之风习，虽准海外各国前来贸易，然无意往而考求事物，又不知取长于人、开智识之事。是乃支那兵力衰弱、受各洲凌辱之所以也。"[②]应该说，横井对闭关锁国的批判，不仅比魏、冯更为全面，而且更有深度，更接近问题的本质。

我国的魏源研究者，尤其是魏源编纂的《海国图志》的研究者，几乎都注意到魏源和他的《海国图志》对日本幕末时期包括横井小楠在内的志士先觉的启迪与影响。这种启迪与影响，主要体现在了解和认识世界方面。但是，从本文中不难看出，原本作为"学生"的横井小楠，与无愧为"先生"的魏源及其后继者冯桂芬，就对外观所体现的适应时代的程度而言，却是前者居上，与后者拉开了不小的距离：魏、冯关于世界的认识，尤其是有关本国国际地位、本国对外关系的观念，尚未彻底突破传统观念的窠臼，他们的华夷意识依然强烈，虽反对不关心外情、不学习别国长技，但还没有形成开放型的对外观。而横井小楠却比魏、冯更真切地领悟到世界形势的巨大变化及其深刻意义，在此基础上对传统的华夷观念、锁国意识进行了彻底的批判与清算，系统地形成了具有鲜明的开放特色的对外观。他的"有纵论万国之能力，始可治日本"、"乘天地之气运，顺应万国之状况，以公共之道经纶天下"的思想，当时不仅在日本，而且在东方世界，都是相当卓越的识见。

（原载于《武汉大学学报》[哲学社会科学版] 1998 年第 3 期）

---

① 《横井小楠遗稿》，第 30—33 页。

② 同上，第 42 页。

魏源、冯桂芬与横井小楠富国思想之比较

中日两国在近代之初，社会经济大大滞后于西方国家，没有雄厚的物质基础来保障民族独立。有鉴于此，魏源在鸦片战争结束当年，便明确提出了“富国强兵”的目标；[①] 晚年仍表现出对此目标的热切追求：“自古有不王道之富强，无不富强之王道”；“足食足兵为治天下之具”。[②] 继魏源之后，冯桂芬在 1860 年代推出了《校邠庐抗议》，其主题之一，就是寻求中国富强之路。而几乎是在《校邠庐抗议》问世同时，日本的近代先驱思想家横井小楠[③] 写出他的重要政论《国是三论》，也同样是以富国强兵为核心。

拙文试就魏源、冯桂芬与横井小楠的富国思想进行比较，指出差异，就教于方家。

一、支配富国思想的经济理念之比较

富国思想作为一种经济思想，是受一定的经济理念支配的。因

---

① 《魏源集》上，中华书局 1983 年版，第 206 页。

② 同上，第 36 页。

③ 关于将魏源、冯桂芬与横井小楠作为相互比较对象的理由，参见拙文：《魏源、冯桂芬与横井小楠对外观之比较》。

此，在此先比较一下魏源、冯桂芬与横井小楠的经济理念。

关于魏源的经济理念，学界看法不一。一派认为魏源有资本主义倾向，理由是他重视发挥民间商业资本的作用，有意于增广商业机会，鸦片战争后又主张兴办新式企业，对外贸也持积极态度，等等。[①] 另一派虽也承认魏源的经济思想在当时条件下包含一些进步因素，但认为其尚未超越封建经济思想体系，理由是他没有否定农本商末的传统观念，即使鸦片战争后编纂《海国图志》介绍外国情况时，也不忘强调农本观念的普适性，说："金玉非宝，稼穑为宝，古训昭然，荒域其或能异哉。"[②] 他晚年在《默觚》一书中，对"有田之富民"即封建地主的同情，远过于所谓"无田之富民"即民间商人。[③] 笔者赞同后一派的看法。

至于冯桂芬的经济理念，他本人已作过精炼的概括："无逾于农桑之常说，而佐以树茶开矿而已。"[④] 这表明，他无意于超越传统的农本观念，是在维持自然经济框架的前提下考虑经济问题的。当然，冯并非没有商品意识，如在漕运问题上，冯比魏源还要重视商品交换原则的积极作用，主张废止清政府征运漕粮的制度，代之以京畿粮食供应的商品化；[⑤] 又如对清政府用行政手段经办的"土贡"，冯也主张"发价购采"；[⑥] 对官府控制盐务的体制，冯明确指出其"委曲繁重，皆弊薮"，与魏源同样主张代之以民间商人纳税后

① 参见杨慎之、黄丽镛编：《魏源思想研究》，湖南人民出版社 1987 年版，第 51—54 页；巫宝三等编：《中国近代经济思想与经济政策资料选辑》，科学出版社 1959 年版，第 135—148 页。

② 魏源：《海国图志》卷 61，《弥利坚国总记》。

③ 参见石世奇：《试论魏源的经济思想》，《北京大学学报》（哲社版）1963 年第 5 期。

④ 冯桂芬：《校邠庐抗议》上卷，光绪十八年敏德堂本，第 39 页。

⑤ 同上，第 29—32 页。

⑥ 同上，第 36 页。

自由贩运的票盐制。[①]但即便如此，冯还是信奉“农桑之常说”，发展工商业，在他看来，只是“农桑”的一种补充。

说到横井小楠的经济理念，日本学界或认为属于“重商主义”，[②]或认为属于“自由主义经济思想”，[③]无论怎样，他已突破传统的农本经济观念这一点，是毋庸置疑的。在《国是三论》中，横井小楠把“交易”即商品交换置于十分重要的地位，认为它“本于天地间固有之定理”，是“大圣所设定之善教仁政”，“万世永赖之大经大本”。[④]反之，对传统的农本观念，他在《沼山对话》中作了明确批判，指出：“大凡民以农为本，然仅限于农业之一端，于民用百物不能产出时，将致生活之道不足”，“民用非交易不立”。他认为：“惟因交易之道于日本全国之内未得其法制，日本方成为当今如此之贫国。”[⑤]这证明横井小楠已相当明确地否定了重农抑商的传统观念。那么，他所信奉的经济理念是什么呢？他本人是这样阐发的：儒家讲六府，即“水、火、木、金、土、谷六物，乃民生日用之财用所不可缺者，圣人……治上述六府，以尽其用，广兴物产，造作器用，立众生生活之道。是实圣人代天之大作用也。……又禹贡……逐一记载九州岛之物产，视其土地之宜，以立有无交换之基本法制。于此可知圣人之事业”。[⑥]在这里，以往在农本观念中高于一切的“谷”，只是民生日用不可缺少的六物之一，并无特殊地位；众生生活之道“在于六物各尽其用、广兴物产、造作器用”，同时还须实行“有无交换”。横井小楠还特别言明：当时西方国家在经济上的做法

① 《校邠庐抗议》上卷，第33页。

② 参见［日］杉原四郎等：《日本の経済思想四百年》，东京，日本经济评论社1990年版。

③ 参见［日］山崎益吉：《横井小楠の社会経済思想》，东京：多贺出版1981年版。

④ ［日］山崎正董编：《横井小楠遺稿》，东京：日新书院1942年版，第38页。

⑤ 同上，第904页。

⑥ 同上。

与状况，正是他所说的“圣人之作用”的具体体现。[①]显然，横井小楠的经济理念，就是以当时的西方国家为样板、普遍实行商品交换的观念。这较之魏源的“金玉非宝，稼穑为宝”的观念，冯桂芬的“无逾于农桑之常说”，有质的差异。

二、富国思想立足点之比较

“富国”一语，古已有之。但不同的经济理念，会导致对富国的阐释、富国思想立足点的重大差异。比较魏源、冯桂芬与横井小楠的富国思想，这是一个重要的切入点。

中日传统经济思想对“富国”的阐释，一般是指保证国家财力充足，在经济上有足够的支配力量，因而富国思想的立足点在于“国”，有浓厚的官本位色彩。魏、冯与横井的富国思想，在这一点上有无改变呢?

笔者认为，魏、冯由于经济理念并未突破传统的经济思想体系，因而他们所主张的富国、其富国思想的立足点，总体上也未能突破传统，而仍以“国”为中心和指归。在他们看来，富国归根到底是为了“治天下”，“国”之需要是基本前提。下面试结合他们富国主张的要旨进行分析。

兴办新式工业，既制造新式船炮以“制夷”，又服务于官需民用，这是魏、冯富国强兵主张中最引人注目的内容。对此，笔者想指出两点：

第一，魏、冯的这种主张本是作为“师夷长技”的具体步骤提

---

① ［日］山崎正董编：《横井小楠遺稿》，第905页。

出来的，国防上的考虑远远大于经济上的考虑。因此，他们都把兴办新式工业主要视为政府行为，关注的焦点是船炮工业即军事工业。当然，魏源也提到应该允许商民仿设厂、局，原文如下：

问曰：船厂、火器局，设于粤东矣，其福建、上海、宁波、天津亦将仿设乎？不仿设乎？战舰百艘，果足敷沿海七省之用乎？曰：沿海商民，有自愿仿设厂局以造船械，或自用、或出售者听之。若官修战舰、火器局则止需立于粤东，造成之后，驶往各岸，无事纷设。……战舰既成以后，内地商艘仿造日广，则战舰不必增造……日后商艘尽同洋舶，有事立雇，何难佐战舰之用？①

这段文字中的“沿海商民，有自愿仿设厂局以造船械，或自用、或出售者听之”，向来被众多论者征引，以证明魏源主张发展民间工业。实际上，联系上下文来理解，笔者认为魏源的本意是借助民间商人的力量兴办厂局，多造船舰，以弥补官办厂局制造能力的不足，便于有事时佐战舰之用；他要借助的民间商人也是特定的，仅限于沿海。可见，魏源并不是离开政府这个中心而主张在民间普遍发展新式工业。至于冯桂芬，尚不及魏源，在他看来，“制洋器”纯属官府事务，故从未谈及民间能否自办新式工业的问题。

第二，从利益的角度来考察，魏、冯兴办新式工业的主张，也是主要关心“国”之利益。如魏源谈论新式工业的好处，与民间相关者，仅“内地商艘皆可不畏风飓之险”，而关系清政府者，则罗列众多方面：“以通文报，则长江、大河，昼夜千里，可省邮递之烦；

① 《魏源集》下，第876页。

以驱王事，则北觐南旋，往还旬日，可免跋涉之苦；以助战舰，则能牵浅滞损坏之舟，能速火攻出奇之效，能探沙礁夷险之形。诚能大小增修，讵非军国交便？”又如魏源谈论火器局可制造“有益民用”的新式器械问题时，显然也是将这类制造摆在从属于军火制造的位置上的，他并不是主张兴办独立于军事工业之外的民用工业，他列举的一系列“有益民用”的新式器械，都要在火器局内制造。[①]之所以如此，原因恐怕不尽是他在当时条件下还不能很好地区分军事工业与民用工业的不同，根子在于他考虑经济问题向来是不脱离政府需要这个前提的。冯桂芬很了解新式机器有利于提高生产效率、“可资以治生”，在论“制洋器”时，却是攸关“国计”的船炮占了全部篇幅，没有涉及民用机器的制造。他曾谈论过在农业生产中采用机器的问题，那也是从清政府的需要出发，以此作为扑灭农民起义后恢复封建经济的手段。[②]

倡言开矿、求“开源之利”，是魏、冯富国主张中又一项重要内容。他们都主张“官不禁民之采”，诚然有利于民间采矿业发展，但他们自身优先考虑的也还是“国”。魏源关于开矿的论述，主要集中在《圣武记·军储篇》内，而该篇的写作意图是：“无政事则财用不足，法无久不变，远无往不复，作军储篇。”[③]这表明魏源是着眼于清朝“财用”考虑开矿问题的。在其论述中，开采银矿之事着墨最多，原因在于白银与清朝“财用”的关系最为直接和密切，当时清朝的漕、盐、河、边务在鸦片贸易导致白银大量外流的形势下“皆日困一日”，急需新的白银来源。魏源在论证大力开采银矿的必要性时写道：雍正时“户部库贮六千余万，直省仓储三千四百万石。外

---

① 《魏源集》下，第873页。
② 《校邠庐抗议》下卷，第69页。
③ 《魏源集》上，第468页。

洋无透漏之银，司农无竭蹶之叹，天子不言有无，本强不问标末”，故“矿课开采之事，可不行于雍正”，但现在情况正相反，故此事“断不可不行于今日”。[①]可见，魏源主要的立足点，就是解决白银外流等造成的清朝财政困难，其主张带有特定情势下应急之策的意味。至于取消有关采矿的禁制以促进民间经济发展，原非魏源主旨所在。与魏源相比，冯桂芬的主张有所发展，认为“开矿非利其税，即经费之外，全以与民，不失为藏富之道”，还有利于防止外国向中国矿藏伸手。[②]显然，冯在开矿问题上已有了“民”的角度、民族的角度。不过，冯也绝不是离开清政府的需要来谈问题的，他的这种主张是在“筹国用”的题目下提出的，属于解决清朝财政问题的对策的一部分。

总之，魏、冯的富国思想，主要立足于“国”，虽然他们也注意到“民”，主张给“民”以一定的经济机会，但这些经济机会都是与“国”的需要直接相关的；他们并不是将民间以自身为主体、与“国”之需要没有直接关系的经济发展作为理想和希望。而这样的立足点，就决定了他们的富国思想是以封建国家为中心，而将“民”置于经济上从属于“国”的地位，认为“民”应为政府效力、服务，像魏源设想的那样，或通过办厂、局来弥补政府办厂、局力量的不足和减轻政府在经营上的困难，或通过采矿等为政府开辟财源与资源，当然也允许民间商人从中获利。至于代表着“国”的政府，对处于从属地位的“民”，是否应支持、扶助其经济发展，魏、冯充其量只说到取消一些对民间的禁制，而不曾主张政府有支持、扶助民间发展经济的义务和责任。

---

① 《魏源集》上，第479页。

② 《校邠庐抗议》上卷，第39页。

那么，在对“富国”的阐释和富国思想的立足点上，横井小楠又是怎样的呢？可以肯定地说：由于他的经济理论已突破了传统的窠臼，因此他便赋予“富国”以崭新的内容，立足点发生了根本性的转换。

横井的《国是三论》，是以“富国论”居首，而他所阐释的富国的要旨是：通过富民、发展生产，“可以富国富士”[①]。也就是说，所谓富国，最根本的问题是富民，富民是基础、中心。基于这种观点，他痛斥了德川幕府统治者的“利政聚敛无所不至”，“榨取豪农富商、汲细民之膏血”，认为这是士、农、工、商“交互困穷”的根源。[②]他对富国的论述一反以“国用”为主题的故套，不是将当时幕藩统治者最关心的财政困难作为议论的主要对象，而是大力强调“使士民富乃当今之急务”，[③]着重谈论如何“周民之急以遂其生”的问题。[④]这表明，横井富国思想的立足点不是“国”，而是“民”。这与魏、冯有质的不同。

正因为横井立足于“民”而不是“国”，所以在其富国思想中，民就处于主体的、首要的位置，而代表着“国”的政府则成为扶助、引导、保护民间发展经济的角色。所谓扶助，就是由政府在资金、物力上为民间发展经济提供支持，而条件只是无损于政府的本金，政府向民间提供资金不取利息，并且以民间产品售后所得之价抵还，政府只从民间产品销往海外所得利润中取得利益；所谓引导，就是由政府负责实验新技术和机器，证明其有利于工农业生产、提高效率并且便利之后，诚恳地向民间传授，在取信于民的基

① ［日］山崎正董编：《横井小楠遗稿》，第35页。
② 同上，第36页。
③ 同上，第31页。
④ 同上，第36页。

础上推广；所谓保护，就是由政府负责疏通民间产品流通渠道，在豪农与正直富商的协助下组织民间产品的销售工作，定价以“有助于民而无损于官为限，官不别图利益”，进而在产品流通过程中，对内防止奸商欺诈，对外则摸清市场行情，以保证充分实现民间产品价值，并尽可能卖得高价。横井认为，只要政府真正发挥扶助、引导和保护民间发展经济的作用，民就会“大大得便而受惠”。[①]

显然，横井的富国思想，倾向于政府助民，与前述魏、冯之倾向于民助政府、不谈政府助民的思想主张，颇异其趣。这当然更是质的差异。

三、富国思想中开放观之比较

随着中日相继被迫打开国门，两国经济被强行纳入世界资本主义经济体系。在此条件下，魏源、冯桂芬与横井小楠的富国思想，都不能不涉及本国与外部世界的经济联系问题，对富国与经济上对外开放的关系予以注意。

由于当时中日都受到西方列强侵略、不平等条约压迫，因而在经济上都遭到严重损害。而作为当时两国与外部世界经济联系之主要形式的对外贸易，实际上成为外国掠取两国财富的重要渠道。对此，魏、冯与横井都有明确认识。魏、冯对西方强加给中国的鸦片贸易痛心疾首，指出它“岁耗中国财数千万计，竭我之富，济彼之强”[②]。因此，通过“内禁”与对外交涉相结合的办法禁绝鸦片贸

① ［日］山崎正董编：《横井小楠遺稿》，第33—34页。
② 《魏源集》上，第187页。

易，便构成他们富国思想的重要内容。横井谈到日本开国后迅速扩大的对外贸易，也认为是“大损于我之事”。[①] 因为当时日本尽管未受鸦片贸易之害，但因西方国家既有特权，又在经济实力与经营贸易能力上占绝对优势，相对于日本，“如大人之对小儿”，[②] 所以使日本陷于极为不利的地位。在横井看来，这种局面不改变，所谓富国也就无从谈起。

必须指出，魏、冯与横井虽然都看到当时对外贸易有损于两国之富的一面，但都没有因此而否定整个对外贸易，而是认为只要消除外贸中不利于中日的因素，外贸就会成为增进国富的重要手段。魏源认为：外贸中“使无鸦片之毒，则外洋之银有入无出，中国银且日贱，利可胜述哉”。[③] 因此他对清政府在鸦片战争前夕断绝对英贸易颇不以为然，鸦片战争后又提出了“不停贸易以自修自强”的主张，指出外贸不仅有利于中国取得外国先进武器装备，而且可以换取白银流入，输入有益于中国之物。[④] 冯桂芬比魏源更加直截了当地指出了外贸与富国的关联，力言扩大丝茶出口是“富国之大原”。[⑤] 而横井更是坚信外贸有利于富国，认为只要瞄准海外市场、搞好外贸，民间“即使生产数量无限之多，运往海外也不会减价，且无壅滞之忧”，好处不只在于换取宝贵的硬通货，更在于由此“对生产掌握得法而富民”。[⑥]

综上所述，在外贸与富国的关系上，魏、冯与横井的认识有不少相近之处。但如果推展到根本性问题，也就是在近代条件下，作

---

① ［日］山崎正董编：《横井小楠遺稿》，第 34 页。
② 同上，第 95 页。
③ 《魏源集》下，第 881 页。
④ 同上，第 886 页。
⑤ 《校邠庐抗议》上卷，第 40 页。
⑥ ［日］山崎正董编：《横井小楠遺稿》，第 36 页。

为富国之基础的社会经济发展，是否必须通过积极主动的对外开放来促进实现的问题，魏、冯与横井之间的差异便凸显出来。

笔者曾就魏、冯与横井对本国与外部世界关系的认识作过比较，认为：他们虽然都批评闭关政策，但魏、冯所憾者，主要是这种政策不利于了解外情和引进外夷长技，而对以往闭关政策下的对外关系本身则未加否定，因此还不能说形成了主动开放的意识；而横井却已深刻认识到：在世界已形成一个整体的形势下，日本绝不能继续闭关锁国，“有纵论万国之能力，始可治日本”，从而确立了迥异于传统观念的主动开放意识。这种认识上的差异，也影响到魏、冯与横井的富国思想，使他们对本国经济发展是否离不开主动积极对外开放的问题，作出不同的回答。

魏、冯都还没认识到发展本国经济必须着眼于世界经济体系、必须通过加强与外部经济联系来促进。他们对闭关政策的批评，在经济层面没有深入展开。冯桂芬直到1861年编定《校邠庐抗议》，还认为“五洲之内，日用百须，无求于他国而自足者，独有一中华”，中国“天时、地利、物产无不甲于地球而已”，① 足见对于中国在自足状态下发展经济的信念还十分顽强。他们虽然都欢迎对外贸易，但这主要是与取得外国先进武器装备、同时抚驭外夷相联系，经济上的考虑主要在于改善清政府财政状况、扭转贸易逆差和丰富物资供应，还没有从促进本国经济发展的角度来看待外贸问题。与此相关联，魏、冯尽管都很了解英国等西方国家长于海外贸易，但在谈论应该师法的“外夷长技”时，又都未提及这个方面，都未对中国在海外贸易上已明显落后于西方这一点予以高度注意，更未深入思考改进之方。

① 《校邠庐抗议》下卷，第70页。

再看横井：他考虑日本经济发展问题，完全突破了本国自足的狭隘眼界，而达到了放眼世界的新境界。他批评闭关锁国，重点在于指出这种政策严重妨碍了日本社会经济发展，造成“极困之国势”。[①] 他认为：“今日宇内之势……天涯而成比邻，已呈相互交通之势。至今日而主张独立锁国之旧见，乃悖于天理”[②]，“互相交通，通交易之大利，乃今日自然之理势”[③]。显然，横井已看清摒弃闭关锁国是发展经济的迫切需要，从而超越了魏、冯的认识。横井对外贸的重视，着眼点也与魏、冯有异，主要是为日本民间产品寻求海外市场，“使无壅滞之忧”，而利于生产的发展。也就是说，他把外贸作为促进本国经济发展的重要手段。正因为如此，他对西方国家“与万国交通，以扩充交易之利”的特点予以高度重视和肯定，叹为“经纶之功业”。[④] 相形之下，日本当时在外贸的展开与经营上远远落后于西方国家的现实，使横井深感忧虑：“外国之交易，有商法之学，研讨世界产物之有无，究明物价之高下，与万国广为通商，又结商社以互为影响。以如此之熟练对我拙劣之人，几如大人之对小儿。”在横井看来，日本不主动赴海外展开贸易等经济活动，是致使日本在对外经济关系中处于不利地位的“大弊”，必须迅速改变。他主张：在西方国家和中国设立日本商馆，并仿照西方国家在国内成立由商人、百姓自愿参加的商社，同心协力，在政府支持下赴海外贸易，同时认真研究有关外贸的学问，大力搜集海外需求的信息。[⑤] 这些更强烈地显现出横井与魏、冯之间的反差。

---

① ［日］山崎正董编：《横井小楠遗稿》，第33页。
② 同上，第907页。
③ 同上，第906—907页。
④ 同上，第905页。
⑤ 同上，第95页。

以上，笔者从经济理念、立足点和开放观三个角度，比较了魏源、冯桂芬与横井小楠的富国思想。所得结论是：魏、冯的思想固然包含若干新的因素，但尚未脱离传统轨道；而横井却在根本问题上突破了封建经济观念，本质上已达到了近代经济思想的境地。同为近代中日先驱思想家的魏、冯与横井的思想差异，似可从一个侧面证明：中日步入近代之初，并非处在同样的起点上。中日近代化出现巨大差异的原因，应进一步探讨。

（原载于《江汉论坛》2000年第9期）

中日近代工业起步时期经济思想若干问题的比较

从19世纪五六十年代到80年代后期，是中日两国近代工业的起步期，[①]也是两国在近代经济发展上拉开距离的关键时期。日本在1886年后，开始出现“企业勃兴”局面，揭开了产业革命的帷幕，[②]而同时间的中国，近代工业却还停留在极低的水平上，产业革命遥遥无期。1894年至1895年中日甲午战争的结局，不能不说与此有极大关系。关于中日之间拉开距离的原因，已有的研究多围绕明治维新后两国政权性质及相关政策措施的差异加以探讨，而通过思想层面的比较来加以认识的尝试，则较少见到。[③]此外，在中国近代史研究中有一种倾向：对这一时期早期维新派乃至于洋务派经济思想的近代意义予以很高的评价，而对其是否把握住中国近代经济发展的关键性问题、并为解决这些问题提供有力的思想指导这一点，则往往缺乏清晰、深刻的认识。故此，拙文拟围绕近代工业起步期中日

① 日本的近代军事工业与近代棉纺业，分别是从1850年和1867年开始建立起来的。参见［日］石井宽治：《日本経済史》第2版，东京：东京大学出版会1994年版，第124、163页。

② 参见［日］高村直助编著：《企業勃興》，东京：密涅发书房1992年版，第12—13页；［日］大石嘉一郎编：《日本産業革命の研究》上，东京：东京大学出版会1995年版，第18页。

③ 以管见所及，目前对此问题有所涉及的代表性著作，有日本学者依田憙家的《日中两国现代化比较研究》（北京大学出版社1997年出版了中译本）和严清华的《中日现代化经济发展思想比较研究》，武汉大学出版社1996年版。

两国先进思想家与主持洋务、维新的当政者经济思想的若干问题进行比较，以期有裨于探讨的深化、认识的增进。

一、与资本原始积累要求相对应的思想意识之比较

在人类历史上，近代工业乃至于近代经济，是经过资本原始积累才真正扎根并获得广泛发展的基本前提的。马克思在《资本论》中写道："在资本主义积累之前有一种'原始'积累……这种积累不是资本主义生产方式的结果，而是它的起点。"原始积累"一方面使社会的生活资料和生产资料转化为资本，另一方面使直接生产者转化为雇佣工人"。尽管这个过程是"用血与火的文字载入人类编年史的"，它却是"创造资本关系的过程"。[1]如果将资本关系理解为近代经济关系之本体的话，那么也可以说，创出这种关系的资本原始积累是近代经济发展的先决条件。

按照马克思的观点，资本原始积累在不同的国家、不同的历史阶段，表现形式各异，不可一概而论。但无论在哪个国家、无论处于什么历史阶段，资本原始积累要求打破旧的经济秩序、按照资本的需要重新配置资源这一点，都是共同的。在中日近代工业的起步期，两国都出现了原始积累的趋势，资本关系也随之不同程度地创出。那么，两国的思想意识对于打破旧的经济秩序、按资本的需要重新配置资源的要求，是如何对应的呢？这是关系到近代工业乃至整个近代经济有无广阔前景与旺盛生命力的关键问题，颇有加以比较的必要。

① 见《马克思恩格斯选集》第2卷，人民出版社1972年版，第219—221页。

（一）与打破旧经济秩序的要求相对应的思想意识之比较

在当时的中日两国，思想意识与打破旧经济秩序的要求相对应的问题，实质上就是转变、破除传统的农本商末观念的问题。在这一点上，双方明显存在着迟速之分、底蕴之别。

先说迟速之分。

根据研究者较为一致的看法，中国思想家对于农本商末观念正面加以否定、将“商”提升到“国本”的位置，始于王韬于19世纪70年代中期所写的文字。[①]而在19世纪60年代之初，即使在国内思想界居领先地位的冯桂芬，基本经济理念也还是“无逾于农桑之常说，而佐以树茶开矿而已”。[②]

但在日本，由农本而重商的思想倾向，早在19世纪初就已出现。当时的经世家海保青陵，在所著《稽古谈》中写道：“米出于田与利息出于金，并无不同。……金与米之出利息，乃天地之理也。”[③]显然，在他的观念中，农与商在经济生活中是处于同样地位的。他还针对传统的贱商思想议论道：商品交换之法实为“圣人之法”、“世界之理”，没有任何可笑之处。[④]就连君臣关系，也不过是一种买卖关系：“自古君臣乃市道也。（君）给禄于臣以使之效力，臣卖力于君以得米，君买臣，臣卖于君，买卖也。买卖，善者也。”他还认为，“买卖之利出于理，欲富国当依从于理”；[⑤]身为统治者的武士阶级应该主动投入商品交换，否则将有损一国之富；同时，

① 参见赵靖、易梦虹：《中国近代经济思想史》（修订本）下册，中华书局1980版，第272、273页；张海林：《王韬评传》，南京大学出版社1993年版，第228—229页；叶世昌：《近代中国经济思想史》，上海人民出版社1998年版，第106页。

② 冯桂芬：《校邠庐抗议》，光绪十年豫章刊本，第1页。

③ 《日本思想大系》44，东京：岩波书店1970年版，第222页。

④ 同上，第239页。

⑤ 同上，第222、223页。

还应在促进农业发展、农产品增多的基础上，将一藩之农产品聚集起来与别的藩交换，“尽量多地将农产品推向他国，乃富国之计策”。[①]正如日本著名史学家河野健二所指出的那样：“将买卖看作社会的基本原理的青陵，既不是为特权性商业与一掷千金的投机辩护，也不只是奖励商业与手工业，而是要告知：武家也好，农家也好，藩也好，都只有遵循这个原理才会变富。”[②]值得注意的是，海保青陵的思想在当时并不是孤立的，大致与之同时的本多利明、佐藤信渊，也表现出强烈的重商倾向：前者认为金银铜是“国用千头万绪之根本”[③]，视金银之多寡予以调节“乃国家第一政务”[④]，并且，“日本乃海国，航海、运输、交易为国家政务之关键”，“航海、运输、交易为国君之天职”[⑤]；后者主张“欲富国者应先使财用宜于融通、消除各种阻塞。财用融通自如，则陆海、山泽之物产亦兴，物产多则制造冶炼将渐求精美，互市、交易之利亦将渐增，境内货财趋于丰饶，人民随之渐得蓄息，万物自然皆辐辏于境内，国家将大大富实”[⑥]。他们的共同点在于：都高度重视商品货币流通在社会经济生活中的重要意义，并以之作为国家经济政策应主要关注的对象，从而与传统的农本商末思想大异其趣。到1860年和1861年，日本又相继出现了横井小楠的《国是三论》与神田孝平的《农商辨》这两篇重要论著。前者明确指出：交易之道“本于天地间固有之定理”，“乃大圣所设定之善教仁政”、“万世永赖之大经大本”，[⑦]抛弃

① 《日本思想大系》44，第239、323、496、324页。
② ［日］河野健二：《近代を問う》第3卷《日本の近代と知識人》，东京：岩波书店1995年版，第63页。
③ ［日］本多利明：《経世秘策》卷下，见《日本思想大系》44，第18页。
④ ［日］本多利明：《西域物語》下，见《日本思想大系》44，第154页。
⑤ ［日］本多利明：《経世秘策》上，见《日本思想大系》44，第20、18页。
⑥ ［日］佐藤信渊：《経済要略》下，见《日本思想大系》45，第549页。
⑦ ［日］山崎正董编：《横井小楠遺稿》，东京：日新书院1942年版，第38页。

了商末思想；后者则力言“以商立国，其国常富；以农立国，其国常贫。东方诸国以农立国，西洋诸国以商立国，故东方诸国常贫，西洋诸国常富”①，更鲜明地正面否定了农本商末思想。总之，日本在近代工业起步前后，由农本而重商的思想转变已经取得长足进展，与同时的中国思想界相比，居于领先地位。

再看中日思想转变的底蕴之别。

通观中国近代工业起步时期王韬、郑观应、薛福成与马建忠等人的相关言论，就会发现：他们谈“重商”，基本上都是从对西方经济状况的叙述切入、主要是由抵御西方势力入侵的需要引发。最典型的就是郑观应的说法：“欲制西人以自强，莫如振兴商务。安得谓商务为末务哉？”②与这种情形相关联，他们的重商，并没有伴之以对中国传统的农本商末思想的深入批判与清算。像当时有一定政治地位的薛福成与马建忠，对农本商末思想，至多言其不适应当今与外国势力相抗的时势，而不曾从清除农本商末观念对发展近代经济的障碍这样的角度，对之进行深入的思想批判。王韬曾斥责当时的农本商末鼓吹者并非真正关心农业生产，“徒知丈亩征赋、催科取租、纵悍吏以殃民、为农之虎狼而已。徒有其名而无其实”③。这向来被认为是对农本商末思想实质的深刻批判。但笔者以为，他的锋芒是指向农本商末鼓吹者的卑劣动机及由此而来的“农本”有名无实，实际上是一种道德批判，而不是对农本商末理念本身阻碍社会经济发展所作的思想批判。在早期维新思想家中最有力地鼓吹“商战”论的郑观应，晚至甲午战争以后，才着重从本国社会经济发展

① ［日］三枝博音等编：《日本哲学思想全書》第18卷《政治·経済　経済篇》，东京：平凡社1982年版，第219—226页。

② 郑观应：《盛世危言》卷3，光绪十九年刊本，第19页。

③ 王韬：《弢园文录外编》卷2，1883年刊本，第14页。

的角度来谈“商”的地位与作用，提出“商”“具生财之大道，而握四民之纲领”的观点，但即使在那时，他也依然没有深入批判农本商末思想。上述情况表明，直到甲午战争前，中国思想家的“重商”，主要着眼于对付外国压迫，相比之下，为发展本国社会经济而破除农本商末观念束缚的色彩则不那么浓厚，他们对传统思想观念的破除，尚不能说是彻底、充分的。

日本在近代工业起步前后的“重商”思想，呈现的是另一种状态。前面提到的海保青陵、本多利明和佐藤信渊的观点，基本上都是从商品货币流通对本国社会经济的重要意义立论，思想逻辑与传统的农本商末观念之间已是泾渭分明。至于后来神田孝平的《农商辨》，如当时一位评论者所说：要旨在于“比较农商立国之损益，揭示我邦古来经济之陋习”[①]。文中毫不含混地肯定“以商立国之利”、指陈“以农立国之害”，曰：以商立国，大力从事国内外贸易，可使农业与工业产品卖得高价，并取得交换价值，各经济部门均因之获利，国家财政收入亦可增加，“故不聚敛而租税增，下不苦而上可富”；以商立国，可以减轻农业的租税负担，有利于农业赢利，促使物产丰盈、物价下降，也使工商业进一步发展起来；实行以商立国的政策，“一变旧制”，将会“土地自开、人心自服、收入自增、武备自整、上下自富、国势自为一振”。反之，以农立国，势必以农业有限的产出支撑国内无限的需求，不仅导致农业自身不堪承受而日益荒废，而且工商业乃至国家也将随之衰落下去；特别是在国门打开的形势下，如固守传统的农本之制，经济衰微还将危及国家安全。[②]神田孝平的观点是否客观反映了历史进程的实际面貌，这里无须置论，重要的是：其中体现的主要是摆脱传统的“以农立

① ［日］堀经夫：《明治経済思想史》（增订本），东京：日本经济评论社1991年版，第281页。
② ［日］三枝博音等编：《日本哲学思想全書》第18卷，第219—226页。

国”思想的束缚、代之以“以商立国”思想、促进社会经济发展的倾向。横井小楠1864年秋在《沼山对话》中，也对农本商末的思想不利于社会生产的发展、导致贫穷的消极作用，进行了正面批判："大凡民以农为本，然仅限于农业一端，于民用百物不能产出时，将致生活之道不足”，“民用非交易不立”，“惟因交易融通之道在日本全国之内未得其法制（即商品交换未能依其自身的轨道展开——引者），日本方成为当今如此之穷国”。[①]这里还需提及的是，在明治维新之初的1869年，日本启蒙思想家加藤弘之，又在所撰《交易问答》中，将矛头直指重农抑商为当政者头等大事之类的论调，指出：这种思想只适应于不开化的远古而不可行于社会发展之今日，农工商犹如鼎之三足，缺一不可，对三者予以同样的照料，使之共同繁荣，国家才会日趋佳境。[②]总之，在近代工业起步前后，日本先进思想家对传统的农本商末思想观念的批判，紧扣住传统观念对社会经济发展的阻碍，真正抓住了要害与本质，从而展现出鲜明的近代色彩。

当时中日两国思想转变的底蕴差异甚大，在各自思想进一步发展的快慢上也体现出来。直到甲午战争前，中国早期维新思想家从总体上说，没有超出由农本而重商的水平，除了个别人物之外，基本上没有深入领略形成于西方自由资本主义时期的近代经济思想；[③]而日本在近代工业的起步时期，重商思想很快就由自由主义与保护

① 《日本思想大系》55，东京：岩波书店1971年版，第502、503页。

② ［日］堀经夫：《明治経済思想史》，第315页。

③ 参见胡寄窗：《中国近代经济思想史大纲》，中国社会科学出版社1984版，第99页。实际上，这种情形就是到了20世纪初，也没有明显的改观。王亚南先生在为亚当·斯密《国民财富的性质和原因的研究》改订译本所作序言中写道：此书1902年出版后，“不曾引起任何值得重视的反响。这当然不仅是由于译文过于艰深典雅，又多所删节，主要是由于清末当时的现实社会经济文化等条件，和它的要求相差太远”。见商务印书馆1997年版《国民财富的性质和原因的研究》上卷，改订版序言vii。

主义经济学说所更新，与后两者相关的知识广为普及，在此基础上，亚当·斯密的《国富论》与李斯特的《政治经济学的国民体系》之类的自由主义与保护主义学说的代表性著作，在19世纪80年代中后期，相继风靡日本经济思想界。[①]

中日两国农本商末观念转变的底蕴之别，还体现在两国当政者不同的呼应上。一直到甲午战争爆发前，中国众多顽固派当政者自不必说，即使开明的洋务派当政者如李鸿章、张之洞，对于这种转变也没有予以有力的呼应，他们出于巩固清朝统治的需要，可以提出“求强”乃至“求富”的主张，并为“求富”而兴办一些近代工、矿、交通运输、电信企业，但就是不能摆脱农本商末观念的窠臼。李鸿章所说的“中国文物制度迥异外洋獉狉之俗，所以郅治保邦、固丕基于勿坏者，固自有在。必谓转危为安、转弱为强之道，全由于仿习机器，臣亦不存此方隅之见。顾经国之略，有全体有偏端、有本有末。如病方亟，不得不治标，非谓培补修养之方即在是也”[②]（着重号为引者所加），正是洋务大员经济理念的如实表白。李鸿章与张之洞的思想观念开始发生较大变化，认识到农工商三者必须“共争妍斗丽”，[③]指出“农、工、商三事互相表里，互相勾贯……三者交病，不可为国矣”，[④]都是19世纪最后几年的事情。这样的变化当然聊胜于无，但也过于迟缓，更何况，这种新认识，在当时的统治集团中还远未成为占主导地位的共识。

在日本，当政者对于农本商末思想转变的呼应，早在19世纪前期就已表现得很突出了。当时众多藩国的大名为了摆脱自身的财政

① 参见［日］杉原四郎：《日本経済思想史論集》，东京：未来社1980年版，第59—60页；堀经夫：《明治経済思想史》第64页。

② 《李文忠公全书·奏稿》卷19，1905年金陵刊本，第9页。

③ 蔡尔康、林乐知：《李鸿章历聘欧美记》，湖南人民出版社1982年版，第141页。

④ 参见张之洞：《劝学篇·外篇·农工商学第九》。

危机，纷纷推行重商性质的经济政策，致力于实行藩内特产的专卖和殖产兴业，其中尤以萨摩与长州等西南雄藩最为活跃。到了幕府统治末期，作为重商思想代表人物之一的横井小楠，还深得幕府亲藩——福井藩藩主松平庆永（曾任幕府政事总裁）的赏识，被招聘到该藩，为其政治经济事务出谋划策，并在该藩成功地主持进行了面向国内外市场的经济改革。[①]明治维新变革后，新政权的当政者，更是从头脑中彻底铲除了农本商末观念，确立起全新的近代观念。如直到1878年遇刺身亡为止长期充当政府殖产兴业主帅的大久保利通，即以劝农励工、同时大力发展商品流通作为其经济理念，认为："物产繁殖顺序，在于劝农励工。……介于其间，取之于农工而分销于需要者、消费者，以使其物品顺畅流通者，则为商。……劝奖农工之方法，在于发展商业、疏通扩展销售渠道，以使之无忧于涩滞壅塞。"[②]又如1881年以前在政府中长期负责经济财政事务的大隈重信，早在幕末时代就是一个重商思想的实践者，曾促使所在的佐贺藩推行以投入国内外贸易为主旨的"富国策"，[③]任职于明治政权后，其经济理念也和大久保利通一样，认为"经营国家之道，其要旨无他，在于使物产增殖无算、使资本流动不已。而达此二者之旨趣复无他，务使农工商共达繁盛之极而已"。[④]再如1881年后继大隈重信主掌经济财政大权的松方正义，在上任的前一年提出的《财政管窥概略》中，所持的经济理念也与大久保、大隈如出一辙："倘农

① 参见［日］奈良本辰也等：《人物日本の歴史》18《開国と攘夷》，东京：小学馆1975年版，第248—252页。
② 日本通产省编、水沼知一等撰：《商工政策史》第5卷《贸易（上）》，东京：《商工政策史》刊行会1965年版，第152页。
③ ［日］圆城寺清执笔：《大隈伯昔日譚》，东京：立宪改进党党报局1895年版，第11页。
④ ［日］中村政则等校注：《日本近代思想大系》8《経済構想》（下称《経済構想》），东京：岩波书店1988年版，第33页。

不开、工不进、商不明……曷能致一国之富强、得财政之真理？三者不举，则百政之瓦解可待。”[①]总之，日本从德川幕府统治后期到明治维新时期，当政者对于转变农本商末思想的呼应，是连续的和不断加强的，尤其是在明治维新后，政府中主掌经济财政事务的首脑，都实现了对于传统观念的彻底破除。这对于他们自觉推行打破旧经济秩序、顺应资本原始积累要求的各项政策措施，具有重要影响。

（二）在按资本要求重新配置资源问题上思想对应之比较

资本原始积累的过程本身，是按资本的要求重新配置资源的过程。就中日两国当时的情况来说，借助于国家政权的强制力乃至暴力，促使主要与土地相联系的资源从封建关系、自然经济的束缚下释放出来，并将其引向近代产业部门，正是资本原始积累的应有之义，尽管这个过程必然伴随着对于广大民众的残酷剥夺。如果说，对于打破旧的经济秩序的要求，中日思想意识的对应有很大分别的话，那么，在按资本的要求重新配置资源问题上的对应，差异就更显其大了。

中国早期维新思想家，对于近代产业的广泛发展离不开资源的重新配置这一点，一直是缺乏深刻理解和相关主张的。像王韬，在提出“开掘煤铁五金诸矿”、“制造机器，兴筑铁路，建置大小轮船”建议之时，认为这只是在“许民间自立公司”、“其利皆公之于民”的条件下“令富民出其赀，贫民殚其力”的问题，而同时论述的所谓“治民之大者”，则是将那些“浮士”、“冗兵”、“游民”“尽驱而归之于农”。他认为在当时中国基础社会的农村，应该推行的政

① 《経済構想》，第99页。

策是“轻徭薄赋”，使民“安其居，乐其业，可静而不可动”。[①]他根本没有表现出将与“农”即与土地相联系的资源引向近代产业的意识，仿佛两者相互没有关联。值得注意的是，王韬并非不了解西方国家以强力将巨大资源引向近代产业的做法，但他对此明确表示反对，认为那样做对于民间“斫削之尤甚”，有悖于“民惟邦本，本固邦宁”的古训，而中国“不尚操切之政”，重在“养其元气”，对于那种“不善”的西国之法，是不能仿效的，“不必强我以就人”。[②]随着近代产业在中国逐步建立，其所依托的资源极为稀少而导致的艰难竭蹶日益凸现，同时极端恶劣的社会政治经济环境还在时时扼杀它的生机。因此，维新思想家在向内外势力进行力所能及的抗争的同时，也致力于寻求更多的支撑近代产业的资源。如郑观应在有名的《商战》一文中，就提出了兴办各种近代产业“奈经费之难筹何”的问题，主张：“我国家讲武备战数十年来，所耗海防之经费，及购枪械船炮与建炮台之价值，岁计几何，胡不移彼就此？”[③]他显然是希望依靠国家财力的投入来解决问题，但只要求将国防经费移至近代产业，而不促使政府变更土地关系以使当时占最大比重的财源（田赋）转向近代产业，就显得既不合理，也不现实。在欧洲接触了西方经济学说的马建忠，在提出实施进口替代、推动出口贸易、大力修筑铁路之类的主张时，痛感财源不足，但他和王韬、郑观应一样，不着眼于与土地相联系的以田赋为主的财源，对清政府的直接投入又不像郑观应那样寄予希望，于是就将大力开采金银矿作为出路，因此有“所以为富者，莫金银矿若”，“中国不讲求西法

① 《弢园文录外编》卷1，第20、21页。
② 《弢园文录外编》卷10，第21页。
③ 《盛世危言》卷3，第28页。

则已，中国而讲求西法以求富，则莫如自开金矿始”的主张。[①]薛福成对于促进近代产业的发展抱有极大的热情，然而他对如何在国内解决支撑近代产业发展的资源问题，连郑观应与马建忠那样的思想主张也不曾提出过。

正由于当时的维新思想家都对与土地相联系的田赋一类资源不予置理，无法在国内找到近代产业在资源上的可靠依托，所以他们大都程度不同地把眼光投向了举借外债。不能说他们对于当时的外国资本凭借债权控制中国经济乃至政治没有警惕与戒心，“若土耳其、波斯等国……因欠债过多、行息过重，致利权受于（当为‘授予’——引者）他人，国势寖形微弱”，[②]对他们来说殷鉴不远，且现实中“中国债项仅逾千万……各省关饷额为洋款所分，已觉异常耗竭，况西征之饷，借息加重至一分二厘，西人遂视为成例，不肯少让”，[③]更使他们不寒而栗。但苦于近代产业之财源不继，他们还是对举借外债寄予希望。王韬说：“告贷西国之举，亦可聊出一筹。国债之行，泰西常事耳，何足为耻？”[④]郑观应说：在举借内债仍不敷需要的情况下，“可酌以微息转贷邻封”，但“须统筹全局，审慎周详”。[⑤]薛福成说：“夫使中国果万无可筹，暂借外资以展大计，固无不可。”[⑥]马建忠在修铁路、办商务问题上，借外债的呼声最高，曰：“今中国议开铁道……集股艰难。无已，则有借洋债之一法”；“讲求土货则需款，仿造洋货则需款，开采宝矿则需款……方今度支匮于上、盖藏竭于下……莫若……向外洋各国贷款二三千万……将前三端

① 参见马建忠：《适可斋记言》之《富民说》，中华书局1960年版，第8页。
② 《盛世危言》卷5，第23页。
③ 薛福成：《筹洋刍议》，光绪十一年刊本，第14页。
④ 《弢园文新编》，三联书店1998年版，第282页。
⑤ 《盛世危言》卷5，第23、25页。
⑥ 《筹洋刍议》，第14页。

所举数大事……次第分办”。[①]

至于洋务派当政者，在为发展近代产业而重新配置资源的问题上，更加谈不上有何自觉性。洋务新政展开之初，他们对于农村问题，主要考虑如何恢复被太平天国起义打乱的封建秩序，为此曾在冯桂芬等的促动下，将减免江南地区的部分田赋作为“轻徭薄赋”的“德政”推行。但如何通过整理田赋、改革其征收制度，将其转化为近代产业的物质基础，却是他们从未设想的问题。兴办官营企业最多的李鸿章，始终坚持以厘金及其他商业税为主要财源，在他的头脑里，“自古加赋则为苛虐，征商未为弊政”，“与其病农，莫如病商，犹得古人重本抑末之义”[②]的观念是很顽固的。他后来之所以主张以官督商办、官商合办的形式兴办近代民用企业，一个相当重要的目的，是要通过这种途径来为“自强”寻求新的资源（所谓“浚饷源”），而不是要将现有资源吸引到近代民用工业上来。因此，他即便对直接控制的轮船招商局，也是强调其“报效”清政府的义务，而对增加其资本积累的问题，并非真正关心。以如此思想状态，是不能指望他在促进资源重新配置、以服务于近代产业发展问题上有何作为的。在洋务大员中以“屠财”著称的张之洞，从广东到湖北，实际上一直苦于办理洋务“经费难筹”，为罗掘款项，除了将借外债作为重要途径之外，甚至不惜将主意打到开设赌捐上面。但是，对于田赋这一当时中国社会最大的财源，他从未提出将其大量吸引到近代产业方面来的设想与主张。有人说他筹款“大率取之中饱私规，不竭民膏，不侵库款”，[③]本意在于褒美，却适足证

① 《适可斋记言》第21、8页。按：笔者无意全盘否定这些举借外债的主张，只是指出这些主张与避开与土地相关联的、以田赋为主的资源问题之间，有直接的关联。

② 《李文忠公全书·朋僚函稿》卷6，第45、37页。

③ 参见《张文襄公全集》卷首下，《张文襄公传》。

明：他在考虑近代产业所依托的资源问题时，是有意避开将当时主要的资源加以重新配置这一关键的。

如果就同一个问题来考察日本明治维新过程中相关的思想意识，就会看到：其与当时中国的上述思想意识形成了鲜明的对照。

众所周知，通过殖产兴业实现富国强兵，是当时日本的基本国策，而为此将资源重新配置的问题，在其思想界与政界也相当迅速地提上了日程。早在幕末时代就深受横井小楠影响、明治政府成立后成为首任执掌财政官员的由利公正，在国内政局动荡尚未停息、军政费用占去财政极大比重而政府又还未能掌握可靠财源的1868年，就已经将服务于殖产兴业确定为国家财政的基本目标。他为此而主张：根据日本全国在德川幕府统治时期贡租总量，成比例地大量发行纸币“太政官札”（每一万石发行一万两），贷给各藩大名与民间有经济实力者，以促使经济活动蓬勃开展起来，在加强军备的同时增强外贸出口能力、加快机器制造业的发展，并使货币顺利流通。[①]这一主张很快付诸实施，虽因缺乏必要的条件而归于失败，但其基本精神依然为后来的主持财政者所继承。

1871年7月，明治政府断然实行废藩置县，摧毁了幕藩体制的基础。而在此前后，对于全国财源之最主要部分——德川时代以来的贡租加以改革的呼声也日趋强烈，其中影响最大者，莫过于身为集议院副议长的神田孝平于1870年6月提出的《田租改革建议》。该建议指出：维持德川时代的贡租，将使“政府之用度盈缩不定，从而不能由今年而预算来年之经济”，“非速改正不可”。所谓“改正”，也就是在承认土地私有权、允许自由买卖的基础上，确定社会

---

① ［日］大岛清等：《人物·日本資本主義2·殖産興業》，东京：东京大学出版会1974年版，第133、152页；前揭《経済構想》，第3—4页。

（实际上是政府）所认可的土地价格，再按地价的一定比例以货币形式征收地税。地税的征收不仅针对以往作为贡租来源的水田，而且还针对一切有经济价值的土地。在神田看来，实行这种田租改革后，国家财政就有了可靠保障，并“可由今年预计来年再来年等之经济”，因此这项改革“最为治国之要务”。[①]正如日本学者所指出的那样，神田的建议在当时的日本，既是“极为崭新”、甚至“破天荒”的，又“绝不是他个人的东西，毋宁说是按他的方式将当时政府内正在形成舆论的想法加以整理而成的”。[②]因此，神田的建议提出后，得到了其他当政者的有力呼应。执掌财政的井上馨等，次年向正院提出：必须更张作为理财、会计之根本的税法（以地税为主体，还包括国内商业税、专卖特许税、关税等），“以劝生产之增殖……以开人之知识、奖励百工，以诱导人工品之增殖……培育与全国地宜相应之物产、开适合本国风俗之工艺……出口海外，交换我国不足之物品……常使出口之物品倍蓰于进口之物品”。[③]他们显然是将地税等的改革作为推行殖产兴业政策的前提来看待的。在此基础上，1872 年 2 月，实际掌握政府最大权力的大久保利通会同井上馨，又向正院表示：“方今于地税改革之业，必须速为议决”，应“断然废弃从前之方法，许一般土地之买卖，进而施行按地价以货币收税之法”。[④]由于当政者认识高度一致且坚决，明治政府从 1873 年起，本着神田所提出的原则，用 8 年多的时间在全国强制推行了地税改革。改革后的地税虽然还带有一定的封建色彩，但按日本学者较为一致的看法，它“促进了农民层的分解，使众多农民脱离土地、变

① 《経済構想》，第 136—139 页。

② ［日］大岛清等：《人物 · 日本資本主義 1 · 地租改正》，东京：东京大学出版会 1972 年版，第 151、59 页。

③ 《経済構想》，第 144—145 页。

④ 同上，第 149、150 页。

为无产者”，“对于打破农家经济的自给自足体制、强制地将农民卷入商品经济具有重要意义”；“地税收入成为政府财政的主要基础”，使之得以“推行各种服务于原始积累的政策”；“地税收入直接投入到官营企业的设立、运营之中，且被用于补贴民营企业”。[①]总之，地税改革“具有推进日本型的原始积累的意义”，“以政权和地主所掠取的农民的剩余（地税、佃租）与佃农经营所析出的雇佣工人相结合的形式，造成了创出资本关系的前提条件”。[②]

明治维新展开之后，当政者按资本的要求重新配置资源的自觉性，不仅在地税改革上，而且在处置旧的武士阶级的秩禄问题上，也充分体现出来。众所周知，武士阶级在废藩置县之后，依然靠政府支付秩禄过活（尽管较之德川时代秩禄已大为降低），在19世纪70年代前半期，每年耗去国家财政开支的三分之一，严重妨碍了财源向殖产兴业方向流动。对此，当政者甚感忧虑。井上馨等在1872年，就指出秩禄是最大的“冗费”，如不适当“更革”，则“国计之基础碍难确立”，主张发行公债和借一些外债以充秩禄，一次性支付给华、士族，使国家财政甩掉沉重包袱、集中力量投入殖产兴业。[③]大隈重信在1876年也认为：国家财力必须用于“创建、兴隆大有益于国家之事业”，故应断然实施发行公债以解决秩禄问题之策，这样既能“芟以有用之财养无用之人之弊”，还会导致士族以所得公债投入产业的经营，“使无用之人就有益之业”。[④]井上馨与大隈重信等的主张最终化为政府的政策，1876年8月颁布的《金禄公债证书发行条例》，宣告了秩禄制度的瓦解。其后，上层武士（所谓“华

① [日] 大岛清等:《人物 · 日本資本主義1 · 地租改正》，第89—91页。
② [日] 石井宽治:《日本経済史》，第120—123页。
③ 《経済構想》，第170—173页。
④ 同上，第182—185页。

族”）在当政者的推动下，将所获公债投向兴办近代银行与修筑铁路，形成了华族资本，而下层武士则多数沦落下去，不少人加入到无产者行列。这无疑顺应了按资本的需要重新配置资源的要求，加速了资本原始积累的进程。

如上述，处于近代工业起步期的日本，对于资本原始积累的要求，从思想意识到政策措施，对应都是积极的，这就使近代产业的成长在国内有了较可靠的资源依托，而避免仰赖于外债。在当时，不少在日外国人士认为，离开外债日本将无法推进产业化，故建议日本举借外债之声不绝于耳。但从日本思想界到政界，占主导地位的一直是担心外债会使外国控制日本经济乃至政治的认识，而极少有人设想或主张以外债作为日本近代产业的重要财源。日本的产业革命，正是在所借外债微不足道的条件下开始勃兴的。与当时中国的状况对比，这是令人深思的。

和在西方国家一样，资本原始积累的过程在日本，造成了以农民为主体的民众大量沦落破产的悲惨景象。对此，中国的王韬，通过旅日的感受和与日本友人的交往，也有不少了解。他对于明治维新的许多方面本是持赞同态度的，但对于日本以地税改革为主推进资本原始积累的政策，则颇不以为然，认为：“其取之于民间，前时不过什二，今则几至于敲膏吸髓，取之尽锱铢，用之如泥沙。前时与民共其利者，今则山林有禁、川泽有禁。前时民纳赋税之外，足以自食，温饱无虞，原无殊于海外桃源，今则沾体涂足，竭力以供其上而犹不足。……凡此皆所谓不终岁之计也。”“彼轻改祖宗之宪章、斫削天地之菁华，苦生民以媚远人，竭脂膏以奉外物，其外庞然，而其内嚣然，正所谓疾在膏肓而犹不知自治也。”[①] 在王韬看

---

① 见《弢园文录外编》卷5，《西人重日轻华》，第10、11页。

来，日本的问题，出在对“西法”的学习不当，“夫西法非不可学，而其所以治民生立国本者，要自有在。”[①]所以，日本的做法对中国不足为训，“我中国之所恃者，道而已矣。天不变，道不变。夫以刚道治天下者必折，以柔道治天下者必久。……我之所以治国者，其先取之于渐，其后持之以恒。渐则斯民由之而不惊，恒则斯民守之而不改，乃所谓善变者也”。[②]王韬的见识如何，这里不必讨论，重要的是，他的话正好凸现出当时中日两国思想意识与资本原始积累要求的对应之异。

二、与民间近代经济主体问题相关的思想意识之比较

在中日近代工业起步期，民间近代经济主体都很微弱，因而实际上都是靠国家政权充当近代工业的创办者和推进者。但是，如果民间近代经济主体不能形成和快速成长，单由国家政权一手包办，又绝不可能发展到产业革命。是否高度重视民间近代经济主体的问题，也同样关系到中日两国近代工业乃至整个近代经济发展的前景。在此问题上，两国的思想意识也相差甚远。

应该看到，在洋务新政时期，中日两国都出现了促进民间近代经济发展的呼声。在中国，早期维新思想家们看到了民间近代经济发展对于国家富强的重大意义，致力于争取民间人士自由投身于近代经济的权利，呼吁清政府予以“调剂翼助”[③]、“优免税厘”[④]、

① 《弢园文新编》，《跋日本“冈鹿门文集”后》，第143页。
② 《弢园文录外编》卷5，《西人重日轻华》，第11页。
③ 《弢园文新编》，《代上苏抚李宫保书》，第247页。
④ 薛福成：《海外文编》卷2，光绪十一年刊本，第19页。

“优以体制、假以事权……而不以成法挠之”[①]，对于兴办近代产业、与外国“争利”有成效者和有发明创造者予以奖励，同时收回海关行政管理权、运用关税保护本国民间企业，等等，均为人们耳熟能详。而日本在明治维新展开后，一方面，通过殖产兴业以实现“富国强兵”的呼声响彻云霄，另一方面又实现了士农工商在法律上的平等，同时西方自由主义经济学说也广为传播，因此，民间人士自由投身于近代经济发展的权利与必要性，已不再是需要谈论的话题。当时两国先进分子的差异，主要出现在关于民间充当近代经济主体的意识的强弱之分上。

研究中国近代经济思想史的名家胡寄窗先生，在所著《中国近代经济思想史大纲》中指出：“19世纪后期的思想家能坚持工商业由私人纠股自由经营，而不期待封建官府给予一定支持和帮助者是极其少有的。这一类型思想的较普遍的存在，正好反映这一时代特征。”他的看法，主要是通过分析王韬、马建忠、郑观应等人的主张而得出的。胡先生指出：“王韬切盼近代工业的兴起……特创为‘官商相为表里’之说”，“他提出的‘官办不如商办’的主张，不能等同于19世纪末期反对官督商办的论点”；而马建忠，虽“很欣赏西方工商业由‘商人纠股设立公司’的自由经营方式……但以当时‘民贫于下，财绌于上’，‘散借于凡民则苦其零星难集’，不能不寄希望于官府出面协助”，“马建忠在1890年写《富民说》时，反对官督商办的呼声已经出现，而他仍保持原观点，未随声附和”；至于郑观应，则“一向主张官商合力经营，到甲午以后才认为办理新式企业须‘全以商贾之道为之’……可以说，在那一时期的著作家中，以

① 钟天纬《刖足集外篇》中的《扩充商务十条》，转引自叶世昌：《近代中国经济思想史》，第118页。

郑观应的‘官督商办’调子唱得最响，也是最积极的拥护者。所以，在官督商办的上海机器织布局开始筹办时，他还以商股代表身份带头申请给予十年内限制同类企业设立的特权”；与王、马、郑相比，薛福成“由于迷信公司股份制度，故不甚强调官府的监督作用，主张商人自营”。胡先生联系当时中国社会的现实条件，认为寻求政府协助而实行官督商办、官商合办的思想主张具有历史的合理性，“至少不应受责难”。[①] 笔者以为，胡先生的论述，最有启发性之处，是他勾画出一种状态：在洋务新政时期，维新思想家总体上没有反映出让民间独立充当近代经济主体的强烈意识，而“官”的力量与作用，在他们心目中占着颇为重要的位置，离开了“官”的关照，他们中的绝大多数人不能想象民间的力量与作用如何发挥出来。无论这种状况所由产生的原因是什么，对于民间力量充当近代经济主体的要求来说，它所体现的追求与境界，还是处在比较低的层面上的。

而日本明治维新时期的先进分子，在一国近代经济主体必须形成于民间的问题上，具有相当明确的意识。如福泽谕吉，在写于维新前夕的《西洋事情外编》中，明确指出：经济事务主要是民间的问题，“政府在相关农工商的事情上，不可从旁论其是非”[②]。到明治中期，他又在《立国之脊梁骨》一文中指出：要形成独立的社会、对外维持其抵抗力，就必须依赖于“中等社会”，“中等社会”是天下的脊梁骨；而明治时代的日本，又是“文明世界”、“有商工殖产兴业之急”，故所谓“中等社会”，只能是“有智有德而博人望、富于财产而势力盛者”。可见，福泽心目中的“中等社会”，实

---

① 胡寄窗：《中国近代经济思想史大纲》，第109—110、90、111、147、148、124、90页。

② ［日］庆应义塾编纂：《福泽諭吉全集》第1卷，东京：岩波书店1969年版，第437页。

际上就是民间的资产阶级及其社会名流。他明确将政府与“中等社会”加以比较，认为前者“只不过是一国之腕”，“以腕之作为，不足以立国”，“今日之弊，唯在腕与脊梁骨失其权衡，腕渐趋肥大而使脊梁骨渐趋萎缩”。[①]福泽显然是认为，较之于政府的作为，民间近代经济主体的形成壮大，对于日本更为重要。另一位思想家加藤弘之认为，在文明国家里，只有在“一切可以委诸臣民之事，若政府尽可能不介入而任听臣民为之就做不到的时候”，政府才对臣民加以“劝导”，包括开知识、明伦理、整风俗，以及开百工技艺、尽利用厚生之术，养病济贫等。但如果政府照料过头，就会大大妨碍臣民的“不羁自立”与权利，“在当前情况下，当以尽量顺其不羁之情为宗旨，务以政府不加关照为贵。……如不随开化之进展而及时减少其关照、委之于民，则纵使其安民之心如何之切，亦将陷于虐民”。[②]这里所体现的，也是尽量让民间力量充当主体的意识。当时日本自由主义经济思想最主要的代表者田口卯吉，更是坚信近代经济的发展完全取决于民间经济主体的形成与壮大，“一国之利益乃全民利益之总和，故一民经营不利之商业，则一国之利益当随之而减……岂能增一国之利乎？”[③]政府强制干预经济活动（哪怕是有意扶植一些薄弱产业），反不利于经济的正常发展，只能顺其自然，由民间自主。基于这种观念，他曾对政府不断提供巨资和特权来扶持三菱公司一类企业的政策，予以猛烈抨击。[④]涩泽荣一是在日本近代工业起步期辞官下海、成为实业巨头的著名人物，他在19世纪60年代中期曾实

---

① ［日］庆应义塾编纂：《福泽諭吉全集》第11卷，东京：岩波书店1970年版，第574—577页。

② ［日］堀经夫：《明治経済思想史》，第318、319、324页。

③ ［日］田口卯吉：《自由交易日本経済論》，见《日本哲学思想全書》第18卷，第257页。

④ 参见《経済構想》，第242—256页；［日］长幸男等编：《近代日本経済思想史》I，东京：有斐阁1969年版，第66—67页。

地考察欧洲经济界，痛感其“工商业者的地位、同官吏或军人之间的关系，全然不同于日本”。在日本，“只有官吏与军人抖威风，工商业者在其面前只能表现得诚惶诚恐。而英国与法国等，则与日本的这种普遍风气全然不同”。他认为：“对此必须好好学习。不这样，就不可能取得事业的真进步。”[①] 1873 年 5 月，他在《关于财政改革的奏议》中指出：尽管维新以来日本在发生变化，但“今日之开明，非以民力为重，而在于空谈政理”。在此之前，他与东京、大阪的商家多有交往，看到他们“仍未一扫往昔卑屈之风……又无学问又无气概，拓新之运筹、事物之改良云云，全然不加考虑”，认为：“以今日之商人，终不能使日本工商业实现改良进步。”因此，他决意“辞去现职，奋全力谋工商业发展”，[②] 最终在 1873 年 5 月如愿以偿。在为官期间和从商之后，涩泽荣一一贯致力于推动民间工商业者成立股份公司，以使之改变分散无力状态，成为近代经济主体。他强调：“公司与政府公私界限分明，商业中绝不可假借政府权威。”“公司之结成非由政府之命，公司成立后政府亦不可干预其经营，故公司在符合政府政策的范围内有从事任何行业的私权。”[③] 在涩泽看来，民间近代经济主体的形成与发展，除了要增强其经济实力之外，还必须伴以“官尊民卑之打破”、“工商业地位之提高”，工商业者本身素质的提高（自觉将私利与公益融为一体）。[④] 为实现这些目标而努力，正是其数十年实业生涯的重要组成部分。

如果说中日先进分子的差异，在于对民间力量充当近代经济主

---

① ［日］长幸男校注：《雨夜談 · 渋沢栄一自传》，东京：岩波书店 1995 年版，第 219 页。

② 同上，第 201、183、184 页。

③ ［日］菅野和太郎：《日本会社企業発生史の研究》，东京：岩波书店 1995 年版，第 52、53 页。

④ ［日］大岛清等：《人物 · 日本資本主義 3 · 明治初期の企業家》，东京：东京大学出版会 1976 年版，第 330、331 页。

体的意识有强弱之分的话，那么，当时两国当政者之间的不同，则在于自觉培植民间近代经济力量的意识之有无。

李鸿章在洋务新政的初期，是将机器工业主要作为“御侮之资，自强之本”来看待的，他同时也预感到“数十年后，中国富农大贾必有仿造洋机器制作以自求利益者”，但他并不为此而欢欣，而是说“官法无从为之区处”，透露出一种无可奈何的态度。[①]后来，他的思想有了一定的进展，认识到“必先富而后能强，尤必富在民生，而国本乃可益固”，[②]但也仅仅是发出空洞议论而已，而对于如何实现“富在民生”，他没有进一步的主张。实际上，他所真正关心的，并不是这个问题，即使招集商股兴办一些官督商办、官商合办的企业，意图也不在于培植民间近代经济力量，而是借助于民间商人的资金与经营能力，为清政府谋利。正是在这样的思想意识主导下，他在近代航运业、棉纺织业、矿业、电信业等方面，都只让清政府直接控制的企业独占，而不许其他民间资本自树旗帜。[③]较之于李鸿章，张之洞对民间近代经济力量似乎更为重视一些，曾有“今日中国救贫之计，唯有振兴农工商实业，劝导民间仿用机器制造，以外塞漏卮，内开民智，尚是一线生机”的议论。[④]但是，他实际上也没有超出“招商助官”的思路，[⑤]不仅不希望民间力量成为中国近代经济主体，反而唯恐它的壮大会妨碍“官权”即政府对经济领域的操纵，直到20世纪初，他还大倡“国家所宜与商民共之者利，所

① 《李文忠公全书·奏稿》卷9，第35页。
② 《李文忠公全书·奏稿》卷43，第43页。
③ 参见王承仁等著：《李鸿章思想体系研究》，武汉大学出版社1998年版，第194—196、201—202页。
④ 参见《张文襄公全集》卷219，《致瞿子玖》。
⑤ 参见《张文襄公全集》卷35，《增设纺纱厂折》。

不能听商民专之者权”之说。[1]可见在他心目中，并没有真正形成培植民间近代经济主体的意识。

而在日本，官府必须培植民间经济力量、促其成长壮大的思想，在幕末时期就已出现。1860 年，横井小楠在《国是三论》中主张：“通过富民，发展生产，可以富国、富士”，要让“民”“大大得便而受惠”。故官府应在不求利息的条件下向民间提供资金和物力支持，在先行试验的基础上向民间推广新技术和机器，并为民间疏通商品流通渠道，排除奸商欺诈、摸清市场行情，以使民间产品充分实现其价值进而卖得高价。[2]当时福井藩的改革，正是以横井的主张作为指导思想而展开，并获得相当的成功的。维新后、特别是在 19 世纪 70 年代初由众多政府要员组成的岩仓使团对美欧进行了长时间实地考察之后，日本当政者对于培植民间近代经济主体的重要性，也有了明确的认识。大久保利通归来后写道：“大凡国之强弱，基于人民之贫富，人民之贫富，系于物产之多寡，而物产之多寡植根于人民奋力于工业与否。……当今政府政官应作为急务者，必以求得保护人民之实为至切至要。”他认为当时的日本人“气性薄弱”，“诱导督促这薄弱者奋力、耐劳于工业，乃庙堂执政所应担当之义务”，只有这样做才能“兴起劝业殖产之事”。[3]在这里，促进民间经济力量的发展，已被大久保视为实现产业化之基础、经济政策的根本立足点。明治前期主掌财政的大隈重信，在发展近代经济问题上，“本抱放任主义而不喜（政府）干涉”，认为“事业之发达，以自由竞争最为重要，须使实业家呈现独立气象”。[4]关于政府与民间力量在兴办

---

① 参见《张文襄公全集》卷 68，《湘路商办窒碍难行应定为官督商办并举总理协理折》。

② ［日］山崎正董编：《横井小楠遺稿》，第 34—36 页。

③ ［日］安藤良雄编：《近代日本経済史要覧》第 2 版，东京：东京大学出版会 1995 年版，第 54 页。

④ ［日］正田健一郎：《日本資本主義と近代化》，东京：日本评论社 1972 年版，第 71 页。

近代企业过程中各自的角色问题，他指出：政府直接经办的企业，应是具有军事意义或事关国家政务而不便由民间兴办的企业；同时，可由或应由民间兴办的企业，在民间尚无足够财力与高深学识因而无法办起来、或虽然能办却又缓不济急的情况下，也要“政府先起……作出示范”，而这种示范性企业，“若赢利后政府依然经营不已，将在不知不觉中造成包揽状态，乖于劝诱之本旨”，[①]故“凡官立之事业，如归人民掌握得以赢利、有裨于国益，当逐步售予有此能力之商社等，以收上下之便，通彼此之利”。[②]显然，大隈对于政府，所强调的是其在产业化中的开创、示范作用，而他心目中的产业主体，则是在民间，日本的官办民用性企业向民间出售，正是由大隈重信率先提出的。1881 年后，松方正义主掌财政，他在培植民间近代经济主体问题上，观念与大久保和大隈并无不同，上任之前就明确表示：“与民业相关之事业，应断然使之归民所有……现今政府事业中属于民业者，应接受有志人民之请求，尽量向可出售者售出。”[③]他还将“各地或兴农谈会、设立商业会议所，或相继办起旨在交流争相改进工艺之知识、促使产业兴旺之议会”的状况，视为“最可嘉尚之美事”。[④]在掌管财政期间，松方正义自觉将建立和健全近代货币信用制度，以配合“劝业”、为民间提供“资本流通之便”、“举富强之实”，作为自己的使命。[⑤]

上述中日两国与民间近代经济主体相关的思想意识的差异，对

---

① ［日］早稻田大学史料中心编：《大隈重信関係文書》第 4 卷，东京：みすず書房 2008 年版，第 112 页。

② 《経済構想》，第 28 页。

③ ［日］大内兵卫等编：《明治前期財政経済史料集成》第 1 卷，东京：改造社 1931 年版，第 535 页。

④ ［日］正田健一郎：《日本資本主義と近代化》，第 71 页。

⑤ 《明治前期財政經濟史料集成》第 1 卷，第 433—438 页。

于两国近代工业乃至整个近代经济的发展产生了迥然不同的影响。在中国，曾为早期维新思想家所共同看好、亦为洋务大员所推行的官督商办与官商合办，虽然也对一些企业的兴办起了一定作用，但是民间近代经济力量的成长没有由此得到真正的推动，投入这类企业中的民间资本，实际上备受盘剥而怨愤不已，以致当初力倡官商合力发展近代产业的郑观应，最终发出了“名为保商实剥商，官督商办势如虎”的悲叹；[①]而在官督商办、官商合办企业之外，就连民间人士自由兴办近代企业的权利，在甲午战争前也因封建顽固势力的压制和洋务大员的漠视，一直未得承认。因此，那时民间近代经济力量极为微弱，完全无法胜任充当产业革命主力的使命。但在同时期的日本，由于促进民间力量成为近代经济主体这一点化为上下的共识，在政府大力殖产兴业的同时，民间资本（特别是与当政者关系密切的三井、三菱等工商业资本）的主体发展也得到了较好的外部环境与条件、并且愈来愈成为近代产业的柱石，官民因素结合在一起，使日本在1885年后进入了“企业勃兴”即近代经济起飞的阶段，拉开了产业革命的序幕。在此过程中，正是民间资本，对于具有关键意义的近代棉纺织业的建立，实际发挥了主力作用，[②]从而保证了日本产业革命的迅速展开。

三、有关建立近代金融制度、开辟海外市场的思想认识之比较

对于近代经济来说，金融是血液，市场是生命。在中日近代工

① 郑观应：《待鹤山房诗集》卷2，1909年铅印本，第21—22页。

② 参见前揭［日］石井宽治：《日本経済史》，第181页。

业的起步期，建立近代金融制度、努力开辟市场，是两国促进产业革命到来所必不可少的条件之一。要具备这样的条件，中日都不能像西方国家那样经过漫长的自发、自然过程，而必须充分发挥主观能动性，通过创造性的作为来实现。那么，在此问题上，中日的思想意识如何呢?

(一)关于建立近代金融制度的思想意识之比较

当中日开始建立近代工业之时，两国的金融都还是以传统形态居支配地位，服务于封建政权与旧式商业资本的需要，并且都已千疮百孔。在中国，清政府为镇压太平天国起义而采取的铸大钱、发行户部官票和大清宝钞之类的金融措施，引起严重混乱，迫使清政府在1862年宣布废止官票与宝钞；与此同时，清政府又日益依赖于征收商业税厘金这样的财政手段，以取得所需财源。这种状况，决定了中国近代产业在开始建立之初，资金筹措必然面临严重困难。在日本，幕末维新之际，金融混乱的程度较同时的中国有过之而无不及。直到1869年，就连至关重要的货币制度也还远远没有统一，244个藩、19个旗本领及14个县发行的各种纸币，竟多达1700种，此外还充斥着各藩为摆脱财政困难而铸造的大量劣质金属货币。[①]与此同时，高利贷横行，如明治初年负责财政的官员所说："在欧洲，(利率)最高百分之五六，低则百分之三四，然在日本，却是最低百分之七八，高则百分之十二三。"[②]在这种状况下，且不说推进产业化所需的资金极为难筹，就连明治政权本身的财政基础，也是没有保障的。显然，如何打破现状，为工业乃至近代经济的发展创出有

① 参见《経済構想》，第424页。
② 同上，第327页。

利的金融条件，是当时中日两国共同面临的课题。

从中国的情况来看，对于这样的课题形成明确的认识，是较为迟缓的。最早提出建立机器工业的魏源，对于资金的筹集考虑得非常简单，认为只需通过传统的政府行为，向广东“积年洋商与官吏……派数百万之军费”，就能解决问题，“财非不足”。[①]而冯桂芬在19世纪60年代初关于兴办军事工业的主张中，也完全没有考虑如何运用金融手段，只是提出“于通商各口岸拨款”、“移往时盐船、粮船费用”，以解决资金问题。[②]可见在他心目中，筹集资金主要是财政而不是金融问题。从洋务企业兴办的情况看，也确实都是以政府投资（相当部分为厘金、关税收入）作为基本的资金来源的。19世纪70年代以后，洋务大员开始运用招集商股以及借外债之类具有金融意义的手段，但对于创出近代金融制度的问题，依然没有深刻认识。甲午战争前，李鸿章没有对金融问题发表过什么议论，张之洞虽然有所涉及，但也只是出于一般性“便民”和维护“自有之权利”的考虑，主张并在其管辖范围内实行了机器铸造钱币而已。[③]在中国，有关创出近代金融制度的呼声，主要是在民间近代工业产生后、在早期维新思想家中出现的。他们除了鼓吹以股份公司的方式为近代产业筹集资金，必要时发行内、外国债之外，特别重视银行的开设。如王韬在呼吁允许民间兴办近代企业时，就讲到了“设银肆”即开设银行的问题；[④]钟天纬主张：开设国家银行和由商人集资在各省开设银行，发行可兑换的钞票。[⑤]郑观应强调：“商务之本莫切于

① 《魏源集》下，中华书局1983年版，第872页。

② 参见《校邠庐抗议》之《制洋器议》。

③ 参见河北省炎黄文化研究会、河北省社会科学院编：《张之洞与中国近代化》，中华书局1999年版，第230页。

④ 《弢园文录外编》卷2，第18页。

⑤ 参见叶世昌：《近代中国经济思想史》，第119页。

银行”，银行“为百业之总枢”，可以“聚通国之财，收通国之利”，具体而言，它可服务于政府资金的筹及与周转、服务于流通（包括外贸）和既有的银号、钱庄一类金融业，便于出洋华商的汇兑，特别是在中国金融易受外国在华银行控制的局面下，“非筹及（当为‘集’——引者）巨款创设银行，不能以挽救商情，而维持市面也”。[1]尽管他们这一类的主张，着眼点并没有离开为清政府“浚财源”的问题，但除了招集商股及借外债这些可以直接为洋务企业救资金短缺之急的主张之外，像开设银行这种最具关键意义的主张以及发行公债的主张，在甲午战争前，并没有对洋务大员考虑金融问题起到指导作用。当然，即使是早期维新思想家，创出近代金融条件（特别是开设银行）以服务于近代产业的主张本身，也还是相当初步和粗略的，相关的议论文字在他们的著述中只占很小的比重，尤其是对于根本改造传统金融体系的问题，他们还没有形成明确的主张。因此，就是他们的主张都化为清政府的方针，也还不能真正导致传统金融向近代的转变。

在日本，对于产业发展离不开良好的资金融通这一点，横井小楠在1860年的《国是三论》中，已经有了清楚的认识。他写道：民间在生产或增产可以出口取得利润的产品时，往往“力不足而不能如其意者多”，因此需要“官贷之以钱谷，以遂其意”，而贷出的钱谷（主要是藩内发行的纸币），以民间产品出售所得硬通货归还，不取利息。这样就能使“民大得其便且受惠”。此外，一般性的“工商亦同”，也需“贷之以米钱，予之以便利，使从其业而得利”。横井小楠认为，造成资金融通之便，“民间生产即可无限增进”。[2]横井

① 《盛世危言》卷5，第1、3页。
② 《日本思想大系》55，第442、443、445页。

小楠的主张，虽是以官府作为金融主体，还有一些传统色彩，但其中反映的以良好的资金融通作为产业发展必要条件的认识，不能不说是相当卓越的近代意识。横井小楠的这种认识，在明治维新后，得到了他在福井藩时的学生与助手、明治政府首任财政长官由利公正的继承。由利在任期间最重要的举措，就是面向全国发行纸币“太政官札”，而其主观意图，则“在于广泛向下贷之于民间，充实其资本，借以振兴殖产贸易，培植富国之源”。[①] 由利的这种意图，在后来负责政府财政事务的历任官员中，是一以贯之的。如处于大隈重信掌管下的大藏省，在1871年的一件呈文中写道：“货币流通之道，关系民产之盛衰、国之强弱，实为国家经济之首务。”[②] 这表明，大隈等财政官员已将金融问题视为整个国民经济的枢纽，充分理解了它对于民间经济发展与国家强盛的极端重要性，完全具备了近代的头脑。事实上，大隈重信在掌管大藏省期间，为解决殖产兴业所需庞大资金的问题，一直谋求逐步以近代金融手段取代财政手段的地位，为统一日本货币制度、建立近代金融体系作了持之以恒的努力。[③] 1881年后，松方正义掌管大藏省，在视金融为国民经济枢纽、以金融服务于近代产业这一点上，思想认识也与大隈完全一致，他指出：“方今之急务，非定货币运用之机轴……以达兴隆物产、遏制进口之目的不可。所谓定货币运用之机轴者何意？设立日本帝国银行是也。”[④] 他将实现币值稳定乃至于健全整个金融体系作为基本目标，在创设近代货币、信用制度问题上，采取了较大隈“更为适当、更为现实”的政策，并取得了成功，为产业革命的展

① [日] 加藤俊彦：《本邦銀行史論》，东京：东京大学出版会1957年版，第9页。
② [日] 菅野和太郎：《日本会社企業発生史の研究》，第60页。
③ 参见 [日] 正田健一郎：《日本資本主義と近代化》，第5章货币·金融制度，第117—120页。
④ [日] 大内兵卫等编：《明治前期財政経済史料集成》第1卷，第433页。

开提供了有效的金融保障。[①]

对于中日两国来说，近代金融体系的建立，仅凭本国现有的条件是无法实现的，应该而且必须借鉴当时西方的经验乃至于相关制度。在这一点上，两者之间在意识上也颇有差异。

从对西方国家近代金融状况的了解来说，中国人原本走在日本前面。魏源在《海国图志》中，就已经注意到英国的“国立银局”，对它发行纸币、办理国内外票据汇兑之类的职能有一定的了解。[②]而日本人了解到这些，则是19世纪50年代中期被打开国门之后的事情。但问题在于，魏源以及熟读其《海国图志》的冯桂芬，并没有提出过借鉴西方国家金融制度的主张，后来的洋务大员直到甲午战争前，也没有这样的意向。19世纪70年代后，王韬、钟天纬等根据其在境外的见闻，郑观应通过在外国洋行中做过买办的经历，对西方国家的金融制度及其作用的了解进一步增多，并开始提出学习西方金融制度，在民间发行股票集资、举借内外国债、特别是开设银行等主张，其中以郑观应最为激进，他认为：中国开设“利益甚大”之银行，要做到“一切条规悉仿西法”，“用人……亦宜仿照西例”，“宜令出使大臣将各国银行详细章程遍行翻译，然后准情酌理、择善而从”。[③]但是，这一类主张完全没有得到洋务派当政者的呼应，无从化为实际的积极政策。因此，直到甲午战争爆发，对于西方国家金融制度有一定了解的中国人，基本上没有超出洋行买办和亲履海外者的范围，至于学习、借鉴西方国家建立近代金融制度，则全然没有提上日程。

与上述情况形成鲜明对照的是，日本人在近代工业起步期接触

---

① 《近代日本経済思想史》I，第61页；《本邦银行史論》，第54—58页。

② 《海国图志》，光绪二年平庆泾固道署刊本，卷51，《英吉利国广述上》，第28页。

③ 《盛世危言》卷5，第4、5页。

到西方国家的金融制度之后，相当迅速地产生了学习与借鉴的意识。19 世纪 60 年代中期较长时间身在欧洲的涩泽荣一，“于经济界事务，诸如金融之运作、公债证书之运用、银行之经营、工商业组织之类……耳闻目睹其概况，惟知国家之富强，必有待于物质之事物如此进步发展”；回国后很快就对所在的静冈藩提出了成立银行与商会混合体组织的建议，并得到采纳；不久，涩泽因熟知欧洲国家经济运作而引起明治中央当政者高度重视，从 1868 年起被延入大藏省担任要职；在任 5 年间，他所做的最重要的工作，就是致力于确立近代货币制度、制定银行条例、组织股份公司，而这些均与学习西方、建立近代金融体系相关。[①] 涩泽的这些工作，受到了其上司大限重信的积极支持与高度评价。[②] 值得注意的是，明治政府在开始着手建立近代金融体系之时，还于 1870 年派要员伊藤博文等与吉田清成分别专程赴美英，实地考察其金融制度（包括货币的铸造发行、银行制度、公债、金本位制等等）；1871 年出访美欧的岩仓使团，也将西方国家的货币金融制度作为重要的考察对象。经过比较选择，1872、1873 年，明治政府相继制定、推出了以仿照美国银行制度为主要内容的国立银行条例、与发行公债有关的条例，正式启动了近代金融制度的创立过程。在此过程中，明治政府还聘请外国金融专家进行技术性指导、大力向民间普及近代金融知识、设立培养金融人才的“银行学局”，如此等等。[③] 众所周知，日本近代金融体系的形成过程，是在 1881 年后松方正义主掌财政时期大致完成的，而松

---

① 《雨夜談》，第 218、221、224 页。

② 大限在其回忆中，将当时的涩泽荣一列为与他志趣最相投的同志之一，并称：政府能渡过难关、处理好各藩原先所欠外债、统一货币制度等等，不能不归功于井上馨及涩泽荣一之材力。见《大隈伯昔日譚》，第 491、582 页。

③ ［日］加藤俊彦：《本邦銀行史論》，第 24、15—16 页；另参见［日］久米邦武编：《特命全権大使米欧回览実記》第 1 编第 2 卷、第 3 编第 46 卷，东京：岩波书店 1985 年版。

方也曾亲赴欧洲进行过金融方面的考察，他采取的最重要的金融措施——设立中央银行以发行兑换货币，完善银行体系，确立信用制度——是与借鉴比利时国立银行的制度与做法有直接联系的。他讲的一段话，最能反映当时日本有识之士的思想意识："今我中央银行亦取其模型（指比利时中央银行的制度）于此，参酌我国固有习惯，相信不惟适应我国国情，且其机构亦将大大完备。"①

在19世纪80年代后期，日本的近代金融体系已经确立起来，形成了以央行日本银行为首、遍布全国乃至国外的银行网络，统一的货币发行在克服了通货膨胀后实现了币值稳定，银本位制确立，调节国际收支均衡与国内经济成长关系、国际物价水平与国内物价水平关系的制度与手段，实质上都已具备，从而为产业革命造成了良好的金融条件。②然而在同一个时期，中国的金融状况还是旧貌依然，较之于近代工业建立之前，并没有发生实质性变化。这种结局的出现，原因固然是多方面的，但上述思想意识之别，不能不说是其中相当重要的一个方面。

（二）关于开辟海外市场的思想意识之比较

近代工业乃至近代经济的生存与发展，从根本上说取决于市场条件。在一般意义上，市场是分工与交换关系发生、发展、扩大的结果，不以人的意志为转移。但在近代世界资本主义广泛扩张的情况下，后进国家发展近代经济，又不能完全依赖于市场条件的自然形成，而必须具有明确的市场意识，因势利导，努力开辟市场。中日两国也不例外。

---

① ［日］加藤俊彦：《本邦銀行史論》，第59页。

② ［日］正田健一郎：《日本資本主義と近代化》，第121—122页。

应该看到，当时两国的有识之士，均有鲜明的重商意识，实际上也就是认识到近代经济的发展离不开相应的市场条件。但是，在通过经济制度变革瓦解封建自然经济、顺应商品经济发展趋势的问题上，两国差异巨大是人所共知的事实；且如前面所述，即使在当时两国先进思想家当中，为近代经济发展而冲破旧经济秩序束缚的意识，也大有分别。因此，就自觉因势利导、为近代经济开辟国内市场而论，两国的思想意识并非处于同一层面，这一点无须多论。这里只就史学界以往不太关注的有关开辟海外市场的思想意识，作一番中日间的比较。

按照传统观念，近代所谓开辟海外市场，总是与西方资本主义国家对外扩张的需要相联系，而不是其他国家应有的目标。实际上这是相当片面的看法。海外市场对于中日发展近代工业、展开产业革命来说，是不可缺少的资源，必须自觉加以恰当的利用，以扩大本国产业的市场空间，获取紧缺的硬通货与其他资源，并通过在海外市场上的竞争来促进本国产业素质的提高。完全可以说，积极开辟海外市场是当时中日的重要课题。

就中国而言，海外市场在近代以前很早就已客观存在，大量的茶丝等产品源源不断销往海外市场，曾使中国长期保持外贸出超的有利地位。但问题在于，中国传统经济思想中，过于缺乏对于海外市场的关注，更谈不上考虑如何扩大已有的海外市场问题。鸦片战争后，魏源对于外贸持积极态度，但主要是希望通过外贸换取中国“制夷”所需的船炮，取得改善清朝财政的大量白银，着眼点并不在于扩大中国的海外市场。从消除鸦片贸易的目的出发，魏源倒是为扩大西方国家正常商品在华的市场费了不少心思。[①] 冯桂芬在1861

---

① 参见《海国图志》卷2，《筹海篇四 · 议款》，第26—28页。

年编定的《校邠庐抗议》中，提出了茶丝出口为“富国之大原”的观点，但他是着眼于以茶丝出口改善鸦片贸易造成的中国的巨大外贸逆差，并非基于为发展近代经济而开辟海外市场的考虑。[①]至于早期维新思想家，基本上都对扩大出口贸易持积极态度，但他们的关注点，也多集中于贸易本身的利益。其中最典型的是王韬。他一贯把“通商于远许”作为“裕财用”的手段来看待，[②]认为其作用在于“以贱征贵，以贵征贱，取利于异邦，而纳税于本国”。[③]他强调在当时条件下特别有从事出洋贸易的必要，是考虑到“彼能来而我不能往，何能以中国之利权仍归诸中国”[④]，“令中西往来通商，毋滞财不动，而天下之利渐归中国矣”[⑤]。相对于王韬来说，郑观应与马建忠对于维护已有的、开辟新的海外市场，认识要明确得多：郑观应看到“今日茶有印度、锡兰、日本之争，丝有意大利、法兰西、东洋之抵，衰竭可立待乎？”主张“振兴丝茶二业……以争印、日之权”。这是着眼于维护中国已有的海外茶丝市场。此外，他还提出摹洋瓷之款制作瓷器运销欧洲，仿织外国绉绸运往各国，其他海外“所必需于我者，精制之而贵售之”[⑥]，这是希望开辟新的海外市场。马建忠认为在近代世界上，“求富之源，一以通商为准”，“欲中国之富，莫若使出口货多、进口货少”。所谓“使出口货多”，实际上也就是要不断开辟海外市场。为此，他主张“精求中国固有之货，令其畅销”，“除丝茶外，如牛革、羊毛、蔗糖、草编、棉花、

① 参见《校邠庐抗议》之《筹国用议》。
② 《弢园文录外编》卷2，第5页。
③ 《弢园文录外编》卷4，第19页。
④ 《弢园文录外编》卷10，第22页。
⑤ 《弢园文新编》，第334页。
⑥ 《盛世危言》卷3，第26—28页。

瓷器、大黄等物，皆已运往外国，亦宜随时整顿”。[①]不过，无论郑观应还是马建忠，维护已有的和开辟新的海外市场的主张，基本上还是从出口贸易带来“利”与“富”的角度提出的，尚未上升到视开辟海外市场为中国近代经济发展之必要条件的层面。正因为如此，他们为实现出口货多而提出的对策，就将重点放在如何提高出口货物品质、减轻其在本国的税负、增强本国从事外贸商家的实力这些问题上，而对于如何深入了解海外市场的状况、通过各种途径千方百计获取相关信息以服务于本国海外市场开辟的问题，则很少言及。像领事馆这种以照管本国与驻在国贸易、搜集海外市场信息为主要职责的外派机构，在他们的眼中主要是为照管侨务而设立，如郑观应认为：“迩来中国人民出洋贸易佣工者年多一年，不可胜计。洋人每肆欺凌，无由申理，乃仿西例，于各国设公使，于华民寄寓之埠设领事。”当然，他们也希望包括领事在内的外派官员“务将所办各局（事？——引者）以及地方风土人情、国政、商务、工艺、土产，随笔登记，回国进呈，摘要刊刻，以示天下”，但这是出于“知彼知己，决胜无形”的一般性考虑，而不是受开辟海外市场的强烈愿望驱动所致。[②]总之，即便是对于海外市场最为关心的维新思想家，也还没有真正认清它对中国近代经济发展的重大意义。至于洋务派当政者，在甲午战争前，主要是在夺回一部分洋货占据的中国市场方面有一定的意识，而对海外市场则谈不上真正的关心。虽然李鸿章也曾表示要鼓励出洋贸易、与西方国家争利，[③]但实际上并没有以之作为一项经济政策，更谈不上为之进行百折不挠的努力。因此，在整个洋务新政时期，中国已有的海外茶丝市场不仅没

---

① 《适可斋记言》，《富民说》，第1、2、4页。

② 《盛世危言》卷3，第6、8页。

③ 参见《李文忠公全书·奏稿》卷41。

有巩固，反而在激烈竞争中日益呈现萎缩之势。至于主动开辟海外新市场，更是毫无进展可言。

日本在国门打开之前，只有铜、水产、漆器等在海外有很小的市场，但积极开辟海外市场的观念，却从19世纪前期起，就在一些思想家头脑中形成。前面提及的本多利明，在所著《经世秘策》中写道："让船舶赴万国，运去我国之名产、良器、种种机巧，与各国之金银铜及其他长器、良产交易，则将渐臻丰饶。臻丰饶而国可强，国强而可免遭外国侵夺。"[①] 他所表达的是积极开辟海外市场有利于富国强兵的观念。到1860年，横井小楠在《国是三论》中，又非常明确地将积极开辟海外市场与本国生产的发展联系起来，指出："即使民间生产无量之多，如将其运往海外，亦不会减价，且无壅滞之忧。在如此状况下努力发展生产，将因此而富民，而生产发展又将富国富士。"[②] 基于这样的观念，他主张在西方国家与中国设立日本商馆，并仿照西方国家成立由商人、百姓自愿参加的商社，同心协力，出洋贸易。[③] 明治维新后，主张积极开辟海外市场更成为先进思想家的共识。如福泽谕吉，鲜明地提出了"国之富强在于贸易兴盛"的观点，认为"致富之道唯在于对外贸易之兴盛……即使视此为日本立国之第一急务，亦无不可"。他为日本当时"大开经营外贸之端绪，物产之出口海外者其额日益增加"感到庆幸。[④] 从明治政府当政者来看，对于开辟海外市场意义的认识，也是同样明确的。大久保利通在1875年，围绕促进出洋贸易问题写道："劝奖农工之方法，在于发展商业、疏通扩展销售渠道，以使之无忧于涩滞壅

① 《日本思想大系》44，第20页。
② 《日本思想大系》55，第444—445页。
③ 《横井小楠遗稿》，第95页。
④ 《福泽諭吉全集》第9卷，东京：岩波书店1970年版，第351—353页。

塞。是劝商事务至急最重之所以也。”[①]所谓“商业”与“销售渠道”，按文中的思路，具体是指外贸与海外市场。可见大久保是把发展外贸、开辟海外市场作为发展本国工农业的重要前提条件来看待的。这种思想，在次年他与大隈重信联名提出的一项建议中再次体现出来，内曰：将本国产品推向海外市场（具体指英国市场），不仅能够以所得售价就地偿还外债、购得所需外国物品，而且可以“充当本国物产融通之媒介，打下劝奖工业之基础”，因此，“注意使我国产品之已传播流布于海外、适宜于销售者日益抬高其声价自不必说，即使尚未出名之物品，纵然一时价贱受损亦当不顾，而将其样品之类推出，以供彼地市场之买卖，奠定满足海外各邦要求之基”。[②]正是在大久保与大隈主持经济政策制定的时期，千方百计振兴出口，成为殖产兴业政策的重要组成部分，日本上下为此作出巨大努力，包括通过外派人员，特别是设于各国的领事馆以及其他途径多方搜集海外市场信息，根据海外市场需求与竞争状况大力生产丝、茶、铜、煤等产品，引进先进技术改良出口产品的生产，由政府支持成立出洋贸易的商社，政府对于从事出口货物生产与输出的厂家与商家给予税赋优惠与金融扶助等等。1881 年后，松方正义主持财政事务，依然是以振兴出口作为重要目标。他在上任前提出《财政管窥概略》共 18 条，其中与出口贸易相关的就有 6 条，足见其重视程度。他指出：“现今财政之急务，在于兴本国之物产，开物货直输海外之便，以谋掌握贸易之权利。”为此，他主张促进丝、茶对欧美的输出和煤与北海道物品对中国的输出，组织严守外贸规范的出口贸易公司，以出口物品作抵押向货主贷款，设银行于国外以

① ［日］日本通产省编、水沼知一等撰：《商工政策史》第 5 卷，第 152 页。
② 同上，第 158 页。

便利贸易融通，等等。[①]不难看出，松方与大久保、大隈之间，在开辟海外市场方面的思想观念，完全是一脉相承的。日本在近代工业的起步期，由于对开辟海外市场认识明确，相应的政策方针保持着连续性，因而取得了相当大的进展：丝、茶在欧美的市场迅猛扩大，尤其是生丝，国际市场占有率直线上升，不断夺去中国原有的市场；[②]此外，对上海、香港与新加坡输出的煤，也从19世纪70年代起先后战胜英国与澳洲煤而执市场之牛耳。[③]正是在大力开辟海外市场并与中国等国竞争的过程中，制丝业成为日本“最早广泛地商品生产化和工厂生产化”的行业，[④]同时，由生丝等大量出口换取的硬通货，又为引进国外机器设备提供了支付手段，日本学者公认：在近代工业的起步阶段，“我国生产手段的输入，是由生丝出口支付的”[⑤]。总之，明治年间大力开辟海外市场的思想认识与政策措施，结出了丰硕的果实，适应了日本近代工业与整个近代经济发展的需要。与同时期中国的状况相比，反差是极为强烈的。

以上，笔者围绕中日近代工业起步期经济思想的若干问题，进行了比较。从中可以看出：对于创出资本关系的原始积累的要求，两国先进思想家的对应有充分、不充分之别，当政者的意识有积极顺应与消极回避之分；对于促使民间近代经济主体的形成，两国先进思想家的意识有强弱之差，当政者的态度更有性质之异；对于学习西方建立近代金融制度、开辟海外市场以服务于近代经济的发

① ［日］大内兵卫等编：《明治前期財政経済史料集成》第1卷，第532—534页。
② 参见姚贤镐编：《中国近代对外贸易史资料》，中华书局1962年版，第1226—1227页；严中平等编：《中国近代经济史统计资料选辑》，科学出版社1955年版，第82页。
③ 王承仁主编：《中日近代化比较研究》，河南人民出版社1994年版，第220页。
④ ［日］野吕荣太郎：《日本资本主义发展史》中译本，三联书店1955年版，第197页。
⑤ ［日］古岛敏雄等著：《流通史》，东京：山川出版社1981年版，第204页。

展，两国先进分子在认识上有先有后，而当政者的指导思想则不属同一体系。仅通过思想意识这个侧面的比较，就可以看清，中日两国的近代经济发展，在近代工业的起步期拉开了距离，绝不是偶然的。在当时的中国，洋务派的经济思想自不必说，就是早期维新派的经济思想，也远没有把握住中国近代经济发展的关键性问题，更谈不上为解决这些问题提供有力的思想指导。因此，那种过高估计早期维新派经济思想，特别是洋务派经济思想的近代意义的看法，似乎有重新反思的必要。

为什么同是在近代工业的起步期，中日两国的经济思想却出现了巨大的差异？限于篇幅，这里只能极为粗略地提出两点浅见：

首先是当时两国经济土壤差异的影响。

从根本上说，一种经济思想，是在相应的经济土壤上开出的花朵。在中国近代工业的起步期，自然经济体系依然相当牢固、商品交换还处于依附和补充自然经济的地位；封建统治阶级安身立命的物质基础还是自然经济，而商业资本的经济实力和对社会经济的影响，都还远未发展到与封建势力相抗衡的程度；中国近代工业的产生，在相当程度上，是欧风美雨的结果。与此相关联，建立近代工业所必须解决的一系列重大问题，在经济现实中，并没有清晰地展现出来。因此，即使是先进思想家，也不可能深刻认识到这些重大问题、提出相应的思想。至于本身还是封建统治集团股肱的洋务派当政者，就更不必说了。中国近代经济思想史的研究者大概都会看到：甲午战争前，在先进思想家中有一个普遍现象，即他们在赴海外、进入外国洋行，或通过某种途径受到西方思想影响之前，所表现出来的思想观念，与传统观念之间，都还看不到本质区别。拿最早正面否定农本商末观念的王韬来说，在出走海外之前，也还是一个典型的农本商末论者。这种状况只能说明，当时中国的经济现实，的确还没有向人们提出根本转变传统经济思想以适应近代经济发展的问题。在这样的经济土壤之上，不可能开出绚丽的近代经济思想之花。

而当时日本的情形，与中国有很大的不同。尽管在近代工业开始建立的时间上，日本与中国大致相近，并且同样受欧风美雨的影响，但其自然经济瓦解与商品经济发展的程度，却大大超过了当时的中国。日本在进入19世纪之后，商品经济的发展已渗透到中下层农民当中，同时在先进地区及其周边，出现了很多局部区域市场圈，从中不断涌现出上升者，社会经济向资本主义发展的可能性在渐渐加强；从商业资本来看，特权商人的地位在降低，而一般民间商人的力量在增强；面对这种状况，各藩统治者为了掠取农民商品经济发展的成果，大多推行专卖制、奖励本藩特产之类的经济政策，深深卷入到商品经济的浪潮之中。在日本国门被美国打开前夕，“农民商品经济的强劲发展与各藩自立性的加强，已使以幕府为顶点的幕藩制土地所有的框架及辅助它的幕藩制市场结构趋于分裂、解体”。[①]这种状况表明，日本在近代工业建立前后，经济发展阶段较中国更加接近于资本主义的前夜。这样的经济现实，使日本先进思想家对传统农本商末观念的突破（以海保青陵为代表），早在国门被打开之前的19世纪之初，就已自内发生；同时，也使得如何应对商品经济发展的问题，很早就成为关系整个武士阶级的切身利害，因而无法回避、必须千方百计寻求对策的重大课题。立足于这样的经济土壤，在近代工业建立之后，日本先进思想家与当政者与当时中国同类的人物相比，更能把握住近代经济发展的关键性问题并提出相应的思想及政策，当然不是不

① 参见［日］石井宽治：《日本経済史》，第79—90页。

可思议的事情。

其次，两国吸收西方近代经济思想的差别所带来的影响。

不可否认，学习西方，对于中日两国近代思想的形成都是不可缺少的重要环节。而在这个问题上，中日之间的差距早已众所周知。应该说，中国具有近代色彩的经济思想的产生，与学习西方有直接的因果关系。但问题是，中国思想家对西方近代经济思想予以关注较为迟缓（到1861年冯桂芬提出“辅以诸国富强之术”之时，所列举的具体内容，也还不包括西方近代经济思想与制度）；如前面所述，在近代工业的起步期，即使是先进的思想家，对于西方经济思想的了解，也还相当粗浅；并且，当所了解的东西与中国圣贤的古训发生抵触时，他们往往是以后者为依归，强调在根本原则上中国“要自有在”，就像王韬在是否以强力将资源引向近代产业问题上所表现的那样。这样，他们的近代经济思想的深度，自然要大受影响。至于洋务派当政者，甲午战争前对西方的学习，基本上限于船炮技艺之类，而西方的经济思想与相关制度，还不是他们感兴趣的问题；并且，像李鸿章与张之洞这样对经济政策的制定有举足轻重影响的大员，甲午战争前从未跨出国门一步，对于西方近代经济状况完全缺乏实际感受。因此，他们的经济思想观念摆脱不了传统的窠臼，是势所必然的。

日本的状况如何？作为一个有学习、吸收外国思想文化传统的国家，日本即使在所谓锁国时期，也没有真正中断对外国思想文化的了解与吸收，因此，西方近代经济思想在那时也通过兰学的途径影响到日本。[1] 19世纪初的本多利明与佐藤信渊，都与兰学有很深关系，其重商、要求大力从事海外贸易的主张，与所受西方影响直

① ［日］本庄荣治郎：《日本経済思想史》，东京：有斐阁1958年版，第43页。

接相关。[1]在国门被打开以及近代工业建立后，任职于幕府“蕃书调所”的神田孝平等兰学家，被幕府派往荷兰的西周等留学生，都以很大精力研究西方近代经济思想；[2]出身于兰学塾的福泽谕吉与商家后裔涩泽荣一等，通过亲旅美欧，深入观察其经济现实；身在国内的儒学者横井小楠，也将目光投到西方经济状况上；像大隈重信这样有志革新的武士，青年时代在藩内就已开始钻研兰学，幕末又奔赴长崎，拜西人为师，学习包括经济在内的西学。[3]这些经历，对于他们的近代经济思想的形成，影响颇大。从本文前面的叙述中可以看到，在对西方经济思想的取舍上，他们也是从现实需要出发，而不受古代圣贤教条拘束。明治维新中，著名的“五条誓文”将“求知识于世界”作为基本国策提出，因此，1871 年出访美欧的岩仓使团，囊括了政府众多高级官员，在将近两年的时间里，深入考察了西方社会。身为日本殖产兴业政策最大决策者的大久保利通，正是通过这次出访而最终形成其近代经济思想的。[4]在此前后，为研究具体经济问题而派员赴西方考察，实际上成为明治政府的惯例。与此同时，反映西方近代经济思想的读物也大量翻译出版，在日本国内广为流传。[5]另外，1877 年成立的东京大学，也从一开始就在文学部设“政治学及理财学科”，致力于培养通晓西方近代经济思想的专门人才[6]……不难看出，至少从德川幕府统治后期开始，一直到近代

---

① ［日］本庄荣治郎：《日本経済思想史》，第 45、158 页；［日］杉原四郎编：《日本経済思想四百年》，东京：日本经济评论社 1990 版，第 145 页；［日］杉本勋：《近世日本の学術》，东京：法政大学出版局 1982 年版，第 241—245 页。

② 参见［日］大岛清等：《人物 · 日本資本主義 1 · 地租改正》，第 116 页；［日］杉原四郎：《日本の経済思想家たち》，东京：日本经济评论社 1990 年版，第 10、37—38 页。

③ ［日］圆城寺清执笔：《大隈伯昔日譚》，第 10、17—18 页。

④ ［日］大岛清等著：《人物 · 日本資本主義 2 · 殖産興業》，第 192—193 页。

⑤ ［日］堀经夫：《明治経済思想史》，第 17—87 页。

⑥ 参见前揭《日本経済思想史論集》，第 34—35 页。

工业起步时期，日本是在持续不断地吸收西方近代经济思想，且波及面越来越大、影响越来越深，特别是到明治维新后，连政府主要当政者，也直接充当了西方近代经济思想的考求、吸收者。这样一来，日本的先进思想家与当政者在近代工业的起步期，能够把握住发展近代经济的关键性问题，并为解决这些问题提供有力的思想指导、制定相应的政策，就是很自然的了。

（原载于武汉大学中国传统文化研究中心主办
《人文论丛》2000年卷）

论甲午战争前中日西学传播主体之异

西学的传入与传播，是16世纪以来中日两国历史进程中的共同现象。但就西学的传播主体而言，两国之间有明显差异：在中国，直到甲午战争前，传播主体都是以传教士为主的西方人；而在日本，17世纪以后，由本国人充当的传播主体逐渐形成、壮大。这种差异，对于两国吸收西方近代文明成果乃至于近代化的进程，产生了迥然不同的影响。那么，中日何以出现这样的差异呢？这正是拙文试图探讨的问题。

一、研习西语之异

从1614年德川幕府开始厉禁天主教、驱逐在日的西方传教士以后，中日西学传播主体日显其异，是与两国研习西语的差异颇有关系的。

众所周知，明代后期利玛窦等传教士在徐光启、李之藻等配合下翻译西书，是西学传入中国的正式开端。对此，人们多予以高度评价，但往往忽略了一点：直到明亡，西学的传播完全被传教士操纵着，离开他们亲授，国人吸收西学别无途径。学养深厚的徐光启，因利玛窦不合作而无法了解《几何原本》全貌，就充分说明了这一点。究其原因，在于传教士掌握并运用汉语，使徐光启等能很方便地通过他们获取知识，而不必研习西语、直接读西书；久而久之，这种方便变成了对传教士的高度依赖，而自主地吸收和传播西学所必不可少的西语基础，则没有奠定。从清朝入关到18世纪初期，传教士运用汉语传播的有关天文、地理、数学等方面的西学，依然颇受最高统治者与相关学人重视。但是，清朝上下（除康熙帝等个别的例外）基本沿袭明代旧套，还是满足于通过传教士吸收所需的东西，而不研习西语、自读西书，依赖性并无改变，因而即使在关系重大的尼布楚中俄谈判中，清朝也要靠传教士充当翻译并起草条约的拉丁文本。[①] 18世纪初，清政府感觉到不通俄国文字之弊，曾下令选拔蒙、汉军旗人到设于京城的俄罗斯文馆学习俄语，[②] 但“日久视为具文，未能通晓”。[③] 雍正以后，随着清政府禁止天主教传布日益严厉、对外封闭不断强化，研习西语、接触西书更不在统治者考虑之列。因此，鸦片战争爆发后，清政府在与英、美、法交涉中，一概看不懂它们外交文件的原文，还是依赖于传教士的笔译、口述。此时，清政府和学人群体在掌握西语方面，较之200多年前徐光启之时，没有进步可言。与清朝漠视对西语的研习相反，西方势力即使在清政府实行禁教政策以后，也从未改变研习中国文字以服务于对华扩张的传统：俄国人利用在北京开设的俄罗斯馆，持续不断地从事包括汉、满语在内的汉学研究；法国巴黎早已开始的汉学研究也不曾停止；19世纪初，以马礼逊为代表的英国传教士，开始

---

① 参见陈霞飞译：《张诚日记》，商务印书馆1973年版；朱静编译：《洋教士看中国朝廷》，上海人民出版社1995年版，第39—40页。

② 高文风：《我国的第一所俄语学校——俄罗斯文馆》，《黑龙江大学学报》（外语版）1979年第2期。

③ 中国近代史资料丛刊《第二次鸦片战争》第5册，上海人民出版社1978年版，第345页。

在中国沿海和东南亚地区展开汉语研习活动；鸦片战争前后，美、法都有汉语水平不低的传教士来华；在鸦片战争时期，充当中西之间语言媒介者，全都是传教士为主的西方人……这些史实，人所共知。总之，在国门被打开之时，中国的“主流社会”尚无西语基础，而传教士为主的西方人却有较高的汉语水平。这就导致西方人在华操纵西学传入和传播的局面不能扭转。

17世纪以后的日本则是另一种情形。在德川幕府厉禁天主教、实行锁国政策的200多年里，作为西方人获准留在日本的，只有为数甚少、无意传教的荷兰商人及其保健医生，其中，“称得上有教养、富于智慧的人物……不超过十人”，能操日语者则更少。[①] 至于其他西方国家，对远东的注意力主要被中国所吸引，在相当长的时期内基本撇开了日本（只有俄国利用漂流到其境内的日本渔民了解日本情况、研习日文）。因此，西方国家在19世纪开始向日本进逼之时，要么像俄国，只能运用令日本人不知所云的日语，[②] 要么像美、英、法，基本不懂日语。[③] 在此状况下，日本人没有可依赖的对象，如果不掌握西语、不自读西书或借助于西方传教士的汉文著作，就无法理解和获取西学新知识。而推行锁国政策的日本，仍通过荷兰人与西方世界保持着联系，并要求到日本贸易的荷兰船只提供“风说书”，以获取有关海外信息，同时，日本还需要西方的天文、地理、枪炮和医、药之类的学问。因此，日本除了继续保持研习汉语、引进汉籍的传统之外，还积极展开对于西语的研习。于是，平日直接与荷兰人打交道的“通词”，被幕府赋予研习荷兰语言文字的

---

① 参见［日］多纳尔多·金著、芳贺彻译：《日本人の西洋発見》，东京：中央公论社1968年版，第12页。

② 参见［日］惣郷正明：《洋学の系譜》，东京：日本研究社1984年版，第85页。

③ 参见培理：《日本远征记》（二）日译本，东京：岩波书店1953年版，第189—190页；［日］石井孝主编：《横滨市史》第2卷，东京：有邻堂1972年版，第154页。

义务；幕府御医与许多藩医，还有幕府天文方的官员等，奉命在荷兰人到江户参觐期间，或直接到荷兰人所在的长崎，向荷兰人学习语言和相关知识；甚至有的幕府重臣，如1709年至1716年执掌幕府中枢的新井白石，有的大名，如丹波福知山藩的朽木昌纲、中津藩的奥平昌高，也对研习荷语颇为投入。① 经过长期努力，到19世纪，日本已具有相当可观的荷语基础，并针对西方国家日益逼近的形势，将研习西语的范围扩大到俄、英、法、德语，幕府还于1811年在天文方设立执掌西语翻译的"蛮书和解御用挂"。② 当培理舰队1853年叩关时，日方已能不同程度地运用荷、法、英语与美方交涉。像这样，凭借较深厚的荷语基础，日本人很早就直接阅读荷籍，最迟在1682年以后，开始了对荷籍的独自译介，③ 到国门打开之前，已译介了不少反映西方医学、植物学、天文地理学、物理化学等方面知识的荷籍，并借助于荷语有效吸收了商馆人士直接传授的知识，实际上已开始形成日本自己的西学传播主体。当然，锁国期间，西学对日本的传入与传播并非完全不受制于西方人，当时日本能够接触到的西学，都要靠西方人送上门来，故传入的主体还是西方人。

如上述，中日两国在各自被西方打开国门之时，自主地吸收和传播西学所必不可少的西语基础迥然不同，因此中国不存在像日本那样粗具雏形的本国西学传播主体。问题还在于，从中日跨入近代门槛到甲午战争前，这种差异不仅没有缩小，反而进一步扩大。

本来，鸦片战争中清朝因不通西语而陷于被动的事实已经充分暴露，魏源有鉴于此，明确提出了"立译馆，翻夷书"的主张。④ 然

---

① 参见［日］沼田次郎：《洋学》。

② 参见［日］杉本つとむ：《江戸時代蘭語学の成立とその展開》第Ⅰ部，东京：日本早稻田大学出版部，1976年版，第831—940页；前揭《洋学》，第223—226页。

③ ［日］杉本つとむ：《江戸時代蘭語学の成立とその展開》第Ⅰ部，第13页。

④ 《圣武记》，中华书局1984年版，第499页。

而，在其后近20年间，这一主张在当权者与士大夫群体中未得到任何回应，学西语、读西书的风气全然未起，以致清政府在第二次鸦片战争中，与鸦片战争时完全一样，对英、法、俄、美各国的外交文件原本还是一概不识，语言媒介仍靠传教士充任。[①]显然，中国在进入近代以后，奠定西语基础的迫切任务又被延误了近20年，本国的西学传播主体自然也迟迟不能形成。1860年后，清朝当权者总算认识到对外"语言不通，文字难辨"的严重危害，着手培养西语人才；[②]先进思想家冯桂芬也继魏源之后，猛烈抨击了"官员绅士"一概不识西文的现状，呼吁设立翻译公馆、培养外语人才并译介西方自然科学书籍。[③]于是研习西语和翻译西书的机构在京、沪、穗等地相继设立，进而在1872年又开始向海外派遣留学生。清朝的"主流社会"终于开始迈出了研习西语的步伐。但毕竟基础过于薄弱，加之阻力重重，因而到甲午战争爆发，中国自身的西语水平在总体上依然很低，西学传播主体尚未成长起来。那时汉译西书，绝大多数沿用明代以来的方式，由传教士口述、本国人形诸文字；至于本国人直接从事译介者，不仅为数甚少，而且素质也普遍偏低，如马建忠所言："大抵于外国之语言，或稍涉其藩篱，而其文字之微词奥旨与夫各国之所谓古文词者，率茫然而未识其名称，或仅通外国文字言语，而汉文则粗陋鄙俚，未窥门径。使之从事译书，阅者展卷未终，俗恶之气触人欲呕。"[④]

反观日本：众所周知，清朝在鸦片战争中惨败，对当时的日本形成了巨大冲击，促使武士阶级中抱深重危机感的有识之士，急于吸收

---

① 参见中国近代史资料丛刊《第二次鸦片战争》第3至5册所载档案资料，上海人民出版社1978年版。

② 中国近代史资料丛刊《第二次鸦片战争》第5册，第345页。

③ 参见《校邠庐抗议》之《上海设立同文馆议》、《采西学议》。

④《适可斋记言》，中华书局1960年版，第90—91页。

西方长技以强化国防，并为此迅速转向对西语的研习，如幕末的风云人物佐久间象山、胜海舟、桥本左内，从1844年以后相继投入对荷语的研习，并力促幕藩统治者加大国内研习西语的力度。佐久间象山还推动荷语“通词”深入进行法语研究，胜海舟则于1851年办起兰学塾，桥本左内也在本藩发起成立“洋书习学所”。[①]与此同时，幕府也指示长崎的荷语“通词”，直接师从违禁来日而遭囚禁的美国人，强化对英语的研习。[②]此外，西南雄藩萨摩、长州、肥前及幕府亲藩水户、福井等众多藩国，也对研习荷语、引入兰学予以高度重视、积极应对。[③]1853年美舰叩关及随后的国门打开，更强烈地刺激了日本研习西语风气的广泛兴起。于是，在1856年，幕府培养幕藩西语人才和翻译西书的“蕃书调所”（后称“洋学所”）成立；各藩也更普遍地展开洋学研习，并为此分别派武士前往长崎，[④]如有名的大隈重信就被肥前藩派到长崎，从英人学习西语、西学；[⑤]在民间，众多洋学塾也吸引了全国各地的学子，其中包括在明治时代成为最著名的西学传播者的福泽谕吉、加藤弘之、中江兆民等。[⑥]1860—1862年，日本分别开始对西方国家派出使团、留学生，对西语的研习与运用进入更高层次。明治维新开始后，“求知识于世界”成为日本基本国策，更使得研习西语自上而下蔚然成风，译介西书成为学界、出版界

---

① 参见《日本思想大系》55《渡辺崋山 · 高野長英 · 佐久間象山 · 横井小楠 · 橋本左内》，东京：岩波书店1971年版，第727页；[日] 大久保利谦：《幕末維新の洋学》，吉川弘文馆1986年版，第39页。

② [日] 大久保利谦：《幕末維新の洋学》，第324页。

③ 参见 [日] 原口虎雄：《幕末の薩摩》，东京：中央公论社1994年版，第146—149页；[日] 田中彰：《幕末の長州》，中央公论社1994年版，第41页；圆城寺清执笔：《大隈伯昔日譚》，立宪改进党党报局，1895年版，第5页；[日] 沼田次郎：《洋学》，第203页。

④ 1854年到长崎的福泽谕吉说：“那个时候，各藩的洋学研究者……都到这里来”，见《福泽谕吉自传》中译本，商务印书馆1995年版，第21页。

⑤ 见 [日] 圆城寺清执笔：《大隈伯昔日譚》，第10页。

⑥ 参见《福泽谕吉自传》，第67—78页；《日本の名著》30所载 [日] 加藤弘之《経歴談》，东京：中央公论社1972年版，第470—475页；[日] 桑原武夫：《中江兆民の研究》，东京：岩波书店1966年版，第23—24页。

最大的热门，西语大得用武之地而吸引众多俊才登堂入室。这样一来，到七八十年代，日本人就得以独自完整、准确地译出卢梭的《民约论》、亚当·斯密的《国富论》、李斯特的《政治经济学的国民经济体系》之类的西方近代经典著作。这表明，至少在人文、社会学说方面，日本在甲午战争前已经形成了高水平的西学传播主体。

从上述可见，西语基础原本非常薄弱的中国，由于统治者与士大夫群体的严重惰性，即使到了近代，研习、掌握西语的进展在总体上依然相当缓慢，从而影响到本国的西学传播主体直到甲午战争前也尚未形成；而近代以前本国西学传播主体已粗具雏形的日本，国门打开以后对西语的研习一浪高一浪，没有任何停顿和延误，到甲午战争前，西语早已不构成语言障碍，高水平的西学传播主体也成长起来。

二、对于西学、本国西学传播主体的内在需要之异

由本国人充当的西学传播主体，在中日两国能否形成并充分发挥作用，固然与西语基础深厚与否密切相关，但从根本上说，还是取决于两国对西学和本国的西学传播主体的需要程度如何。因此，还有必要就这一点进行比较。

上面所说的需要程度，在近代以前的中日两国是很不相同的。

就清朝统治者而言，那时最需要有关天文历法的西学知识，这可以直接通过西方传教士获取，与西方国家交涉需要中、西语传译，也可以靠传教士来解决问题。所以，即便在推行禁教政策的情况下，清廷对服从规矩的西方传教士也并不驱逐，如钦天监，直到道光六年（1826）以前，尚有传教士任职。[①]这样，本国人充当的西

① 参见《清史稿·志》九十《职官二·钦天监》。

学传播主体，在统治者看来并无存在的必要。岂止如此，清朝出于“严中外之大防”的考虑，除特许行商、通事、买办最低限度地了解一些商用西语外，唯恐一般民人学习西语，“嘉庆间，广东有将汉字夷字对音刊成一书者……而粤吏禁之”，就是典型例子。[①] 再从当时作为中国文化载体的士林来看，空谈性命或醉心于传统典籍的训诂考据，在统治者鼓励下长期成为学术主流，即使嘉道年间崛起的经世派，在鸦片战争前也还是从传统文化中寻求思想资源，对吸收西学尚无起码的要求。因此，本国的西学传播主体当时根本没有依托，无法立足，难以形成是势所必然的。

日本在国门打开之前，对西学的需要程度似较同时期的中国更大：除了天文历法的相关知识外，西方医药学之类也受到从幕藩统治者到民间各阶层的高度重视；同时，幕府与荷兰人打交道也相对较为频繁（驻日荷兰商馆馆长与属下从1609年起到江户参觐幕府将军，这种参觐在1633年至1790年几乎每年都进行，1790年以后每5年一次，到1850年为止，共参觐167次），[②] 故离不开荷语媒介。再从日本学界来看，至少在进入18世纪以后，朱子儒学的统治地位不断削弱，所谓“国学”、“兰学”都占据了各自的阵地。兰学萌发于西医学而又不断扩展其学问范围，延及于自然科学、世界地理、社会经济、艺术等领域，兰学家及其所影响的文化群体对西学的需求呈日益强烈之势。可见，日本对西学的需要程度大于同时期的中国，是很明显的。但如前述，因1614年后外国传教士被全部驱逐和西方国家在很长时期内将日本撇开、荷兰人缺乏主动传播西学的热情与条件，故日本获得所需西学知识的难度也大于中国，在很大程

---

① 《魏源集》下，中华书局1983年版，第868页。

② 参见《長崎オランダ商館の日記》，东京：岩波书店1956—1958年版；《オランダ商館長日記》，东京大学出版会1976年版。

度上只能靠本国人主动汲取和传播。这就客观形成了对于本国西学传播主体的内在需要。正因为如此，幕藩统治者与学界的相关人士，事实上都程度不同地对本国西学传播主体的形成起了推动作用（当然，统治者出于锁国政策的需要，同时也竭力将本国西学传播者严加控制），该主体在本国社会有所依托、得以立足，在国门打开之前就已粗具雏形，是不奇怪的。

为进一步说明问题，这里不妨考察一下近代以前与两国自身的西学传播主体形成相关联的“通事”与“通词”问题。

清朝入关以后的中国和德川时代的日本，最早学习西语并直接运用西语与西人打交道的，分别是政府特许的所谓“通事”、“通词”。他们的共同职责是：负责与外商之间的语言沟通、向外商传达本国的有关规定、协助官府监督外商的行动。对于两国形成自身的西学传播主体来说，“通事”与“通词”都理应前驱先路，肩负为之创造语言条件的使命。然而，实际状况却大相径庭。

首先，中国的“通事”与日本的“通词”，职责虽有共同之处，但所处地位大不相同：前者是垄断外贸的行商所雇用的人员，不要说在当权者眼中，即使在社会上一般人看来，也是相当卑微的，直到 19 世纪 60 年代，连冯桂芬这相当开明的人物，提到“通事”也充满鄙夷，说“其人率皆市井佻达游闲、不齿乡里、无所得衣食者始为之”①；而后者属于德川幕府管理外贸机构的组成部分，具有官员身份，这从长崎“通词”吉雄耕牛 1783 年所写“授吉雄家学之秘条”落款“阿兰陀译官”，② 1808 年著名长崎“通词”马场佐十郎被幕府任命为“天文台诘”，后又充当“蛮书和解御用”，③ 都可以得到证明。地

① 《采西学议》，载《校邠庐抗议》。

② 原件录于［日］古贺十二郎：《西洋医術伝来史》，东京：日新书院 1942 年版。

③ 前揭《江戸時代蘭語学の成立とその展開》第Ⅰ部，第 579—580 页。

位的差异，实际上折射出当时这一类人对于两国的实际意义之别。

其次，“通事”与“通词”各自实际所起的作用也相去很远。清朝统治者一般将“通事”的作用严格限制在协办对外商务、管理外商活动的范围内，除了地方当局在接到外人递交的西文时，偶尔让一些“通事”辨认、述其大意之外，真正重大的对外交涉极少让“通事”介入：1793—1794 年英使马戛尔尼来华期间，清廷让在京葡人索德超而不是让“通事”充当译员；[1] 1816 年英使阿美士德赴京，译员由英方自带，清廷也同样没有安排“通事”充当语言媒介；[2] 鸦片战争中，只有琦善在赴粤与英交涉期间，让曾当过外商买办的鲍鹏充任译员，而“通事”则从未在中外交涉中出场。[3] 相比之下，日本的“通词”所起的作用就广泛多了：他们不仅涉足于对外商务，而且充当政府对外交涉的语言媒介——荷兰人每次到江户参觐都由“通词”陪同并任翻译，[4] 1853 年美舰叩关及其后的重大交涉无不由“通词”居间翻译；[5] 德川时代每当西方人违禁抵日被扣，“通词”也必定会介入讯问；[6] 在荷兰商馆人士获准向日本人传授西

---

① 参见［英］斯当东：《英使谒见乾隆纪实》中译本，上海书店出版社 1997 年版，第 277、322、556 页。实际上，清廷所安排的葡人后来还是被英使所找的译员所代替。

② 参见《清代外交史料》嘉庆朝五。

③ 众所周知，林则徐赴粤禁烟期间曾延揽识西文者为之翻译西文书报。从现有资料看，林所延揽之人，都与西方传教士有关联，其中袁德辉据说在清朝理藩院当过通译，不属于本文所说的“通事”，且不曾在清朝与西方国家的正式交涉中出现过。参见杨国桢《林则徐传》增订本，人民出版社 1995 年版，第 217—218、251—252 页。林的做法在当时是出于禁烟的需要，似还不是因重视掌握西语本身的意义所致，且为统治集团所难容。

④ 参见《長崎オランダ商館の日記》；《オランダ商館長日記》，东京大学出版会，1976 年版。

⑤ 参见［日］培理：《日本远征记》（二）（三）；［日］石井孝主编：《横滨市史》第 2 卷。

⑥ 如 1708 年意大利传教士西多奇违禁潜入日本，被逮捕后押至江户，受到当时主持政务的新井白石讯问，通词今村英生等参与，并起了很大作用（参见前揭［日］沼田次郎：《洋学》，第 49 页）；1811 年俄舰“迪亚纳”号违禁驶至日本国后岛，日方逮捕该舰舰长格罗宁，将其关押两年多，其间通词井上贞助、马场佐十郎等参与讯问，并向其学习俄语（参见格罗宁：《日本幽囚記》日译本，东京：岩波书店 1948 年版，上、中册）。

学知识（如商馆医生、德国人希伯尔特1824—1828年间在长崎开办“名滝塾”）的场合，“通词”还负责牵头组织和翻译；[①]当幕府对一些西书发生兴趣时，通词还须从事译书工作，如马场佐十郎，便于1811年受命主持翻译《肖迈尔家用百科辞书》（当时译作《厚生新编》）。[②]此外，一些“通词”还很早就在本行之外兼习西医，其中有的还颇有成就，成为日本西医的重要门派；广为收徒传授西语（主要是荷语）、西医的“通词”也不少见。[③]中国“通事”与日本“通词”所起作用的差异，实际上反映出两国社会对于西语乃至西学的内在需要不同。

第三，“通事”与“通词”的西语水平相差甚大。中国近代以前乃至于近代之初“通事”的西语水平，通常都是被人拿来取笑的谈资，如从鸦片战争前到第二次鸦片战争后长期到广东贸易的一位外商写道：“除了行商，中国人和洋人接触最多的是通事们……他们只通中文，并不懂洋文”。[④]而冯桂芬在1861年对于“通事”西语水平所作的评价，较这种说法也高不了多少：“其能不过略通夷语，间识夷字，仅知货目数名与俚浅文理而已。”[⑤]追溯起来，清代留下姓名的“通事”颇为少见，至于为中国奠定西语基础作出贡献、有据可查者，更无其人。可以说，这个群体完全没有担负起为本国西学传播主体的形成创造语言条件的使命。德川时代特别是18世纪以后日

---

① 参见杉本つとむ：《江户時代蘭語学の成立とその展開》第I部，第867页。

② ［日］沼田次郎：《洋学》，第154—155页。

③ 身为通词、从荷兰人学医而成为名医的，有泽野中庵、西玄甫、本木良意、楢林镇山等；18世纪最有名的通词吉雄幸左卫门，据说门徒有千人之多；马场佐十郎1808年到江户担任幕府官职以后，办起了名为“三新堂”的学塾，对荷兰语教育产生了巨大的影响。参见［日］沼田次郎：《洋学》。

④ ［英］威廉·亨德：《广州番鬼录》，见《鸦片战争》第1册，神州国光社1954年版，第271页。

⑤ 《校邠庐抗议》，《采西学议》。

本的“通词”则大不相同，这个群体以相当的精力投入对于西语的语言学研究，其中的佼佼者如志筑忠雄（1760—1806）、马场佐十郎（1786—1822）、吉雄权之助（1793—1840）等，翻译、撰写了不少颇有分量的研究荷、俄、英语语词和文法的著作，成为造诣很深的语言学者；[①]此外，日本在国门被打开之前，主要依靠“通词”的努力，已有了不少外语词典和语法书，其中包括收入5万词条的荷日词典《波留麻和解》（1796）、在其基础上压缩而成的《译键》（1810）、较之《波留麻和解》内容更丰富的《长崎波留麻》（1833），收入5900词条的英日词典《谙厄利亚语林大成》（1814），以及法日词典《拂郎察辞范》（1817年前后），包括法语语法解说、单词和会话内容的《和佛兰对译语林》（1822年以前），分天文、地理等12类收集俄语单词的《俄罗斯语小成》和《鲁语文法规范》，等等。[②]这些词典、语法书成为当时洋学者群体阅读和翻译西书（主要是荷籍）、各洋学塾进行西语（主要是荷语）教学的基本依据。[③]应该说，认为“通词”最先创造出日本本国西学传播主体形成所不可缺少的西语条件，是一点也不夸张的。中日的“通事”与“通词”之间西语水平相差如此之大，发人深省。冯桂芬在解释“通事”西语水平低的现象时，将板子打在“通事”身上，说：“其质鲁，其识浅，其心术又鄙，声色货利之外不知其他……安望其留

① 参见［日］杉本つとむ：《江户時代蘭語学の成立とその展開》第I部。

② 参见［日］惣郷正明：《洋学の系譜》，沼田次郎：《洋学》。

③《福泽谕吉自传》中写道：他在幕末最著名的绪方洪庵的适适斋塾学习期间，读外文的物理书或医书只能依靠塾中唯一的词典《兹甫》（即《长崎波留麻》，因该词典是在荷兰人兹甫的协助下编成的，故又被称为《兹甫波留麻》——引者），该词典被当时的兰学界奉为“唯一无二的宝书，日本人争相传抄”，“当时各藩的大名往往都向学塾订购一部《兹甫》的手抄本，因此抄写这部词典又成了学生们的经济来源”。见该书中译本第69、71页。可见由“通词”编纂的外文词典对于兰学塾、兰学群体乃至于喜好兰学的统治者有何等大的作用。

心学问乎？”[1]这是很片面的。事实是，近代以前的“通事”所会的西语，除了协办对外商务和管理外商日常活动之外，几无用武之地，即使在职责范围内，他们的主要时间与精力也不能投入对西语的研习与运用，而是用来帮外商“照料日常事务，如侍候自城中出来的官吏们，检验出入口的货物，替这些税吏们填写税表呈报户部衙门，以备登记，以付收税。……不分昼夜地……办理各色繁琐的事情”。[2]给予“通事”以特许的清政府，只不过将其作为管理对外商务的工具，从未进一步要求其对提高西语水平承担义务和责任，在已知的涉及“通事”的清朝文档中，我们看不到与这种要求相关的内容。显然，清朝的“通事”是处在一个西语水平高、低均无关痛痒的氛围之中，根本没有促其深入研习西语的内在与外在推动力。德川时代日本的“通词”则不同，如前述，社会对其西语能力的需要是多方面的，因而无论是幕府当权者还是他们自身，都对其西语水平有很明确、很高的要求，这强有力地促使他们不断钻研，并适应形势变化学习西语中的新语种。[3]不难看出，中日的“通事”与

---

① 《校邠庐抗议》，《采西学议》。

② 《广州番鬼录》，见《鸦片战争》第1册，第271页。

③ 现存1671年荷语通词的呈文《阿蘭陀通词起請文前書》中，有“可将荷兰文字、南蛮文字（即葡萄牙文字——引者）皆按原意准确恰当译为日本语”等语，可见那时通词对其西语能力的要求和自信度之高。1715年，长崎奉行在其拟定的《阿蘭陀方通事法度書》中，要求通词及其儿子平时致力于对荷语说、读、写的训练，对达到熟练程度者予以奖励；在增补新的通词之时，西语水平不佳者，即使出身于通词世家，也不予以考虑。足见当权者对于通词的西语能力要求之明确、之高。以上史料，均见于林煒编《通航一覧》，卷148。据《长崎ォランダ商馆の日記》1673年11月9日的记载，数名10岁至12岁的少年奉长崎奉行之命到出岛学习荷语的读写。另外，通词由研习荷语进而扩展到研习英、俄、法语，或由于政府命令（1808年英舰“费顿”号闯到长崎港，交涉中因通词不通英语而仰求于荷兰人。幕府有鉴于此，1809年令通词学习英语。是为通词研习英语之正式开端。同年，幕府鉴于俄国日益进逼，令通词同时学习俄语），或出自通词本身的要求（1807年，俄舰袭击了南卡拉夫托岛和埃托洛夫岛上的日本居民村落，并以俄、日、法、满文致书松前藩。通词不识法文，央请荷兰人始得译出。事后，石桥助左卫门等六名通词向幕府请求跟随荷兰人学习法语，于1808年获准）。

“通词”之间在西语水平上的差距，真实的根源在于社会环境之异，而不是人的资质之别。

第四，“通事”与“通词”各自与所处社会当权者和学界的关系也大有差别。近代以前清朝的“通事”与当权者的联系，基本上是围绕对外商务、外商活动的管理问题而发生的权力与工具之间的关系，并没有基于对西语之共同兴趣的联系。“通事”所会的西语，只对其充当被限定的工具有意义，而对于当权者本身来说则没有什么用处（康熙帝曾跟传教士学拉丁语，[①]林则徐在禁烟中也学过一些西语词汇，但这在清朝是极个别的例外，且都与“通事”无何关联）。至于学界，基本上是将“通事”视为言之齿冷的卑贱蠢笨之徒，即使在冯桂芬这样的人看来，他们也不配与所谓“读书明理之人”为伍，[②]足见相互间鸿沟之深。这样一来，在近代以前，即使“通事”群体所掌握的那点可怜的西语，对于清朝所谓“主流社会”也没有什么波及效果可言。第二次鸦片战争后，当清朝当权者与学界有识之士开始推动对西语的研习时，“通事”没有成为他们利用的资源。后来中国自身的西学传播主体形成的实际过程，与“通事”基本没有什么联系。相比之下，德川时代的“通词”的情形颇不相同。对当权者来说，“通词”既是商务工具，同时又是他们赖以获取西方信息与西学知识的重要媒介，故从幕府将军、幕臣到藩主及其家臣，只要对西学或西方事物感兴趣，都与“通词”产生直接的联系。如以开明著称的将军吉宗，不仅本人常在荷兰人晋见时与“通词”直接接触，而且还令幕臣青木昆阳、幕医野吕元丈在“通词”协助下，与到江户的荷兰人对谈；又如前面提到的 18 世纪之初的新井白

① 见梁启超：《变法通义 · 论译书》，《饮冰室合集》1，中华书局 1989 年版，第 66 页。
② 《校邠庐抗议》，《上海设立同文馆议》。

石，身为重臣而能主动向到江户的荷兰人、“通词”请教，学习荷语，由此获得关于世界历史地理的知识，撰写出《西洋纪闻》、《采览异言》这些有关外部世界的著作，成为兰学先驱；[①]再就各藩而言，将藩医派往长崎就学于荷兰人与“通词”，是常见现象，一些号称“兰癖”的藩主，还与有学问的“通词”建立起很深的友情，于是就有这样的事情：1810年，中津藩藩主奥平昌高以自己名义出版两卷本《兰语译撰》（一种日荷词典）时，请“通词”马场贞由用荷兰语为之作序，并刊于卷首。[②]至于学界当中，所谓“兰学者”与“通词”的关系更加密切：像前野良泽、大槻玄泽、司马江汉等大名鼎鼎的兰学者，均有游学长崎、拜“通词”为师或与之密切交往的经历；令兰学者引以为自豪、标志兰学正式确立的《解体新书》之翻译出版（1771—1774），也离不开“通词”所起的作用，因为实际主持翻译的前野良泽主要是由“通词”培养起来的，而译书所据之荷语底本也由“通词”提供，译稿由当时最有名的“通词”吉雄耕牛审校、成书后亦由他作序；[③]1808年，长崎“通词”马场贞由到幕府天文方任职，当时江户一流的兰学者，或充当其助手（如大槻玄泽），或诚恳向其求教（如宇田川玄真等）；[④]此外，德川时代最有名的兰学塾的创始者，如“天真楼”的杉田玄白、“芝兰堂”的大槻玄泽、“象先堂”的伊东玄朴、“适适斋塾”的绪方洪庵等，均与“通词”有直接或间接的联系。自19世纪20年代以后、特别是鸦

---

① ［日］井上光贞等编：《日本歴史大系》11《幕藩体制の展開と動揺》下，东京：山川出版社1995年版，第118—119页。

② 参见［日］惣郷正明：《洋学の系譜》，第58—59页。

③ 参见《日本思想大系》64《洋学》上，东京：岩波书店1976年版，第581、594、602—603页；《日本思想大系》65《洋学》下，东京：岩波书店1973年版，第489—494页；前揭沼田次郎：《洋学》，第99、106页。

④ 参见［日］杉本つとむ：《江户時代蘭語学の成立とその展開》第I部，第580—582页。

片战争后，原本沉浸于朱子儒学的武士转向兰学者日多，其中不少人在研习西语之初，是拜“通词”为师，如鸦片战争后奉幕府之命到江户传授西洋炮术的高岛秋帆，幕末离家求学的福泽谕吉，都是如此。[①]总之，“通词”与德川时代的当权者和学界之间，存在着基于对西语之共同兴趣的联系，这使得“通词”所掌握的西语对所处社会发生了较强的波及效果，该群体实际成为日本的西学传播主体形成的先导。

上述近代以前中日“通事”与“通词”在社会地位、所起实际作用、西语水平、与所处社会当权者和学界之间的联系几个方面的明显差别，如已反复说到的那样，是当时两国社会对于西学和本国的西语、西学人才之需要程度的差别所导致的。从这个角度，也可清楚地看出当时两国在自身的西学传播主体形成问题上迥然不同的环境。问题是，这种环境的差异，在两国进入近代以后一直到甲午战争前，也没有缩小。

甲午战争前的中日两国，虽然同样受到西方列强的侵略和压迫，但就社会面貌来说极不相同：中国在逐步沦为半殖民地的同时，封建自然经济解体缓慢而近代经济因素极为弱小，君主专制制度虽在衰落但仍然得以维持，儒家纲常名教并未遭到有力冲击，还在继续发挥效用，一句话，传统社会的根基还很牢固。而日本从美国舰队叩关之后，特别是从明治维新之后，幕藩制经济体系与国家体制相当迅速地土崩瓦解，而为近代经济体系和近代统一民族国家所取代，以往奉为正统意识形态的朱子儒学也基本失去效用，总之，那时的日本已经是一个快速成长中的近代社会（当然还留有很

---

① 参见［日］中山茂编：《幕末の洋学》，东京：密涅发书房1984年版，第22页；《福泽谕吉自传》中译本，第35、84—85页。

多传统色彩）。不同的社会面貌，决定了甲午战争前的中日两国，对于西学及本国的西学传播主体的内在需要依然有很大的差别：众所周知，清朝统治集团及士大夫群体所需要的西学，只是与新式武器、机器设备相关的自然科学，而西方近代人文、社会学说，除开与列强打交道少不了的国际法之外，是遭拒斥的对象，有意吸收的只有极少数人；培养西语人才，也主要是着眼于应付外交等事务、掌握相关技术，并非造就一般的传播西学的人才。反之，国门打开以后、特别是明治维新后的日本，传统社会的迅速崩溃与近代化的快速推进，使既有的思想文化资源远远不能适应，只有充分汲取西方近代文明成果，才能满足社会发展的需要，“求知识于世界”作为明治政府的国策而提出，无非是这种现实的反映。实际上，在幕末时期，日本就已经出现了全面吸收西方自然科学与近代人文、社会学说的趋势：幕府1862年首次向西方派出的留学生中，就包括专门学习西方人文、社会学说的西周与津田真道，他们学成回国后，也颇受幕府重用；[①]福泽谕吉、加藤弘之、神田孝平等对于西方近代政治经济思想的译介，也是从幕末就开始了。[②]明治维新以后，这种趋势进一步化为席卷全国上下的洪流，西学与传播西学的人才成为整个社会注目的焦点。

上述环境的差异，对于甲午战争前中日各自的西学传播主体的形成或发展自然会发生大为不同的影响。

在当时中国绝大多数读书人中，研习西语远不如习举子业、作八股文或研究经史金石、吟诗作赋有价值；译介西方人文、社会学说，也没有起码的市场而不能成其为一种职业，要从中获得成就感

---

① 参见［日］大久保利谦：《幕末維新の洋学》，第90—92、114页。

② ［日］福泽谕吉的《西洋事情》初编最早刊行于1866年，［日］加藤弘之的《隣草》写于1861年，［日］神田孝平的《农商辨》写于1861年。

和声誉更是无从谈起；即使那些配合传教士译介西方自然科学著述的人们，也主要是凭着个人志趣，而与社会风行的价值取向、学问追求没有什么关系。这种状况，无法吸引众多有为者投身于对西学的研究与传播，极不利于中国自身的西学传播主体形成。举例来说，严复与马建忠这两个著名人物，都是在19世纪70年代被洋务派派往英法留学，严复的英语、马建忠的英法语乃至拉丁语都达到了相当高的水平，他们在留学期间对西方近代政治经济学说也都多有涉猎，然而在甲午战争前，他们都没有致力于西学的译介工作。这当然不是由于他们没有从事译介的志趣（严复在甲午以后成为最引人注目的西学传播者，马建忠留下的文字也多处反映出他所受到的西学的影响），而是由于太缺乏必要的环境与足够的呼应。

日本的情况如何？自幕末以后，西学日益为举国上下所渴求，传播西学的人才的社会地位、声望也随之不断提高。当时有名望的洋学家被集中于幕府1856年开设的“蕃书调所”，授予官职；[①]像福泽谕吉和加藤弘之，原本都出身于没有地位可言的下层武士之家，但因在掌握西语、了解西学方面的长处，幕末时也都上升为幕臣。[②]在国家政权发生大更迭的明治维新以后，原先为幕府服务的洋学家群体，一概继续受到明治政府重用；[③]其中，原本敌视倒幕派、甚至建议幕府借外国武力加以镇压的福泽谕吉，丝毫未受明治政府的追究，他拒绝政府的任用，也完全没有妨碍其在民间专门从事西学传播活动。[④]此外，社会对于西学传播者也有极为热烈的呼应，像福泽

① 参见前揭［日］沼田次郎：《洋学》，第187—188页。
② 《福泽谕吉自传》，第155页；［日］加藤弘之：《経歴談》，见《日本の名著》30，第466、475—477页。
③ ［日］大久保利谦：《明治の思想と文化》，吉川弘文馆1988年版，第15—22页。
④ 参见［日］河野健二：《近代を問う》第3卷《日本の近代と知識人》，东京：岩波书店1995年版，第143—144、150页。

谕吉介绍西方状况、宣传西方近代政治经济观念的《西洋事情》、《劝学篇》，单行本发行量都在20万册以上，《文明论概略》的发行量也有数万册；[①] 中村敬宇所译英人斯迈尔兹《西国立志篇》，发行总数竟不下百万册；[②] 加藤弘之在幕末和维新以后推出《邻草》、《立宪政体略》、《真政大意》、《国法泛论》等宣传西方近代政治思想的著述，使他在社会上声名鹊起；中江兆民的《民约译解》，被自由民权家及其追随者们奉为至宝而赢得广泛的读者，以至于他在1887年遭明治政府迫害而被迫从东京迁居大阪后，依然门庭若市……[③] 完全可以说，在国门打开、特别是明治维新后，举国上下对西学的渴求、国家政权对西学传播者的极大重视和社会对他们的热烈呼应，构成了促进日本自身的西学传播主体成长壮大的最大动力。

以上，拙文主要联系自17世纪以迄于甲午战争前，中日两国在各自的内外条件下研习西语之异、对西学和本国西学传播主体的内在需要之异，作了比较和论述，以说明那时两国的西学传播主体不同之由来。

最后，笔者还想指出一点：对中日两国西学传播主体的不同，绝不可视为无足轻重。以往一些著述，谈到甲午战争前西学在中国传播问题，注意力集中于传教士，或着力强调其消极阴暗面，或对其作用给予高度评价，而对中国自身的西学传播主体何以未能出现，这对当时中国学习西方有何影响，则往往不着笔墨。笔者以为这实际上是缺乏自省意识的体现。作为近代世界上的落后国家，中国必须学习和吸收西方近代文明成果，以适应推动社会进步的需

① 参见《福泽谕吉自传》，第289、295、299页。
② ［日］松沢弘陽：《近代日本の形成と西洋経験》，东京：岩波书店1993年版，第277页。
③ 《日本の名著》36《中江兆民》，东京：中央公论社1980年版，第29—31页。

要。但这种学习和吸收，绝不能停留于被动接受灌输式的学习和吸收，而必须是在深切体察本国变革发展的需要、又充分了解西方近代文明成果内涵的基础上，积极主动地学习、选择、吸收，并在本国受众与传入的西学之间找到恰当的共鸣点。显然，这样的任务只有本国有识之士才能承担，绝非任何外国人所能替代，正因为如此，本国的西学传播主体绝不是可有可无的。像甲午战争前由传教士充当的西学传播主体，无论其动机、用心如何，都没有、也不可能解决好充分传播对中国变革发展有益的西方近代文明成果问题，尤其在人文社会学说方面，他们的特定立场与眼界，决定了其传播不可能对中国社会产生真正深远的影响力。自明代后期以来200多年间，没有一个传教士在对华传播西方人文社会学说方面，像甲午战争以后的严复那样引起巨大反响，是值得深思的；而日本明治维新以后的历史过程也证明，一个高水平的本国西学传播主体，会对有效地学习吸收西方近代文明成果，起到何等巨大的作用。

（原载于中国社会科学院近代史研究所编《近代中国与世界》，
《第二届近代中国与世界国际学术讨论会论文集》第1卷，
社会科学文献出版社2005年版）

论甲午战争前夕中日统治者对形势的认识和判断

1894年6月上旬，朝鲜半岛风云突变，日本蓄意向中朝挑起战争，接着是俄英等国出面“调停”、介入中日争端，局面十分复杂。在这种情况下，中日统治者对形势的认识和判断如何，直接影响各自的决策和在未来战争中所处的地位。这个问题学术界似未专门研究，本文试以比较的方法进行探讨，以求对中国在甲午战争中失败的原因有一个较完整的认识。

一

甲午战争前夕，中日统治者对形势的认识和判断，可分为两个方面：

其一，中日对彼此意图、动向的判断。

众所周知，日本借朝鲜发生东学党起义的形势出兵，其始意在于挑起侵略朝鲜与中国的战争。就在日本政府以“保护公使馆和侨民”为名决定对朝出兵的1894年6月2日，参谋本部次长川上操六与外相陆奥宗光等，已商定了“怎样进行作战和如何取胜的问题”。[①]但中国统治者迟迟没有深刻认识到这一点。负责对朝事务的

① ［日］藤村道生：《日清战争》（中译本），上海译文出版社1981年版，第55页。

李鸿章、袁世凯在1894年5月底接到朝鲜政府请援要求时，虽然对日本援引1885年中日《天津条约》对朝出兵的可能性不无担心，但被日方宣称“别无他意”所迷惑，轻易地放松警惕，很快派兵赴朝。当日本6月2日决定对朝出兵、6月5日成立战时大本营并实行军事动员之后，李鸿章等认为日本是要“与华争体面，兵来非战”[①]，“欲速退倭兵，惟有速图剿匪”[②]。甚至在6月16日和18日接到驻日公使汪凤藻关于日本增兵至5000余、“其布置若备大敌”的报告后，李鸿章还说“倭性浮动，若我再整兵厚集，适启其狡逞之谋”，[③]似乎日本是否寻衅挑战，全视中方派兵多少而定。应该指出，李鸿章的上述认识与判断，至少在6月16日日本提出所谓中日共同改革朝鲜内政六条之前，基本上是清朝统治集团的共识，即使李鸿章的对立面翁同龢，在6月14日还说“我兵将归矣”。[④]至6月22日，总理衙门还认为“但能将贼事办有切实头绪，俾外人共见，彼时约倭同撤，当较顺手”。[⑤]6月25日以后，一部分人改变乐观调子，说“口舌之争，已属无济于事”。[⑥]即便如此，晚至7月18日，他们还是希望日本“悔祸”、“情愿就商”，幻想“不战而屈人”。[⑦]

与中国统治者相反，日本当局自朝鲜爆发东学党起义之后，对清政府会作何反应，挑战后清政府有无坚定决心与其较量，早有明确估计。他们深知清政府高度重视朝鲜与中国东北唇齿相依的关系、自19世纪80年代以来一直致力于加强中朝传统的宗藩关系，料

---

① 中国史学会编：中国近代史资料丛刊《中日战争》（下称《中日战争》）第2册，新知识出版社1956年版，第553页。
② 《中日战争》第2册，第554页。
③ 同上，第558页。
④ 《中日战争》第4册，第478页。
⑤ 《中日战争》第2册，第562页。
⑥ 同上，第568页。
⑦ 同上，第626页。

定东学党起义不断扩大，清政府必会应朝鲜政府之邀出兵，认定这是造成中日在朝军事对峙的大好机会。中日在朝对峙局面出现后，日本政府又认准清政府最担心宗藩关系削弱，认为抓住这一点做文章，清政府“十有八九”不会轻易让步，这样就能激化矛盾，恶化中日关系。对清政府有无坚定决心对付日本挑战这一点，日本政府认为：清朝“依然墨守古习”，派系林立并且互相倾轧，“不确立自己立脚之地，单恃外力之援助”，李鸿章并非“豪胆逸才”，没有“非常之决断力”，只不过是“善视事机之利害得失之人”，清政府“缺乏中日两国间纷扰不解时不得不诉诸干戈之决断”。①

其二，中日对他国动向的判断。

甲午战争前的朝鲜半岛，是列强争夺的焦点，国际关系错综复杂。中日军事对峙的局面一出现，俄英等国便打着“调停”的旗号，频繁插手。它们的真实立场与动机，事后虽然尽人皆知，但在当时，却是扑朔迷离，不易判断。在一段时间里，俄英表现出希望中日同时撤军、维持朝鲜原状的倾向。如俄驻华公使喀希尼向李鸿章表示：“极愿两国撤兵”，“断不容倭妄行干预”。②俄驻日公使希特罗渥，6月30日对日本政府发出措辞严厉的照会，称：“若日本政府拒绝与中国政府同时撤退其军队，则日本政府应自负重大责任”。③英国则在6月中旬就对日本驻兵朝鲜表示不满，7月初又劝日对华妥协。④

俄英的表态，使李鸿章和总理衙门备受鼓舞，断定俄国会阻止

① ［日］陆奥宗光：《蹇蹇录》（龚德柏译本，改名《甲午战争日本侵略中国外交秘史》），商务印书馆1944年版，第3、4页。

② 《中日战争》第2册，第574页。

③ 日本外务省编：《日本外交文書》第27卷第1册，东京：岩南堂书店1953年版，第284页。

④ 前揭《日清战争》，第61页。

日本在朝挑衅，“必有收场”，[①] 英国也会与俄国形成“夹攻”之势，最终迫使日本就范。[②] 当然，清政府内部对俄英动向的判断并不一致，如6月25日上谕，便对俄究竟“有无助我收场之策，抑另有觊觎别谋”，提出疑问，告诫李鸿章“勿堕其术中”。[③] 但也只是怀疑而已，并未完全推翻李的判断。帝党官员文廷式、志锐等言俄英不会实心“调停”，不可能“强日人以就我范围”，[④] 是在7月10日俄国出尔反尔、声称“只能以友谊力劝倭撤兵……未便用兵力强勒倭人”[⑤] 之后，可算是马后炮。

在日本方面，它借朝鲜局势挑战，原本隐含与俄国争夺之意，又一心倚英国为靠山，因此对俄英动向绝不敢掉以轻心。当俄英施加压力，要求日本从朝鲜撤兵时，日本当局十分紧张，“悚然栗肤”，[⑥] 不得不稍为放慢对朝军事进逼。但他们没有轻易作出俄英将阻止日本战争行动的判断。对俄国，日本当局虽一直担心它的干涉，但同时认为，俄之企图并非袒护中国，而是要防止日本占据朝鲜，而且西伯利亚大铁路尚未贯通远东，英国又牵制着俄国的行动，因此，“俄国在远东的军事力量还不可能进行武力干涉”。[⑦] 对英国，日本当局认定它要借助日本阻止俄国势力南下，不会轻易开罪自己，英国“调停”中日争端，主要是担心“本国政略及通商之利害”受到中日争端影响，同时也是为了防止俄国利用“调停”加强其对东方国家的影响，因此，“若自己之主张不成立时，似无以兵

---

① 《中日战争》第2册，第561页。
② 同上，第569页。
③ 同上，第607页。
④ 同上，第624页。
⑤ 同上，第593页。
⑥ [日] 陆奥宗光：《蹇蹇录》，第13、14页。
⑦ 同上，第30、31页。

力干涉之决意”。[1]日本当局还认定：只要尽量做到无损英国利益，强调其牵制俄国的作用，英日不仅不会处于敌对状态，还可能得到它某种程度的支持。日本当局的上述判断，都在战争前夕得到证实。俄国于7月13日照会日本政府，对其保证“并无侵略意图”，表示“甚为满意”，不再严词促其撤军。[2]英国于7月16日与日本签订新的《日英通商航海条约》，以示对日本的外交支持；7月23日又发出照会，要求日本对华开战后不要进攻上海及其附近，这无异于为日本发动战争大开绿灯。

中日统治者对形势判断的一误一准，极大地影响了各自的决策与行动。清政府由于迟迟没有深刻认识到日本志在必战，又对俄英动向作出误断，因而在日本准备挑起战端的危急关头，仍立足于和平解决争端，将主要精力投入外交，“以口舌文告，日劳精弊神于英、俄、德、法、美五国之交，重五十日，迄无要领”[3]，战备、动员均迟迟不用力进行，致使战未开便陷入全面被动的地位。而日本窥透清政府动向及其弱点，又准确地判明俄英实际动向，因而一以贯之地推行挑动战争的方针，军事上先发制人、早早动员、从容布置，外交上设法拢英绥俄，同时千方百计恶化中日关系，使清政府穷于应付，从而以完全主动的地位挑起了战争。

二

甲午战争前夕，中日统治者对形势认识和判断的准确度相差如

① [日]陆奥宗光：《蹇蹇录》，第21页。
② 《日本外交文書》第27卷第2册，第301页。
③ 《中日战争》第1册，第77页。

此之大，发人深思。清政府避战求安和日本当局蓄意挑战，从根本上制约着各自的判断，是毫无疑问的，也是史学家向来着重指出的。但笔者认为，还应注意当时中日了解外情的不同水平、在国际事务上的不同观念，以及处理两国争端的不同经验，也是影响双方判断准确度的重要原因。

关于对外关系的形势的认识和判断，必须以了解外情为基础。上述中日统治者对形势认识和判断准确度的差异，究其主要根源，就在于双方对彼此和欧美列强的了解水平不同。

中国方面，李鸿章等当权者自19世纪70年代以后，虽一直认为有必要了解日本情况，但所下工夫实在有限。直到甲午战争爆发，李鸿章等重臣无一人到过日本，不曾直接观察明治维新以后日本政治、经济、军事等方面的情况。他们关于日本的知识，都是来自二手材料，其中主要的是1876年后派驻日本的清朝外交官的报告。这些外交官都未受过专业训练，思想观念一般比较陈旧，除黄遵宪这样个别的例外，对日本状况都缺乏深刻的判断力。他们对日本扩张的野心、准备虽有所察觉和报告，但强调得更多的还是日本内部的困难与危机。就拿甲午战争前夕的驻日公使汪凤藻（1892年赴任）来说，日本对朝出兵前，他只凭日本"官民之争逐日激烈"的表面现象，"妄断日本决无对他国生事之余力"，[①] 日本出兵后，他也只是向国内报告日本外交、军事决定和派兵情况，而不曾综合日本各种动态、深刻分析日本政府的真实意图与动机，以供国内当权者参考；甚至在中日决裂、他离日回国后见到翁同龢，还说"倭人佥兵多半脆弱"，"彼船实无铁甲，只钢甲数只，吉野一船最新，有快船

① ［日］陆奥宗光：《蹇蹇录》，第22—23页。

行廿三迈者二只而已”。[①]这就是他对日本扩军备战状况的了解！由于得不到足够和准确的信息，无论是李鸿章还是光绪帝、翁同龢、文廷式等，都不能依据日本现实情况判断其意图与动向，都只能随着事态的变化被动作出判断。李鸿章固然一误再误，其他人也并没有先见之明。

至于对欧美列强的了解，则更是糟糕。李鸿章、奕劻等外交决策人物，甲午战争前不曾亲履欧美国家，主要依据欧美各国驻华使领人员的言谈、外国在华所办报刊和清朝驻欧美使臣的报告，来了解欧美国家情况、特别是其对外政策。而在甲午战争前夕，曾任驻英国等国公使、了解欧美情况较多的郭嵩焘、曾纪泽，都已谢世，驻英法等国公使龚照瑗毫无外交素养、不通英法语言，又是1893年刚刚赴任，在英主要依赖英籍雇员马格里；驻俄公使许景澄虽长年出使欧洲国家，但1892年后主要致力于中俄边界问题谈判交涉，未能深入研究俄国对东亚的政策。因此，当俄英出面“调停”中日争端时，许景澄与龚照瑗均未对俄英真实动向作出有根据、有预见性的分析和推断。龚照瑗7月11日前一直逗留法国，只凭马格里的探报，接连向国内发回“英廷力劝和平议事”、“俄将请各大邦与闻’，[②]“英廷向倭云，定不能请中弃上邦权，催速和结”[③]一类信息。李鸿章等判断俄国动向，几乎完全依据俄使喀希尼的辞令，判断英国动向，又受龚照瑗提供的上述信息误导，岂有不作误断之理？光绪帝一派人即使对俄英等国有所怀疑，也讲不出充足理由，自然也不是不可理解的事了。

反观日本，自明治维新以来，为对外扩张的需要，一贯致力于

---

① 《中日战争》第1册，第492页。
② 《中日战争》第2册，第589页。
③ 同上，第593页。

多方深入了解和刺探中国情况。自19世纪70年代以后，不少日本政界、军界要人借各种机会来华窥探，如甲午战争的政治策划人伊藤博文，1885年就借朝鲜甲申事件善后谈判问题来华，在京、津直接观察清朝高层情况，还“带来水陆各弁，到处察探虚实，行踪殊为诡谲”。[①]回日后，伊藤述其窥探结果，说清朝“执权大官，腹中经济，只有前数千年之书，据为治国要典”，“水陆各军俱似整顿，以我看来，皆是空言”；[②]再如甲午战争的重要军事策划者之一川上操六，在战争爆发的前一年（1893）亲赴朝鲜、中国，刺探军情，观察地形，也是周知之事。至于日本驻华外交官，更是以窥探中国内情为重要任务，如1882年至1885年任驻华的公使榎本武扬，便曾“自俄国由中国新疆并绕历中国沿海各省回国，曾著有攻取中国，以何处为难，何处为易；其山川险要，人情土俗，无不详载……按册而稽，俱无错误”[③]。此外，日本军方和民间对外扩张团体，从1873年以后便有组织地向中国内地不断派遣谍报人员，这些间谍系统地搜集了关于中国军事、政治、社会的情报。[④]甲午战争前夕，日本驻华外交机构与谍报人员竭尽全力刺探各种情况，仅“驻津倭领事及武随员二人”，便“日派奸细二三十分赴各营各处侦探”，[⑤]日海陆军的间谍泷川具和、神尾光臣搜集的大量情报，使日本当权者相当及时、具体地了解到中方动向。[⑥]日本了解、刺探中国情况完全可以说是多层次、全方位、持续不断地进行的，这足以说明甲午战

① 《中日战争》第1册，第478页。
② 同上，第600页。
③ 同上，第600页。
④ ［日］芝原拓自等编：《日本近代思想大系 · 对外観》，东京：岩波书店1988年版，第527页。
⑤ 《中日战争》第3册，第11页。
⑥ ［日］藤村道生：《日清战争》，第67页。

争前夕日本当局何以能做到准确判断中方动向。

在了解欧美列强方面，日本也下了极大工夫。且不说明治维新刚开始时就有大批日本政府官员前往欧美，就说甲午战争中日本军政要员伊藤博文、山县有朋、陆奥宗光、川上操六等辈，无一不曾长期逗留欧美，悉心考察西方列强的经济、政治、军事与外交。他们对西方列强的实际状况、对外政策的认识水平，与李鸿章等完全不在一个层次上。在19世纪80年代，尤其是1887年俄国决定修筑西伯利亚大铁路之后，日本当权者便意识到帝国主义列强争夺东亚（特别是朝鲜）的形势将会出现，加紧策划在未来争夺中的方略。为此，他们加强了对俄英等国状况的了解。对俄国，早在1888年，伊藤博文与西乡从道便“亲赴海参崴联络俄官”[①]，实则刺探俄在远东力量的虚实；1892年，日军有名的间谍福岛安正，又从德国柏林出发，入俄国后单骑横穿西伯利亚，全面观察俄国在远东的军事部署情况，1893年6月他回国后向当权者报告：“俄国在远东的兵力是弱小的，不具备军事介入朝鲜的能力。”[②]对英国，日本通过英国在俄决定修筑西伯利亚大铁路后对日态度的变化（如在日英修改条约谈判中作出让步），看出了其利用日本阻遏俄国的意图，山县有朋在1890年便认定日本与英德有所谓“东洋共同利益”[③]。甲午战争前夕，日本驻英公使青木周藏，又凭其20多年的外交经验和熟谙列强对外政策的素养，向本国政府强调指出英国重视日本阻遏俄国势力南下的作用，并在形势微妙的情况下，设法促使英国与日本签订《日英通商航海条约》，接着非常迅速地向国内当权者转达英国外相

① 《中日战争》第2册，第81页。
② ［日］藤村道生：《日清战争》，第73页。
③ ［日］芝原拓自等编：《日本近代思想大系 · 对外観》，第85页。

金伯利的言论："对日本来说，此条约之性质，远胜于打败中国大军"[①]，从而有力地影响了日本当局对英国动向的判断。总之，甲午战争前夕日本之所以能在扑朔迷离的状态下准确地判断俄英的动向，在很大程度上是靠着长期以来对欧美列强的深入了解。

人们认识和判断对外关系的形势，既依赖于对外情的了解，又受关于国际事务的观念影响。中日统治者对国际公法、国际均势的不同观念，影响了双方对战争前夕形势的认识与判断。

所谓国际公法，在近代本是西方列强以实力为后盾处理相互关系的一套规范，当它们的力量对比改变时，相互争夺与扩张毫不受国际公法约束。西方列强还借国际公法欺骗、压迫半殖民地国家与民族，巩固以"条约体制"为形式的半殖民地秩序。19 世纪六七十年代以后，国际公法相继传入中国和日本，然而两国当权者在国际法上观念截然不同。中国当权者奉行"外须和戎"的方针，迷信国际公法，以为"各国互峙争雄，而公法行乎其间"[②]，只要遵守国际公法，恪守条约，就能维持和平局面。日本当权者通过对西方列强的深入了解，并基于自身对外扩张的需要，认为国家之间实际上是弱肉强食关系，"兵力不整之时，万国公法亦绝不可信"，它"既不足恃，亦不足守"[③]。中日当权者观念的不同，在 1876 年李鸿章与日本使臣森有礼的谈话中，就充分显示出来：李说"两国和好，全凭条约"，"恃强违约，万国公法所不许"，而森却称"和约没甚用处"，"国家举事，只看谁强，不必尽依着条约"，"万国公法亦可不用"。[④]甲午战争前夕，李鸿章依然本着上述观念看问题，认为中国

① 日本外务省编：《日本外交年表並主要文書 1840—1945》上册，东京：原书房 1978 年版，文书部分，第 152 页。
② 《中日战争》第 2 册，第 340 页。
③ ［日］芝原拓自等编：《日本近代思想大系 · 対外観》，第 467 页。
④ 《李文忠公全书 · 译署函稿》卷 4，第 34 页。

在朝鲜的举措“均照公法条约办事，无一错处”，“两国交涉，全论理之曲直，非恃强所能了事”，[①]“日虽竭力预备战守，我不先与开仗，彼谅不动手，此万国公例，谁先开战即谁理诎”，[②]日本恃强横行，“各国当动公愤也”。[③]他把国际公法当作制止日本挑战的法宝，算定俄英等国会因清政府严守国际公法而表示同情、支持。这无异于给自己的眼睛蒙上黑布，导致不可救药的误断。而日本当局判断形势，只围绕其挑战意图，紧盯住中方军事、外交动向与国内状况，对俄、英也只根据其利害与现实条件来推断其实际动向，而所谓国际公法、条约，除了必要时当作工具利用之外，根本不作为判断形势时考虑的因素。

在近代国际事务中，利用或打破国际均势以使本国趋利避害，是常见的现象。自 19 世纪 70 年代以后，由于俄、英、日等国均有侵朝野心，彼此相持不下，使朝鲜半岛逐渐形成一种国际均势。中日两国当权者都认识到这种国际均势，甚至还不约而同地将当时的朝鲜比作欧洲的比利时、瑞士等国。但双方关于国际均势的观念完全不同。李鸿章为代表的清朝当权者是以僵化、死板的观念看待国际均势，认为绝对可以依靠，“倘遇一国有侵占无礼之事，尽可邀集有约各国公议其非，鸣鼓而攻，庶日本不致悍然无忌”，“钤制日本之术，莫善于此”。[④]尤其是在 19 世纪 80 年代后期，俄国与日本争夺朝鲜的矛盾不断加剧的形势下，李鸿章等因俄使拉德仁、喀希尼等“屡次来称俄国断不许他国占据朝鲜土地”，[⑤]更加确信朝鲜国际均

---

① 《中日战争》第 4 册，第 261 页。

② 同上，第 264 页。

③ 同上，第 265 页。

④ 同上，第 340 页。

⑤ 同上，第 246 页。

势牢靠，只要“壹意联络俄人，使不侵占韩地，则日必缩手”。①他们完全不懂得：随着列强相互不平衡发展，国际关系中的利益格局的调整，再加上各国的许多复杂情况，所谓国际均势定会发生变化，绝不能完全依赖国际均势。日本当权者对此倒是看得清楚，他们既看到了所谓国际均势对其侵朝步伐的牵制，又绝不因此而打消侵朝的野心，认为“外交之事，端赖实力如何”，“我国利益线实在于朝鲜”，“防护利益线之道谓何？在于各国所为苟有对我不利之事时，我将负责排除之，不得已时甚至以强力达到我之意志”。②对日本当权者来说，朝鲜的国际均势不是牢固与否的问题，而是必须打破的问题。为此，他们大肆扩军备战，同时密切注视列强（尤其是俄国）动向，窥伺有利时机。甲午战争前夕，李鸿章等丝毫没有改变对朝鲜国际均势的定见。因此，俄英等国一接受他们的“调停”要求、作出劝告日本撤兵的姿态，他们便以为自己的定见应验，大为放心，判断俄英必会压服日本，而日本也必然不敢挑战。因此，他们并不立足于战守，而专注于联络俄英等国的外交。与之相反，日本当权者是在深入了解和刺探中国、朝鲜、欧美列强的情况，多方搜集有关情报的基础上，认定“此际乃欧洲各大国不及置喙之时期”，③清军内部腐败、没有在军制上实现近代化、已落后于日军，因此是打破朝鲜的国际均势、挑起战争的有利时机。于是，日本从出兵朝鲜之始，便将挑起战争作为“最后目的”，一切伎俩均服务于取得军事上的优势地位。

中日统治者对形势的认识与判断，还与双方处理两国争端的不同经验颇有关联。

---

①《中日战争》第2册，第112—113页。

②［日］芝原拓自等编：《日本近代思想大系 · 对外観》，第82页。

③《岩波講座 · 日本歴史》近代3，东京：岩波书店1976年版，第25页。

甲午战争前，中日争端曾多次发生，如1874年日本出兵中国台湾，把中日两国推向战争边缘；1875年后日本强行吞并中国藩属国琉球，挑起中日外交之争；1882年和1884年，日本先后派兵侵入朝鲜镇压反日起义、控制朝鲜政府（壬午之变）、策动亲日派在朝鲜发动宫廷政变并直接派兵入宫挟持国王（甲申之变），迫使清政府对朝出兵，形成中日在朝军事对峙。这些争端，在中方，基本上都由李鸿章主要负责处理，他一贯立足于妥协求安，尽量借助于外国“调停”，“于台湾则酬以费，于琉球则任其灭”。[①]在朝鲜问题上，虽然对日本反复强调中朝宗藩关系，最终还是在1885年订立中日《天津条约》，承认双方对朝鲜的同等派兵权。每次争端的结局，都是损害中国而使日本得利，但两国关系终未决裂，正式战争没有打起来。通过处理上述争端，李鸿章虽然感到日本“最贪小利”、“寻衅而来”、“其愿望未尝不奢”，但似乎认为总有办法避免“事机决裂”，“无伤中、日和好之谊”。甲午战争前夕，日本挑起争端后，李鸿章凭这种经验，加以认为国际公法有效，俄英的“调停”可恃和不明外情，便作出“当无战事”的误断。[②]总理衙门也希望像解决1884年甲申事变那样，平息中日争端。[③]而在日本方面，它从以往历次挑起和了结争端的过程中，逐步摸清了清政府、尤其是直接对手李鸿章的底蕴，认为“不足惧”；[④]此外，欧美列强“调停”中日争端的先例，如1874年日本侵略台湾难以为继之时，英美促使清政府承认日本侵略行径为“义举”，付给50万两白银；又如1884年甲申事变后，日本借助英国驻华公使巴夏礼“斡旋”，促使清政府同意中日对

---

① 《中日战争》第2册，第624页。
② 《中日战争》第4册，第255页。
③ 《中日战争》第2册，第615页。
④ 《中日战争》第1册，第601页。

朝鲜的同等出兵权。[①]如此这些，也让日本当权者深深地感受到欧美列强的实际倾向。本着这些经验，日本当局在完成陆、海军扩充计划、作好充分准备而利用甲午朝鲜局势兴师挑战时，就料定不会遭到清政府的坚决抵抗，即使俄英出面“调停”，也认准它们不会真正帮助中国而与日本采取敌对立场，因而毫不动摇，坚定其发动战争的决心。

以上探讨的中日统治者对形势的认识和判断，在甲午战争史的研究中，只是一个片断、一个侧面。从对比中不难看出：尽管清政府在甲午战争前已办了30多年洋务，但无论是对外情的了解，还是对国际事务所持的观念，都根本不能适应与处心积虑的侵略者作斗争的需要，在其错误观念、妥协经验的思想指引下，将国家和民族引入深渊。总结中国在甲午战争中失败的原因，对此问题的研究是不应忽视的。

（原载于《武汉大学学报》[哲学社会科学版] 1994年第5期）

① [日] 信夫清三郎等：《日本外交史》（中译本）上册，商务印书馆1992年版，第206页。

19 世纪后半期中日对外贸易之比较

在世界近代史上，国际贸易与海运业的不断扩大和发展，其作用和影响远远超出了互通有无的范围。对西方列强来说，国际贸易是它们对外扩张、对落后国家和民族进行经济侵略和掠夺的重要手段；而对经济十分落后、饱受西方列强侵略和掠夺的国家来说，能否在对外贸易方面迅速赶上时代步伐，使之朝着有利于本国的方向发展，则是关系到能否抵制和摆脱西方经济侵略和掠夺，能否发展本国经济，发展速度如何的全局性问题。19 世纪后半期，中日两国在对外贸易方面本来处于同一层次，面临同样的课题，但主要由于两国统治者的认识与大政方针、实际措施的差异，导致巨大差距的发生，进而对两国近代化进程也产生了很不相同的影响。

一、中日统治者有关对外贸易的认识与方针的比较

(一)认识之比较

中日两国的对外贸易都不是在近代才开始发生的。就与西方的贸易而言，截至两国被西方打开国门之时，已持续200 多年，但都是以传统农业和手工业为基础，其功能基本限于互通有无，两国统治

者有关对外贸易的认识也基本一致，即都不认为对外贸易是发展本国经济不可缺少的内容，往往从经济以外的角度来看待它，因而当他们认为对外贸易不利于自身统治时，便毫不犹豫地严加限制。他们都把对外贸易当作末业看待，即使有时有所鼓励，也多着眼于眼前实惠，并没有长远的发展目标。在西方资本主义对远东扩张日益猛烈，东西方经济联系日益密切的形势下，他们严格限制对外贸易，以作为抵御西方扩张、维护自己统治的手段。

19 世纪中叶，中日两国先后带着不平等条约的沉重枷锁开始步入近代。两国的对外贸易无论进口还是出口，都处于西方列强操纵之下，巨额财富源源流向西方，社会经济由此遭到严重破坏，封建经济基础加速解体，中日两国开始成为西方推销商品和掠夺原料的场所。面对这种关系国家民族兴亡的经济交往，如何重新认识对外贸易的地位并制定方针，扭转遭受西方经济侵略和掠夺的不利局面，使对外贸易朝着有利于本国的方向发展，是两国必须正视的重要课题。对于这个重要课题，清政府与明治政府作出了很不相同的回答。

中国的清政府和日本的明治政府在有关对外贸易的认识上，与过去相比，都有所变化，主要表现在两个方面：

其一，面对严峻的现实，两国统治者都改变了对外贸易可有可无的传统观念。洋务派首领李鸿章在谈论中国遇到的“三千余年一大变局”时，便把欧洲诸国“闯入中国边疆腹地。凡前史之所未载，亘古之所未通，无不款关而求互市”，中国不得不与各国立约通商，列为基本内容。[①] 并以“既不能禁洋货之不来，又不能禁华民之

---

① 《筹议制造轮船未可裁撤折》，见《李文忠公全书 · 奏稿》卷 19，1905 年金陵刊本。

不用”，[①]来说明对外贸易的不可避免。这一点，在洋务派集团及其后继者中实为共识。日本维新派及其后继者也都一致认为：处在新的时代条件下，日本要“骈立于世界而称帝国”“不可不……外与各国互通和亲贸易”。[②]

其二，两者都看到对外贸易对各自国家所产生的严重影响，指出两国的对外贸易为外商控制有损国家利权。清朝官员的奏章公牍一再提到：“各国通商以来……中国内江外海之利，几被洋人占尽”；[③]日本政府要人也痛楚地慨叹：“商权概为外商所有，我之商贾终究不免受彼之控制。”[④]他们认为对外贸易导致两国财货大量外流，严重影响两国的财政经济和人民的生计。李鸿章指出：“进口洋货，日增月盛……出口土货，年减一年”[⑤]，“中国财源频年漏于外洋，元气暗亏，无所底止”[⑥]。日本维新派也寝食不安地指出：“本国与外国互市以来，进出口之差，利归于彼，而我以正货补之，遂致正货外流呈逐年加剧之势……我国之祸患，岂有甚于此者。”[⑦]清朝官员看到：“英国呢布运至中国，每岁售银三千余万，又铜铁铅锡售银数百万，于中国女红匠作之利，妨夺不少。”[⑧]日本维新派认为：外国“毛织品、棉纱、糖、铁，供民间之用者甚多”，而本国出口商品“何能敌所有进口物品”，故“各地凋敝之状日益严重，生计归于无着”。[⑨]

---

① 《筹议海防折》，见《李文忠公全书·奏稿》卷24。

② 日本史籍协会编：《大久保利通文书》第7册，东京大学出版会1969年版，第74页。

③ 《轮船招商请奖折》，《李文忠公全书·奏稿》卷25。

④ 日本史籍协会编：《大久保利通文书》第6册，东京大学出版会1968年版，第465页。

⑤ 《试办织布局折》，《李文忠公全书·奏稿》卷43。

⑥ 《推广机器织局折》，《李文忠公全书·奏稿》卷78。

⑦ 《棉糖共进会报告·棉贸概说》，转引自［日］三瓶孝子：《日本綿業発達史》，东京：庆应书房1941年版，第38页。

⑧ 《筹议海防折》，《李文忠公全书·奏稿》卷24。

⑨ 日本史籍协会编：《大久保利通文书》第6册，第363、366页。

中日统治者在对外贸易的认识上虽有上述共同点，但这些都还是直觉、表层的认识，他们在如何看待对外贸易的必然性、对外贸易在社会经济生活中所处地位这两个基本问题上，认识却大相径庭。

关于对外贸易的必然性，清朝统治者在相当长的时间内，都把它看成是外部因素所决定的。他们认为：外国人“以通商为性命，准其贸易则恭顺如常，绝其贸易则骄蹇难制”[①]，凭中国现有实力，无法将外国人拒于国门之外，“居今日而曰攘夷，曰驱逐出境，固虚妄之论”，因而，只能“概与立约通商以牢笼之”。[②]这种把对外贸易主要归因于无法抵御外国势力的强制的认识，以及将对外贸易作为牢笼外国人的手段的观念，既表明他们对资本主义经济发展规律缺乏起码的了解，没有真正抛弃旧的传统观念，更反映出他们不能自觉地利用对外贸易来发展本国经济。而日本维新派则是另外一种认识。他们既从对外贸易现实和对西方国家的实地考察中，认识到西方列强为了扩展对外贸易，不惜对落后国家、甚至在相互之间实行暴力强制，又把对外贸易视为本国经济发展、实现富强的迫切需要。大久保利通指出：“繁殖物产之顺序，在于劝农励工。然而，若是需其所出之物者少，消费其所出之物者稀，又有何术以劝农励工？故……劝农励工之法，在于扩大商业、伸展销路，使无涩滞壅塞之忧。此乃劝商事业至急至重之所以也。”[③]这里所谓“扩大商业、伸展销路”，当然包括了对外贸易。他在实地考察英国后强调指出：英国制造品“皆自他国输入又输出他国者”，在此基础上其国内工厂林立，“由此足以知晓英国富强之所以也”，这正“是我国……当为规

① 齐思和等整理：《筹办夷务始末》道光朝，中华书局1964年版，第2649页。
② 日本史籍协会编：《筹议制造轮船未可裁撤折》，《李文忠公全书·奏稿》卷19。
③ 日本史籍协会编：《大久保利通文书》第6册，第465—466页。

范者”。[①]这些认识，也为其他政府掌权者所共有。

对于对外贸易在社会经济生活中所处的地位，清朝统治者在长时间内都缺乏正确认识。他们把包括对外贸易在内的“商”视为末业，充其量只是当作“裕饷之本”、“稍分洋商之利”的一种手段。就连他们当中最识时务的李鸿章，也曾发出“与其病农，莫如病商”之论，足见传统的重农轻商观念烙印之深。这种情况，一直到甲午战争以后才发生较大变化。日本明治政府则一开始就彻底抛弃了视“商”为末的传统观念，而把发展对外贸易作为创立独立自主国家“体基”的一项重要内容，[②]强调“万国交际之诀，唯在贸易权力之扩张伸缩。权力扩张，则国自富，兵自强”[③]。这显然是把发展对外贸易摆到立国大计的位置上了。

中日统治者关于对外贸易必然性、对外贸易在社会经济生活中所处地位的认识，分别属于封建观念与资本主义观念范畴，有质的差别。而这种质的差别，又决定了他们的对外贸易的态度和处理对外贸易的方政方针发生差异。

（二）方针之比较

19 世纪 60 年代以降，中日两国发展对外贸易的当务之急，从内部说，是着力清除一切不利于商品经济发展的封建因素，由政府担负起推动、指导和扶助对外贸易的职责，改变对外贸易与自然经济相联系的旧格局，迅速发展近代工矿企业和交通运输业，同时运用近代科技和机器设备，改造传统农业和手工业，造成全新的对外贸

① 日本史籍协会编：《大久保利通文书》第 4 册，第 467、468 页；第 5 册，东京大学出版会 1968 年版，第 561 页。

② 日本史籍协会编：《大久保利通文书》第 7 册，东京大学出版会 1969 年版，第 74 页。

③ 早稻田大学社会科学研究所编：《大限文书》第 4 卷，东京：早稻田大学社会科学研究所 1961 年版，第 323 页。

易基础；从外部说，必须设法冲破不平等条约对于对外贸易的严重束缚、夺回与对外贸易息息相关的国家主权、扭转受制于西方列强的恶劣局面，同时密切注视和把握复杂多变的国际市场动向，采取清醒而及时有利的对策。在所有这些方面，清政府与日本明治政府都有极大的差异。

内部方面。清政府这时仍然推行传统的抑商政策，一直到甲午战争后才稍有改变。他们虽然在某些时候、某种条件下也笼络和利用民间商人，但就像一些官督商办、官商合办企业那样，是强调统治者的控制权，而绝不承认民间商人的独立地位，至于盘剥、压榨民间商人，更是有加无已、花样翻新。太平天国时期清政府为筹措军饷而创立的厘金制度，就是这期间广泛推行、对商品经济发展贻害无穷的制度。对此，不仅一般民间商人、有资本主义倾向的人们怨声载道，就连一些洋务派官员也颇有微词，如丁日昌就曾写道："商人涉江浮海，冒犯霜露，营求尺寸之利……乃权吏卡员，苛索万状，翻囊倒筐，无异盗贼。……绝不寓体恤矜怜之意。"[①]但清政府对怨声微词充耳不闻，为了财政和洋务的需要，将厘金制度变本加厉地一直推行下去。至于其他早已有之的阻碍商品经济发展和民族市场形成的政策、法令与做法，也基本如旧。在担负推动、指导和扶助对外贸易的职责这一点上，直到20世纪初，人们都看不到清政府有倡导对外贸易的具体措施，除总理衙门照管一般对外贸易交涉事宜外，也没有专门负责对外贸易的机构，专门负责对外贸易的官员也难找到。对外贸易基本上处于自流状态。

对于改变对外贸易与自然经济相联系的旧格局，清政府更是长期没有明确认识和相应的方针。从鸦片战争到第二次鸦片战争失

---

① 丁日昌：《海防条议》，载《海防要览》卷上，光绪十年敦怀书屋刻本。

败，20 多年中清政府除了给予西方列强越来越多的政治经济特权之外，没有为改进和发展本国对外贸易做任何事情。一直到甲午战争爆发后的 30 多年中，虽说由洋务派办起一些近代工矿企业和交通运输业，但其着眼点，基本上是集中于增强军事力量上。洋务派虽也看到“各国制造均用机器，较中国土货成于人工者，费省倍蓰，售价既廉，行销愈广。自非逐渐设法仿造，自为运销，不足以分其利权”①，即看到发展近代工业与改善本国对外贸易的关联，但却把设厂制造的权利长期严加垄断；政府对“官督商办”企业减税，也仅着眼于国内市场自保，并没有涉及对外贸易和改变旧经济体制问题。这些都说明：即使是清政府内部热衷于举办近代工业的洋务派，也无意改造中国封建自然经济。这样，中国对外贸易就只能依旧建立在原有经济体制上。而建立在这种经济体制上的对外贸易，最终只能成为西方推销商品和掠夺原料的殖民市场，而不能是别的什么。

在运用近代科技和机器设备改造传统农业与轻工业方面，清政府也未做任何实质性的工作。众所周知，茶叶、生丝是中国传统出口贸易之大宗，长期在国际市场上占压倒优势。然而，自 19 世纪 60 年代后，世界茶、丝生产和贸易状况大变，竞争日益激烈，中国茶、丝如不及时运用近代科技和机器设备进行改进，并针对国际市场状况组织生产和贸易，便会失去传统优势。可是清政府在这方面没有采取任何积极主动的方针，完全无所作为，致使传统出口贸易的优势逐步丧失。

与清政府不同，明治政府一成立，就迅速展开一系列资本主义改革，其中一项重要内容，就是废除封建等级制度，宣布士、农、

① 《试办织布局折》，见《李文忠公全书·奏稿》卷 43。

工、商四民平等，其实际意义，就是承认资产阶级的政治权利与社会地位。同时，将德川幕府统治时期林立于各藩及交通要道上的各种关卡一律取消，大力提倡和奖励民间从事近代企业和对外贸易，促使“有志之辈，振起四方”，发展近代企业和对外贸易的势头“几成难以抑制之状”。①为适应内外贸易需要，1869 年，明治政府设置了通商司，负责筹划和推动内外贸易，从事与贸易密切相关的全国汇兑业务的统一和保护工作；1876 年，又在内务省内设劝商局，规定其职责为“辨明内外通商之利害得失，为便利商业而开辟海陆运输捷径，制订商会、市场之各项规则，设立商业学习所，保护商品标号，为振兴商业而贷放必要之资金，以及负责劝诱和奖励全国商业之所有事务”②。除此之外，明治政府派往各国的外交官也被赋予为本国对外贸易服务的职责。

与此同时，明治政府始终把摆脱对外贸易的不利状况、发展对外贸易与发展本国近代工业紧密联系在一起。他们无论是办近代工矿企业，抑或是办交通运输，都是与遏制外国工业品倾销、改善和扩大本国出口贸易相联系。在日本近代工矿企业刚刚起步时，政府便通过各种途径，竭力将工矿产品推向国际市场。如 1872 年，“在维也纳举行万国博览会时，政府虽在革新草创之初，亦支出经费约六十万元”，“将工业出口品送去陈列”；③“其后，从明治九年（1876）到十八年，又参加了美国费城举行的万国博览会等 20 次外国博览会，致力于向海外宣传日本制品和产业技术的引进”④。在运用近代科技和机器设备改造传统农业和手工业生产、振兴出口贸易

① 早稻田大学社会科学研究所编：《大隈文书》第 4 卷，第 320 页。
② 开国百年记念文化事业会编：《明治文化史》第 11 卷，东京：原书房 1979 年版，第 124 页。
③ ［日］野吕荣太郎著、张廷铮译：《日本资本主义发展史》，三联书店 1955 年版，第 55 页。
④ ［日］山口和雄：《日本经济史》，东京：筑摩书房 1975 年版，第 130 页。

方面，明治政府也做了大量工作。最突出的表现，便是用近代科技和机器设备改良生丝与茶叶生产，并针对世界市场的需求组织出口，使丝、茶出口贸易扶摇直上。

外部方面。清政府对于不平等条约关于协定关税、鸦片贸易、外国船只在中国沿海内河航行权等的规定极大地损害和压抑了中国对外贸易，也有一定认识，并有所不满。如李鸿章，就曾对协定关税的税率议论说："中国初定约时，为外人所蒙，转使外洋进口之货税轻，内地出口之货税重，不啻限制华商而护洋商"，并把这视为"通商后数十年之流弊"。[①] 对于《天津条约》规定鸦片贸易合法化的恶果，他也曾写道："洋药一项流毒中国……自印度进口，每年约七万数千箱，售银三千余万之多。英国明知害人之物而不欲禁洋商贩运……用意殊极狡狠。"[②] 关于外国在中国沿海内河航运权，李鸿章也不止一次地指明它所导致的中国江海之利被外人占尽的事实。至于其他官员、广大民间人士，对这些不平等条款的抨击和控诉，更是不绝于耳。清朝统治者尽管在一定程度上看到上述不平等条款对于中国对外贸易的危害，但却根本没有勇气争取将它们修改乃至废除。不仅如此，李鸿章甚至连允许本国商人在本国未开放口岸往返贸易这样的内政问题，也要先探明洋人口气、确认"无须拘守条约"之后，才敢作出决定。[③] 清政府在推行洋务新政期间，又与侵略者签订一系列不平等条约，甚至还把与对外贸易直接联系的海关管理权拱手让给外国侵略者，这无异于把中国对外贸易置于外国的控制之下。

在了解国际市场动向这一点上，清朝统治者也没有做什么事。

---

① 《请减出口煤税折》，《李文忠公全书·奏稿》卷 40。
② 《筹议海防折》，《李文忠公全书·奏稿》卷 24。
③ 参见《李文忠公全书·译署函稿》卷 7。

到目前为止，我们还很难找到相应的事实，更难见到当权者详细叙述和分析国际市场状况与动向的文献，即使一些官员在奏报、著述中触及对外贸易、国际市场问题，也只是言其大概，远远谈不上精确、全面。特别能说明问题的是，从1867年到1905年，中国先后参加了至少28次世界博览会，但每次都是由外国人担任的海关总税务司经手办理，却没有中国官员从中主持。这足以证明清朝统治者对国际市场动向是何等漠视！

明治政府在外部问题上的方针，与清朝统治者形成鲜明对照。在近代相当长的时间内，日本对外贸易同样也受到协定关税，外国在日本沿海据有航运权等不平等条款的严重损害与压抑。对此，明治政府尽管一开始也是采取承认的态度，但它表示争取修改乃至取消这些不平等条款的志向是一贯的，为此作了坚持不懈的努力。早在1871年，明治政府向欧美派出阵容庞大的岩仓使团，就把谈判改约、恢复关税主权作为其重要使命之一，尽管遭到西方列强拒绝、未获成功，但它绝不放弃努力，而后又于1876、1883、1890、1893、1894年多次与西方国家举行以恢复日本关税主权为主要内容的谈判。经过日本人民的坚决斗争、政府不断交涉谈判，加上复杂的国际因素的影响，终于在1894年在恢复关税主权问题上取得突破性进展，并于1911年完全恢复了关税主权。在挽回航运权的问题上，明治政府将外交谈判与扶植本国航运业有机地结合起来，为本国航运业创造一切有利条件，促其迅速发展壮大，同时全力支持其与外国在日航运势力展开竞争，凭实力将外国势力逐渐驱出日本沿海，在此基础上展开谈判交涉，于1911年完全收回本国沿海航运权。明治政府上述努力的结果，使对外贸易逐步摆脱外国的控制而取得主动权。

在密切注视和把握国际市场动向上，明治政府更是全力以赴。

大久保利通曾强调指出：以往日商之所以不能与外商抗衡，“无有能维持商业权力者”，原因之一就在于“国商尚不熟悉海外通商之道”，因此，应该“研究本邦物产之制法，是否合乎各国人情，计算买卖情况，辨明其利害得失”，“使本邦各家商人及各种物品制造者，通晓外国情况，且使之得到贸易上的便利”。[①]这实际上就是明治政府处理对外贸易的一项方针。按照这一方针，明治政府不仅积极参加各种国际贸易博览会，还命赴国外的官员“携带本国各种物产样品，以建立在该国广为流传之地位，并侦察报告该国商业情况，以及本国在该国贸易上的利害得失”[②]。尤其是对驻外总领事、领事、副领事，明治政府明确规定其职责为“掌管各驻在外国口岸之贸易事务”，“在航海贸易和工业上保护日本人的权利和利益”，要求他们为此而“通晓海外之各种法律、条约及所在国特别是所在地的商业法律和惯例”。[③]事实证明，日本外交官们在报告国际市场状况与动向，为发展日本对外贸易献计献策方面，作出了很大努力。

综上所述，在对外贸易的方针上，清朝统治者基本上还是封建主义的消极对待的方针，屈从于严重损害和压抑中国对外贸易的不平等条款、甚至继续出卖国家权益，将对外贸易完全置于外国侵略势力控制之下，对国际市场状况与动向也完全漠视，安于随波逐流，十分明显地反映出半封建半殖民地的属性。与此相反，日本明治政府则是推行积极促进对外贸易的方针，致力于消除不平等条约对对外贸易的严重妨碍，力争贸易平等，尽可能为发展对外贸易创造良好的条件，具有独立自主推行对外贸易的性

① 日本史籍协会编：《大久保利通文书》第 6 册，第 465—481 页。

② 开国百年记念文化事业会编：《明治文化史》第 11 卷，第 124 页。

③ 外务省百年史编纂委员会编：《外務省の百年》，东京：原书房 1969 年版，第 18、125 页。

质。中日统治者的方针的这种质的差异，必然导致两国对外贸易的不同发展趋势和结局。

二、中日对外贸易状况之比较

在近代较长的时间里，中日对外贸易结构颇为相似，都大量输入西方国家的工业品，出口则主要是以茶、丝为大宗的农业（包括水产业）、手工业产品。有些论者据此将中日对外贸易结构统称为半殖民地贸易结构。这种看法固然有一定的道理，因为在当时，中日对外贸易都受制于西方主宰的国际贸易，并居于从属地位，但也有过于简单之嫌。事实上，近代中日两国对外贸易尽管结构类似，但发展趋势、结局和对各自国家的影响都截然不同。

（一）进口贸易

在近代，西方国家对中日两国的经济扩张，主要表现为向两国大量输出工业品，而工业品的大量输入，导致两国对外贸易总体状况的恶化。因此要有效地抵制西方经济扩张、扭转对外贸易的不利局面，就必须设法摆脱进口贸易的恶劣状况。同时，中日两国作为落后国家，要发展近代工业、赶上西方先进国家，还必须充分利用进口贸易，引进机器设备、先进交通运输工具及工业原料等等。因此，两国进口贸易如何发展变化，关系十分重大。

下面试对鸦片、棉毛织品、机器、原料和燃料的进口作粗略的分析。

首先看中日进口贸易的结构。表1、表2显示，两国主要进口商品，大致可分为四类：一是鸦片，二是棉毛纺织品，三是机器、原料和燃料，四是粮食和副食品。

表1　中国主要进口商品（1871—1893）

年代	鸦片（公担）	棉布（元）	棉纱（公担）	钢铁（公担）	机器类（元）	煤油（公升）	棉花（公担）	米（公担）	糖（公担）
1871—1873	37408	32013727	37791	142806	—	—	151491	415933	125578
1881—1883	42777	28493537	118020	273717	—	—	106373	137940	43683
1891—1893	43558	44911705	704877	887337	1259176	176513915	54567	3650399	477975

资料来源：本表依据严中平等编：《中国近代经济史统计资料选辑》，科学出版社1955年版。

说明：1868—1870年各项统计数字，因资料缺乏，未能列入。

表2　日本主要进口商品（1868—1895）

（单位：千日元）

年代	毛织品	棉织品	棉纱	钢铁金属	机器类	石油	棉花	米	糖
1868—1870	2333	2716	3064	476	34	10	713	6489	1852
1871—1875	5413	5294	3982	899	301	289	404	267	2584
1876—1880	5091	5093	5879	1833	424	1288	307	137	3070
1881—1885	3217	3484	6079	1637	421	1839	415	168	4522
1886—1890	5140	3837	10084	2791	2419	3457	2116	2522	6565
1891—1895	6464	5524	7165	5219	3777	4341	15346	4397	10753

资料来源：依据日本东洋经济新报社编：《日本贸易精览》，东京：该社1975年版。

表3　中国主要进口商品在进口总值中所占比重（%）

年代	鸦片	棉布	棉纱	棉花	钢铁	机器类	煤油	米	糖
1871—1873	37.7	30.2	2.8	3.8	0.9	—	—	0.9	0.9
1881—1883	37.0	22.8	5.8	2.1	1.1	—	—	0.3	0.5
1891—1893	20.5	20.5	14.6	0.9	1.8	0.5	3.7	5.9	2.7

资料来源：同表1。

表4　日本主要进口商品在进口总值中所占比重（%）

年代	毛织品	棉织品	棉纱	棉花	钢铁金属	机器类	石油	米	糖
1868—1870	11	12	14	3	2	0	0	30	9
1871—1875	21	20	15	2	4	1	1	1	10
1876—1880	17	17	19	1	6	1	4	0	10
1881—1885	11	12	21	1	6	1	6	1	15
1886—1890	9	7	17	4	5	4	6	4	11
1891—1895	7	6	8	16	6	4	5	5	11

资料来源：同表2。

1. 鸦片

这是中国进口贸易中的“特殊商品”。如表3所示，一直到1883年，鸦片在中国进口贸易额中所占比重，都超过棉布、棉纱之和，直到1893年，就单项进口商品而言，仍与棉布比肩。反观日本，进口商品中没有鸦片的踪影。

鸦片贸易之所以在相当长的时间内在中国处于半公开和公开地位，就中国内部而言，主要是封建统治者腐败和对外屈从于侵略者压力的结果。鸦片战争后，清政府被英国坚船利炮所吓倒，实际上放弃了对外严禁鸦片的正义立场，使外国鸦片贩子在光天化日之下毫无顾忌地贩毒于中国沿海；第二次鸦片战争后，清朝统治者进一步屈服于西方列强的武力，在规定鸦片贸易合法化的条约上签字画押。在鸦片毒潮恶性泛滥的形势下，清政府仍奉行所谓“恪守条约”的方针，根本不敢设想改变不平等条约中有关鸦片进口的规定，只是采取“弛各省罂粟之禁”的措施，搞所谓“阴相抵制”，企图以此使得“外洋鸦片不来”。① 而最终后果，却是洋烟蔓延无阻、进口量不断上升：1891—1893年的进口量，超出1871—1873年进口量16.4%，国内罂粟种植也不断扩大，对中国社会生产力造成很大破坏。

中日进口贸易中鸦片问题的有无，不仅对进口贸易本身，而且对整个对外贸易影响甚大。人们会注意到这样一个事实：如果没有鸦片这种“特殊商品”进口，中国在外贸中的出超地位可以一直保持到1882年；而加进鸦片，中国早就失去了出超地位，一直延续着入超（除极少数年份外）。在长达百多年的时间里，剥夺中国对外贸易优势的，竟然就是这样一种毒品！日本近代的对外贸易，除开港

① 《筹议海防折》，《李文忠公全书·奏稿》卷24。

后很短一段时间外，也长期处于入超地位，如 1870 年，仅入超额就相当于全部出口额的 1.32 倍。[①]但它没有鸦片这样的毒品问题，因而尽管都是入超，但对社会所起的作用则有很大的不同。

鸦片贸易并不只是影响对外贸易本身，从根本上说，它是西方资本主义进行殖民掠夺的重要手段。中国近代史的常识告诉我们，鸦片贸易引起的白银滔滔外流，填充了英国与英印政府的国库，滋养出一大批腰缠万贯的外国毒枭，造成中国社会经济的混乱和衰竭，民众生活的痛苦与政府财政的巨大危机。可见清朝统治者屈服于西方列强压力，听任鸦片流毒全国，无异于慢性自杀；而日本统治者坚持严禁鸦片贸易，虽则仍受制于西方列强，但却避免了雪上加霜。

2. 棉毛织品

大量输出棉毛纺织品，是英国为首的西方国家对外实行经济扩张的重要手段。在中国，棉布和棉纱长期是仅次于鸦片的进口商品，并且，从 1885 年起，棉纺织品进口值累计起来，超过了鸦片进口值，在进口总值中占最大比重。在日本，除了 1868 年至 1870 年是以米为头号进口商品外，直到 1890 年，都是由棉毛纺织中的某一种位居榜首。若将棉毛纺织品进口值累计起来，则从 1868 年至 1895 年，一直都占进口总值的最大比重。

从棉纺织品进口对中日两国造成的压力来看，虽说进口总量在长时间里是中国超出日本（1883 年时，中国进口英国棉纺织品 480.8 万磅，同年日本进口 128.3 万磅），但按人均消费量来算，日本则远远超过中国。英国人艾利森曾将中国 1881、1883 年与日本 1880、

---

① 矢野恒太纪念会编，司楚、訾瞭祖译：《日本 100 年》，时事出版社 1984 年版，第 324 页表 6—1 推算。

1883年进口英国棉纺织品的数量，按当时两国人口数加以平均，指出中国平均消费量为人年均4.5便士，日本则为10.75便士。①这说明，日本在棉纺织品进口方面所受的压力，实际上大大超过中国。但两国在这方面呈现出不同的发展趋势。

中国方面，直到19世纪80年代以前，棉纺织品进口的步伐比较缓慢，有时甚至徘徊不前；1845—1855年，英国对华出口棉纱只增加了10%，而棉布反由开始时的310万匹降到200万匹。②19世纪60年代，情况并无多大变化。到70年代，虽然进口量上升，但紧接着又出现新的徘徊——1875年至1879年的年均进口值，较之1870—1874年间降低8.9%。③

日本自1859年开港之后，外国棉纺织品迅速打入，明治维新开始以后，进口更是持续大幅度增长（只有19世纪80年代前期几年除外），在1886—1890年，年均进口值达到最高点（1392.1万日元），较之1868—1870年的年均进口值，增加了1.4倍。至于毛织品进口，也一直维持在较高水平，1868—1890年，在进口总值中的比重，最高时为21%，最低时也有9%（见表2、4）。

可见，中国在1880年、日本在1890年以前，外国棉毛纺织品进口，一个是呈缓慢发展甚至停滞、徘徊之势，一个是呈持续、迅速增长之势。这固然是由于中国耕织结合的自然经济顽强抵抗，而日本则在开港之后迅速被西方工业品占据市场的结果。但是值得特别注意的是：中国自1880年后，进口棉纺织品呈直线上升之势，从

---

① 转引自［日］芝原拓自：《日本近代化の世界史的位置》，东京：岩波书店1981年版，第52页。

② 参见严中平主编：《中国近代经济史》上册，人民出版社1989年版，第338页。

③ 参见姚贤镐编：《中国近代对外贸易史资料》第3册，中华书局1962年版，第1602—1603页。

1880 至 1894 年，棉纺织品按每 5 年平均计算，进口值增加了 1.13 倍，[①]在进口商品中所占比重也不断加大，1891—1893 年平均为 35.1%，延至 1901—1903 年，更达到 38.3%。（见表 3）日本与此相反，自 1891 年起，作为棉纺织品主项之一的棉纱进口量骤减，1891—1895 年年均进口量为 5.55 万吨，与 1886—1890 年 10.82 万吨的年均进口量相比，减少将近一半；这种趋势随后一直保持下去，[②]它在进口总值中的比重不断降低（1893 年为 14.7%，1898 年为 7.0%，1903 年为 3.5%），到 20 世纪时，进口棉纺织品已由过去的最高位置，降到无足轻重的位置。

中日两国在棉纺织品进口问题上为什么会出现如此大的反差呢？我认为关键在于两国统治者采取了不同的措施。

对于外国棉纺织品的大量涌入，中日两国统治者都是作为严重的问题看待的。如李鸿章曾指出："进口洋货以洋布为大宗……民间争相购用，而中国银钱耗入外洋者，实已不少"[③]，"于中国女红……之利，妨夺不少"[④]；张之洞也指出："洋纱一项，进口日多，较洋布行销尤广；江、皖、川、楚等省，或有难销洋布之区，更无不用洋纱之地，开源塞漏，断以此为大宗。"[⑤]至于日本统治者，则说得更多、更深刻。幕末年间，有开明倾向的萨摩藩藩主岛津齐彬，在看到从国外输入的精纺棉纱后，就告诫属下说："将来榨取日本膏血者，实为此物。"[⑥]明治维新以后，鉴于"作为国民必需品而由海外

① 参见姚贤镐编：《中国近代对外贸易史资料》第 3 册，第 1602—1603 页。

② ［日］芝原拓自：《日本近代化の世界史的位置》，第 165 页。

③《试办织布局折》，《李文忠公全书·奏稿》卷 43。

④《筹议海防折》，《李文忠公全书·奏稿》卷 24。

⑤《增设纺纱厂折》，《张文襄公全集·奏议》卷 35。

⑥ 日本农商务省编：《紡績沿革記事》，转引自［日］三瓶孝子：《日本綿業発達史》，第 32 页。

进口物品中，为数最大者莫如棉纱”，主政官员认为：其进口额的“十分之七本应以本国所产棉花制成，尚仰之于海外，岂可谓经国之得策!”[①]

尽管两国统治者都把外国棉纺织品的大量进口看得很严重，但各自所采取的措施却截然两样。中国除了传统的自然经济自发地起抵制作用外，统治者没有大力倡导和促进近代棉纺织业的发展，他们至多只是对外国棉纺织品的不断打入发出几声叹息，充其量只是尝试着办一两家纺织厂而已。即使像李鸿章这样比较了解外国棉纺织品大量进口的严重性、从而也明了发展本国近代棉纺织业的紧迫性的官员，在其兴办上海机器织布局时，还明确规定：“十年以内，只准华商附股搭办，不准另行设局”[②]，严重束缚民间近代棉纺织业的发展。其结果，到1895年，全国总共只有7家棉纺织厂，少得可怜，使中国在自然经济不断解体的形势下，根本没有力量抵挡外国棉纺织品愈来愈猛烈的进口。相反，日本明治政府在进口棉纺织品的重压下，不是消极对待、无所作为，而是竭力扭转劣势。内务卿大久保利通，于明治七年（1874）在内务省新设劝业寮，让大藏大辅松方兼任劝业头，特委以“奖励棉纱纺绩业之责”[③]。“从十三年起，输入棉纺织机器，或以之设立官营模范工厂，或借给民间，并补助民业的资金及保护它们。”[④]为了使近代棉纺织业在全国范围内普遍、迅速地发展，明治政府还“在举办国内劝业博览会的同时，成立共进会，通过产品竞技、技术公开与交换等等，促进产业的改良和发展”。因此，自“十五年以后，日本棉纺织业就渐渐发展起

① ［日］前田正名：《兴业意见》，转引自［日］三瓶孝子：《日本綿業発達史》，第38页。
② 《试办织布局折》，《李文忠公全书·奏稿》卷43。
③ ［日］三瓶孝子：《日本綿業発達史》，第38页。
④ ［日］野吕荣太郎、张廷铮译：《日本资本主义发展史》，第63页。

来，而从十八年前后起，遂有飞跃的发展”[①]。在甲午战争前的1892年，日本已有机器棉纺织厂39家，1897年又增为74家，几乎是中国同期棉纺织工厂的10倍。而日本棉纱的产量，则从1890年起就超过了外国棉纱进口量，以后持续增长，为遏止外国棉纺织品对日输入打下了坚实的基础。

中日进口外国棉纺织品的不同发展趋势，既是由两国统治者的不同措施所造成，同时又深刻影响了两国外贸结构的演变与经济发展进程。在中国外贸结构中，作为西方主要工业品的棉纺织品，愈来愈牢固地占据进口贸易的主导地位，愈来愈广、愈来愈深地占据中国市场，由此对中国近代棉纺织业的发展造成严重的压力与障碍，也拖住了整个中国工业化的步伐。在整个中国近代，经济独立的地位逐步丧失，经济半殖民地化的程度不断加深，一个重要因素，就是以外国棉纺织品为主的进口贸易的不断恶化。而在日本，外国棉纺织品在外贸结构中的位置不断降低，直至无足轻重，这既意味着外贸被动地位的逐步改善，更说明日本在逐步摆脱西方资本主义的经济侵略与掠夺，恢复经济独立地位。正是由于明治政府抓住西方资本主义尚未过渡到垄断阶段、资本输出尚未成为其对外经济扩张的重要手段这一有利时机，及时有力地倡导和推动日本近代棉纺织业发展、迅速扭转外国棉纺织品大量涌入的不利局面，才为整个日本工业化打下良好的基础，消除了一些严重的有害因素（即外国工业品对日本市场的占领、大量资金外流等等），意义之深远，不可小视。

3. 机器、原料和燃料

在近代世界上，落后国家要发展新式工业、追赶西方发达国

---

① ［日］三瓶孝子：《日本綿業発達史》，第47页。

家，都必须从西方国家引进先进技术、机器设备，同时还要根据需要，进口一些工业原料与燃料。这些也都需要通过进口贸易来解决。这种进口贸易，不同于外国主要供日常消费的工业品输入，它主要是依据进口国发展近代经济需要进行。中日这种性质的进口贸易，也有很大差别。

首先，机器设备的进口。

表1上只有1891—1893年中国的年均进口值。这并不等于说中国1891年以前不曾进口外国机器设备，实际上，从19世纪60年代起，洋务派就已开始向外国购买机器设备，兴办近代军事工业。在历时30来年的洋务新政中，洋务派购买了近代工矿业所需的多种机器设备，只是缺乏相应的统计罢了。不过，我们通过已有的统计数字，还是可以确认一点，即在进口贸易中，机器设备的比重过于微乎其微，如表3所示，1891—1893年，平均仅占0.5%，直到1909—1911年，也只占3%。[①] 反观日本，如表4所示，1871—1875年时，就平均占1%，在1890—1895年，平均占4%，与中国同期相比，高出7倍！

当时的中日两国，发展近代工矿企业、引进机器设备，都存在资金严重缺乏的问题，这也正是两国机器设备进口值都显得比重偏低的原因所在。但同是在资金缺乏的条件下，两国努力的程度大不一样：日本竭尽全力、顶着外贸巨额赤字的沉重压力，通过增加出口、发行公债、建立近代银行金融系统、加重国内农民租税负担等多种途径，筹集资金购买外国机器设备；而清政府面临着日益加重的财政困难，本身既不可能为大量购进外国机器设备提供充足的资金，又长期无意或无力去做增加出口、发行公债、建立近代金融系

① 参见严中平等编：《中国近代经济史统计资料选辑》，科学出版社1955年版，第76页。

统等工作，对民间有意于投资近代工业者，还长期加以重重束缚，甚至禁止民间进口外国机器设备。[①] 这样，中国自然无法在购买外国机器设备方面取得较快和较大的进展。

其次，近代工业原料、燃料——钢铁、金属、棉花和煤油的进口。

就进口钢铁、金属及燃料之类而言，中国主要进口钢铁和煤油。在 1871—1873 年，钢铁平均占每年进口总值的 0.9%，在 1891—1893 年，上升为 1.8%；煤油从 1864 年开始进口以后，增长较快，1886 年时成为仅次于棉毛织品的进口商品，1891—1893 年平均占每年进口总值的 3.7%。而日本方面，除了钢铁之外，其他金属也占进口贸易的一定比重，单是钢铁，1868—1870 年已占年均进口值的 1%，1876 年至 1895 年，则长期维持在 4%；其他金属从 1875 年至 1895 年，固定在 2% 的位置上。至于煤油的进口，在日本也是与年俱增，从 1881 年到 1890 年，一直占年均进口值的 6%。比较起来，日本无论哪一项所占的比重，都高于中国同类进口商品的相应比重。此外还应指出的是：1895 年以前，中国进口的钢铁，主要是适应民间手工业加工农具、日用生活品的需要，充作近代工业原料的为数很少；而日本进口的钢铁则有相当一部分用于铺设铁路等用途，其他金属进口更是主要为近代工业、交通、电信事业等服务。

在本类进口商品中，中日形成颇为鲜明的对比的，要算是棉花。中国进口棉花的历史可以追溯到 1704 年，一直到 1873 年，进口棉花还占进口总值的 30.8%，仅次于鸦片、棉布，居第三位。但从 1881 年起，棉花进口量便开始剧烈下降，这种趋势基本保持到 1911 年，并且，直到 1909—1911 年，棉花进口量也未恢复到

① 参见严中平主编：《中国近代经济史》上册，第 130 页。

1871—1873年的年均水平。相反，棉花出口量自19世纪80年代起直线上升，这种趋势也保持到1911年。[①] 再看日本：自开港通商后，棉花一直是进口商品，但直到1885年，进口量都处在较低的水平上，而从1886年以后，棉花进口便出现急剧增长之势，1886—1890年的进口量，是1881—1885年的5.7倍多，而1891—1895年的进口量，又是1886—1890年的5倍![②] 这种势头一直保持到20世纪20年代。中日棉花进口量一降一升，反差何其强烈。原因何在？原来，中国进口的棉花，基本上是供手工纺织业之用，而不是用作近代棉纺织业的原料。随着19世纪80年代以后外国棉纺织品在华市场的不断扩大，传统手工纺织业尤其是手纺业纷纷破产，大量手纺业者将纺土纱改为直接用洋纱织布，从而大大降低了对进口棉花的需求。棉花进口量的急剧下降，既折射出中国传统手工纺织业的衰落，又证明了中国近代棉纺织业的沉寂。这当然是由外国资本主义和清朝统治者共同造成的。而日本自1886年以后棉花进口量的迅猛上升，则是与日本近代棉纺织业的迅猛发展完全吻合，从一个侧面配合了日本工业化的巨大进展。

在分别比较了中日进口机器设备、近代工业原料和燃料的状况并分析其差异的原因后，我们不妨再将本类商品19世纪90年代初在两国进口商品总值中所占总比重作一对比：中国为6.9%，日本为31%。这两个百分比证明：中国进口贸易在为本国发展近代经济服务方面所起作用微乎其微，而在日本进口贸易中，这种服务却成为其重要内容和职能。

---

① 参见严中平等编：《中国近代经济史统计资料选辑》，第74页。

② 参见［日］芝原拓自：《日本近代化の世界史的位置》，第164页。

(二)出口贸易

一般地说，一个国家在外贸中的地位，在相当程度上是由出口贸易的状况决定的，大量持续地出口有竞争力的各色商品，是在外贸中占据优势的必要条件。而且，较之进口贸易，出口贸易更直接地服务于本国产品市场的扩大，故出口贸易的特殊重要性是不言而喻的。

在近代条件下，对外贸易说到底是由大机器生产支配并为大机器生产服务。外贸的竞争，主要是工业发展水平和科学技术的竞争。一个国家要在对外贸易中处于有利地位，不致力于生产和出口近代工矿产品，是不可想象的。即使有传统出口优势的国家，如果故步自封、不思进取，不用近代科学技术改进以往占优势的出口商品的生产，不关注国际市场新动向，也会在日趋激烈的竞争中败下阵来；倘若同时又不抓紧近代工矿产品的生产与出口，那就会沦落到完全受人支配的地位。中日两国出口贸易发展情况若何？两国统治者对出口贸易抱什么态度？结局与影响又是怎样？这是值得作一番认真比较的。

1. 茶叶、生丝

从表 5、表 6 可以看出，茶叶与生丝在中日出口商品中，都是名列前茅的。从它们在出口总值中所占比重来看，中国在 1871—1873 年，平均为 87.2%，在 1891—1893 年，也平均占 51.5%；而日本在 1871—1875 年，平均为 62%，在 1890—1895 年，也平均占 44%。茶、丝在中日出口商品中之所以占如此大的比重，当然是中国拥有生产和出口茶、丝的传统优势，日本有这方面的有利条件，以及两国均还没有高水平的近代工业的缘故。

就茶、丝出口贸易水平而言，日本原来不能望中国之项背，如 1868 年，中国出口茶叶 1440871 担，日本出口 100115 担，中国是日本的 14.4 倍。[①] 1872—1874 年间，中国出口生丝年均 61848 担，日

---

① 参见姚贤镐编：《中国近代对外贸易史资料》第 2 册，第 1201、1218—1219 页。

表5 中国主要出口商品、出口近代工业品（1871—1893）

（单位：公担）

年代	茶叶	生丝	棉花	棉纺织品	近代矿产品	其他工业品
1871—1873	1022159	37529	8486	—	—	—
1881—1883	1238145	39345	17473	—	—	—
1891—1893	1055064	59946	290417	—	—	—

资料来源：同表1。

表6 日本主要出口商品、出口近代工矿产品（1868—1895）

（单位：千日元）

年代	茶叶	生丝	水产品	蚕卵纸	棉纱	棉织品	煤	铜	火柴
1868—1870	3397	5417	825	2926	—	5	188	119	—
1871—1875	5534	6229	1103	1560	—	6	571	740	—
1876—1880	5811	9811	1622	895	—	22	852	615	95
1881—1885	6566	13342	2113	113	—	85	1485	1093	71
1886—1890	6787	20599	2934	5	* 2	175	3375	3218	938
1891—1895	7814	36203	3202	3	413	1215	5665	4906	3210

资料来源：同表2。带*的数字为1890年一年的数字。

表7 中国出口总额中主要商品所占比重（%）

年代	茶叶	生丝	棉花
1871—1873	52.7	34.5	0.2
1881—1883	46.2	26.2	0.4
1891—1893	26.9	24.6	4.8

资料来源：同表1。

表8 日本出口总额中各主要商品所占比重（%）

年代	茶叶	生丝	水产品	蚕卵纸	棉织品	棉纱	煤	铜	火柴
1868—1870	24	38	6	20	0	—	1	1	—
1871—1875	29	33	6	8	0	—	3	4	—
1876—1880	22	37	6	3	0	—	3	2	0
1881—1885	19	38	6	0	0	—	4	3	0
1886—1890	12	35	5	0	0	0	6	5	2
1891—1895	8	36	3	0	1	0	6	5	3

资料来源：同表2。

本则年均出口 10255 担，中国是日本的 6 倍多。[①] 然而，倘若拿 19 世纪 70 年代以后两国茶、丝出口贸易的发展趋势来比较，呈现在我们面前的，就是另外一种图景了。

中国茶叶的出口，从 1870 年至 1889 年，基本呈上升趋势，以 5 年为单位平均计算，则 1885—1889 年为 2272119 担，较之 1870—1874 年的 1760213 担，出口量增长 29.9%。然而，从 1889 年以后，就基本呈下降趋势：1890—1894 年，年均出口 1799471 担，较之前一个 5 年的年均出口量，降低了 26.3%；[②] 以后一直到 20 世纪，依然呈猛降的趋势，如 1909—1911 年的年均出口量，仅为 911629 公担，远远低于 1881—1883 年 1238145 公担的水平（降低了 35.8%）。[③] 而日本自 1870 年以后至 20 世纪前期，茶叶出口量一直呈迅速上升之势，即使与 1889 年以前基本呈上升趋势的中国茶叶出口相比，日本上升的速度也高得惊人：1885—1889 年，日本年均出口茶叶 335492 担，较之 1870—1874 年的平均出口量 147163 担，增长 127.9%，[④] 相当于同期中国增长速度的 4.4 倍。上述情况说明，中国茶叶出口由 19 世纪 80 年代末以前的逐步增长，转向这以后的不断萎缩，而日本茶叶出口则自 19 世纪 70 年代起，一直保持迅猛增长势头。

再看中日生丝出口的发展趋势。中国生丝出口量在 1870—1874 年，年均数为 57446 担，1890—1894 年为 78752 担，20 年中增长 37%；而日本生丝出口量在 1870—1874 年，年均数为 10164 担，1890—1894 年为 44076 担，20 年中增长 333.6%。[⑤] 论增长速度，日本是中国的 9 倍多。从绝对出口量来看，1870 年时，日本为 6830

① 参见严中平主编：《中国近代经济史》下册，第 1222 页。
② 参见姚贤镐编：《中国近代对外贸易史资料》第 3 册，第 1606 页。
③ 严中平等编：《中国近代经济史统计资料选辑》，第 74 页。
④ 姚贤镐编：《中国近代对外贸易史资料》第 2 册，第 1201 页。
⑤ 同上，第 1226—1227 页。

担，只不过是同年中国45824担的14.9%；而到1894年时，日本为54840担，已是中国83303担的65.8%了，差距大大缩小。上述情况表明：中日两国生丝出口虽然在19世纪70年代以后都呈上升趋势，但日本上升的速度远远超过中国，绝对出口量也逐渐逼近中国。而20世纪以后，日本生丝绝对出口量终于超过了中国（1920年，中国出口63088公担，日本出口105649公担）。[①]

为什么曾在相当长的时间内独占世界茶、丝贸易鳌头的中国，与这两种商品出口原本都无优势可言的日本，在19世纪70年代以后出现如此强烈的反差呢？关键在于两国统治者采取了不同的方针。这主要体现在以下三个方面：

第一，在近代条件下，中国封建统治者对茶、丝生产不求改进，故步自封，而日本统治者则大力将近代科技和新生产方法引入茶、丝生产过程之中。

中国茶、丝生产与出口的历史悠久，即使国门被西方打破之后，茶、丝也没有减少在外贸中的重要性。对这一点，统治者并非不知。与李鸿章关系密切的冯桂芬，早在19世纪60年代初，便指出："由今日观之，则茶桑又并为富国之大原也。上海一口贸易四五千万，而丝茶为大宗。彼以鸦片洋货相抵犹不足，必以银补之。设使彼有鸦片，我无丝茶，中国早不支矣。"[②]据研究，从19世纪40年代至70年代，在国际市场需求刺激下，中国"增加茶叶生产达4倍多"[③]；太平天国起义被镇压下去后，清朝统治者也在不少地区提倡养蚕制丝，以利于恢复被打乱的秩序。但是，他们对茶、丝生产的引导，还是用千百年来一直沿袭的老办法。当印度、锡兰在大种

① 严中平等编：《中国近代经济史统计资料选辑》，第82页。

② 参见《筹国用议》，载《校邠庐抗议》上卷。

③ 严中平主编：《中国近代经济史》下册，第1203页。

植园制度下、按照近代科学方法种植、采摘茶叶时，中国依旧由分散的个体农民按祖宗传下来的方法种植和采摘；当印度等地采用机器加工茶叶时，中国还是完全由茶农手工制作。尽管有人吁请清政府下令各省“访求西法，师其所长，毋执成见，庶我固有之利不尽为洋产所夺”[①]，但不被理睬。政府从未向民间灌输和推广茶叶生产的近代科学方法，更不曾设法将机器运用于茶叶制作之中。这样一来，中国茶叶生产在产品质量上，总的来说愈来愈显得低下，从而愈来愈削弱中国茶叶在国际市场上的竞争力。在生丝生产方面，虽说 19 世纪 60 年代以后世界生丝生产进入机械化的新阶段，得风气之先的王韬早在 1863 年就向李鸿章建议：“木棉我所自出，丝斤我所本有，所少者火机之纺器织具耳，而可购求制造也。”[②]然而，统治者长期无动于衷，直到 1894 年才由湖广总督张之洞创立第一家官营机器缫丝厂。在民间，虽说从 1873 年就出现了机器缫丝厂，并从广东扩展到上海、浙江和烟台等地，但都与政府的倡导、鼓励和支持无关。就全国情形来说，“到了 1895 年，中国生丝出口总额的 94678 担中，由土法手工生产者还达 70223 担，即 74.2%，由新法机器生产者仅 24455 担，即 25.8%”[③]。由于机器缫丝进展太慢，中国生丝质量水平愈来愈显低下，尽管“生丝的出口总量并未降低，而出口总值却大幅度减少”，如 1870—1874 年，年均生丝出口值为 25723 海关两，而 1885—1889 年却降为 18390 海关两。[④]

日本统治者是推行的什么方针呢？他们鉴于“输出价格，近十之五点三，属生丝、制茶二物”，在外贸中对抗外国工业品输入、

① 参见《富民说》，《适可斋记言》，中华书局 1960 年版。
② 朱维铮主编：《弢园文新编》，第 247 页。
③ 严中平主编：《中国近代经济史》下册，第 1216 页。
④ 同上，第 1223—1224 页。

“维持平衡者莫如生丝、制茶”，[①]而将采用近代科学技术、机器设备振兴茶、丝生产与出口，作为殖产兴业的重要环节。他们优先向茶叶种植者提供土地，“鼓励用聪明的方法种植茶树”[②]。自1877年起作为外交官驻日多年的黄遵宪，在所著《日本国志》中，具体描述了日本政府倡导茶叶生产的做法：“政府频年设法维持，于明治十二年（1879）开共进会，凡出品者八百四十六家，一千一百七十二品，特选委员审查其形状……色泽……火度……水色……茶滓……香……味……收藏……价格……性质……原价……分别八等，以定优劣。其尤者给以奖牌。”[③]从黄为所列日本官员审查的11个项目所作解说来看，既包括茶叶本身的质量，又包括茶叶的生产成本、销售利润以及贮藏状况，还有不同的土质对茶叶品质的影响，等等。可见日本政府是运用近代科学的方法、近代经济的眼光倡导茶叶生产的。至于日本在茶叶制作中使用机器，当时连国外的人士也有所闻，如1882—1891年厦门海关报告中说：“据一家横滨报纸记载，至少有一个热心事业的日本人‘厦门茶农至今既未采用任何机器，对陈旧的方法也未进行任何改良’，作了一番对比。”[④]正因为当时日本政府采取了适时得当的方针，所以在茶叶生产中出现“民人奋励争进”的局面，“比之从前，大有进境”。[⑤]在生丝生产方面，日本政府推动采用近代科技和机器设备的做法更为突出。早在1870年，日本政府就鉴于本国生丝质劣而在国际市场滞销的状况，从机器缫丝最发达的法国引进机器设备，延聘技师，开办“官营模范工

---

① 《明治十三年棉糖共进会报告》，转引自芝原拓自：《日本近代化の世界史的位置》，第164页。

② 见姚贤镐编：《中国近代对外贸易史资料》第2册，第1200页。

③ 黄遵宪著、吴振清等点校整理：《日本国志》下卷，天津人民出版社2005年版，第926页。

④ 姚贤镐编：《中国近代对外贸易史资料》第2册，第1218页。

⑤ 黄遵宪著、吴振清等点校整理：《日本国志》下卷，第926页。

厂富冈制丝厂”；1873 年和 1876 年，又相继购进意大利、瑞士机器设备，办起“工部省制丝厂”和“新町纺绩所”。这些官办机器缫丝厂主要向全国各地缫丝女工传授机器缫丝技术（据记载，仅富冈制丝厂从 1873 年至 1884 年，就培训全国 30 个府县的女工 3472 人），[①] 并向全社会做出使用机器缫丝的示范。此外，日本政府还大力推动民间“迅速地采用了一切西方科学关于改良育蚕的知识，以及西方工艺为制造精美产品而设计的一切发明”[②]。由于这些努力，制丝业成为日本“最早广泛地商品生产化和工厂生产化”的工业部门，发展速度很快，“器械制丝在明治二十二年（1889）末，约只占全部生丝生产额 40%，但在明治二十七年时，已经超过半数，以后继续增加”。[③] 先进缫丝技术的普遍运用和机器制丝业的迅速发展，为提高日本生丝的生产能力与产品质量、增强在国际市场上的竞争力，创造了最重要的前提和条件。

第二，中国封建统治者不关心、不研究国际茶、丝生产与贸易的巨大变化，得过且过，而日本统治者则密切注视和把握这种巨大变化，并据以决定自己的战略。

长期以来，中国以种茶植桑的悠久历史和别国所不及的制作茶叶、生丝的技术，在其他出产茶、丝的国家甚少的背景下，一直独占世界茶、丝生产与贸易之首位。但这种局面自 19 世纪六七十年代以后，发生了巨大变化：出产和外销茶叶的国家增添了印度、锡兰和日本等国，在生丝的生产和外贸方面，欧洲的意大利与亚洲的日本，也逐渐成为中国的强劲对手。而茶、丝生产本身，如前述，也进入了以近代科技作指导、运用机器的新阶段。这些巨大变化，无

---

① ［日］古道敏雄等著：《产业史》3，东京：山川出版社 1981 年版，第 183、185 页。
② 姚贤镐编：《中国近代对外贸易史资料》第 2 册，第 1226 页。
③ ［日］野吕荣太郎、张廷铮译：《日本资本主义发展史》，第 197、198 页。

疑是对中国茶、丝生产和外贸的严重挑战，使之面临何去何从的重大抉择。一些较为了解外部世界情况的人，如王韬、马建忠、薛福成等，都曾大声疾呼，要求当道重视，制定相应的对策。在这十分紧要的关头，封建统治者并不关心上述巨大变化，依旧浑浑噩噩。虽说在1887年，总理衙门也曾委托总税务司赫德对中国茶叶在世界市场上处于劣势地位和补救方策进行调查研究，但以后未见有何动作。我们现在从当时主政官员的公文书牍中，很难找出他们对国际茶、丝生产与贸易状况进行具体、精确分析判断的文字。在这种情况下，自然无法指望中国统治者因势利导、作出有助于维护中国茶、丝生产与外贸优势的举动来。

日本统治者全然不同。明治维新以后的“殖产兴业”，是与“求知识于世界”的方针结合在一起的。有名的岩仓使团在欧美，对大机器生产和科学技术的巨大作用留下深刻印象，由此知其“富强之所以也”，[1]并立志以欧美为样板。正因为如此，日本政府在推动茶、丝生产大规模展开之初，便紧随时代潮流，竭力吸收和推广相关科技、倡导使用机器，使日本茶、丝生产跃上新台阶。对国际茶、丝生产与贸易的动向，日本政府通过外派官员和驻外使领人员，加以密切注视，并根据他们掌握的确切的信息情报，决定自己的战略。请看一例：明治维新以后，日本茶、丝出口的对象是欧美，但日茶在欧洲（主要是英国）市场受到中国、印度、锡兰茶的激烈竞争，难以立足；而日本生丝在欧洲（主要是法国）市场也难与意大利、中国和孟加拉国生丝等抗衡。在此状况下，该如何决定日本茶、丝出口战略？1874年10月，日本驻美国纽约领事富田铁之助根据他掌握的情况，提出了重要建议：“我国生丝在美销售渐次兴

① 日本史籍协会编：《大久保利通文书》第4册，东京：东京大学出版会1968年版，第468页。

旺，但粗糙产品混杂其间，故而不能消除彼国国民疑虑。又，我国之茶叶……现在波士顿受到普遍喜爱……且渐及附近，终将形成传播各州之势……故而今若输送精良之丝茶，以充美国人民之所望，则将以往中国在美所占之利益转归于我，亦不难矣。”[①] 史实证明，从那以后，日本正是以主要针对美国市场需求发展茶、丝出口，作为其战略的。在这一战略指导下，其绿茶在 19 世纪 70 年代迅速夺取了中国绿茶在美之首要地位，垄断了美国茶叶市场，其生丝也在 19 世纪 80 年代战胜中国、意大利、法国生丝的竞争，占据美国对外生丝需求量的 50%。

第三，中国封建统治者对茶、丝生产和贸易加以种种桎梏，而日本统治者则为茶、丝生产与贸易尽量创造有利条件。

中国封建统治者对茶、丝生产所加的桎梏，表现在他们百般压抑和阻挠将近代科技、机器引入生产过程的尝试和努力。典型例子要算广东近代缫丝业的坎坷历程。广东至迟从 19 世纪 70 年代起，就出现了全国最早的民营机器缫丝业，80 年代后期，仅在广州，就有机器缫丝厂五六十家。[②] 这些厂家生产的“厂丝”，从 1883 年起见诸海关出口货物统计，在中国出口生丝中占越来越大的比例，增强了中国生丝在国际市场上的竞争力。对此，统治者不仅不大力扶持，反而以“各省制办机器，均系由官设局”，“平民不得私擅购置”为由，在一段时间内，将各处机器缫丝厂查封。90 年代初，又有民间商人要求在南海开设机器缫丝厂，两广总督仍批以“商民设立机器缫丝，专利病民”，不许“擅制”。[③] 因此，直到 20 世纪之前，广东机器缫丝业无法进一步发展。至于对茶、丝贸易所

---

① 日本史籍协会编：《大久保利通文书》第 6 册，第 468—469 页。
② 严中平主编：《中国近代经济史》下册，第 1429 页。
③ 同上，第 1440 页。

加的桎梏，就更是沉重。晚清苛捐杂税本来就名目繁多，自从1854年为筹集镇压太平天国的军费而开始推行厘金制后，统治者“榷税抽厘，加赋劝捐，尽乎细微，殆已搜无遗蕴”。[①] 包括贩运茶、丝在内的民间贸易，备受其苦。1875—1876年上海英领报告称：“就绿茶而论，内地捐税的总数至少比出口税高出将近一倍，或者说大约三倍于根据条约规定的子口税。”[②] 这种状况，直到19世纪90年代也毫无改变，以致马建忠1892年撰《富民说》时，还专门列出“减轻丝茶厘税”一项，指出清政府于“税则之外，加以厘金，间有税厘之数几与其价相埒，则茶商焉得不困！”像这样，中国茶、丝且不说生产技术落后、总体质量水平相对低下，单是本国封建统治者所加的沉重厘税负担，就大大削弱了其在国际市场上的竞争力。

日本统治者与中国封建统治者不同，他们竭力为茶、丝生产和出口创造有利条件。除了前面已经提到的两条直接促进或服务于茶、丝生产与出口之外，其他扶助、保护措施还有不少。当清朝统治者斥责民间兴办机器缫丝厂为“擅制”，横加查封时，日本政府却将投入巨资兴办的官营福冈、富冈缫丝厂低价转让给民间商人，并且为解决民间兴办机器缫丝业缺乏资金的难题，仿效西方金融制度建立银行，竭力筹措和提供贷款；对于那些致力于扩大出口的茶叶生产经营者，政府也以优惠的条件给予十分宝贵的外汇贷款。在税赋方面，日本国内对茶、丝生产与出口不仅没有种种苛捐杂税，反而还由政府运用手中仅有的一点关税自主权力，将茶、丝出口税都压到很低的水平，如茶叶出口税仅为每担1元，还不到中国出口税

---

① 参见《理财》，载《弢园文录外编》卷12，光绪九年刻本。

② 姚贤镐编：《中国近代对外贸易史资料》第2册，第1207页。

的一半。在鼓励和保护茶、丝出口方面，甚至还有这样的事例：群马县一家缫丝厂因托外商出口其产品而蒙受损失，请求政府允许直接从事出口贸易。政府大力支持，除提供贷款外，还由政府收购其生丝，直接运往美国，而贸易所得利润，政府不取，尽归生产厂家。[①] 日本茶、丝生产和出口，得到政府如此的促进、服务、扶植和保护，岂有不迅猛发展之理？

既然茶、丝出口在近代很长时间内都在中日出口贸易中占最重要的地位，那么，它们的不同发展趋势与结局，不仅直接影响到中日各自出口贸易的整体，更重要的是要影响两国经济的全局。

这个问题可从两个方面来说：

其一，对两国经济独立地位的相反影响。

一个国家有无经济独立地位，在近代条件下，除了取决于国家主权是否完整、不受侵犯之外，还取决于它本身经济实力的强弱。拿中国的情况说，尽管自英国资产阶级革命、尤其是产业革命前后，在经济发展阶段上已落后于西方，19 世纪以来又遭受西方不断增强的经济、军事侵略，但在相当长的时间内，它却顽强地抵御着西方工业品的涌入，经济独立地位并没有很快地丧失。这除了中国自然经济基础在起作用外，也由于长期高度发达的封建经济为中国社会积累了不可忽视的经济实力。这种经济实力，是抵制西方经济侵略的重要武器之一。我们不妨来看看，截至 1883 年，中外正常进出口贸易中，中国主要出口商品茶、丝和西方主要进口商品棉毛织品在若干年度各自总值之比：

1820—1824 年，光是英国东印度公司从中国输出的茶、丝，年均总值即为 5899687 两；而英美向中国输入的棉毛织品，年均总值为

① 参见开国百年记念文化事业会编：《明治文化史》第 11 卷，第 545 页。

2173301 两；前者是后者的 2.7 倍多；① 1850 年，中国对英出口的茶、丝，按对英出口总值的80%计算，达4679220镑，而同年英国对华输出棉毛织品总值为1574145镑（英国在当时中西贸易中占绝大比重），前者约相当于后者的3倍；② 1883 年，中国出口茶、丝总值48143248海关两，而外国进口棉毛织品总值22008494海关两，前者约相当于后者的2.2倍。③

上述比较说明：中国在长时期内，一方面靠自然经济基础抵挡着西方工业品的涌入，另一方面也凭自己的经济实力大量推出茶、丝等商品，因而在国际经济交往中尽管已处于被掠夺的屈从和依附地位，但经济上还具有较强的独立地位。

日本自然经济基础既不如中国这样牢固，以往封建经济发展所积累的经济实力也远不能与中国相比，这就使得日本在19世纪80年代以前，既不能像中国那样顽强地抵御外国工业品的涌入，也根本没有足以与涌入本国的外国工业品相匹敌、大量打入国际市场的本国产品，即使在未受鸦片贸易之害的条件下，在国际经济交往中也完全处于劣势地位。如1871—1875年，日本主要出口商品丝、茶、水产品、蚕卵纸的年均出口值加在一起，共1442.6万日元，超过不了外国棉毛织品在此期间的年均进口总值1468.9万日元（见本文表2）。可见，西方国家那时在经济上对日处于优势地位，侵害日本经济独立要比对中国容易得多。

对中日两国来说，要保持或恢复经济独立地位，当然不能继续依赖自然经济基础，因为它必然会逐渐分解乃至崩溃；只能适应时

---

① 严中平等编：《中国近代经济史统计资料辑要》，第14页；[日] 田中正俊：《中国社会的解体与鸦片战争》中的表6，见武汉大学鸦片战争研究组编：《外国学者论鸦片战争与林则徐》上，福建人民出版社1989年版，第19页。

② 严中平主编：《中国近代经济史》上册，第360页。

③ 参见姚贤镐编：《中国近代对外贸易史资料》第2册，第1058—1059、1060—1061页。

代潮流，迅速增强经济实力。为此就要大力发展近代工业，同时竭力保持和发挥传统优势或有利条件，并根据新形势和新情况加以强化和巩固，具体讲，就是进一步加强和改进茶、丝生产与贸易。事实证明，中国封建统治者在自然经济逐步解体的同时，既没有大力发展近代工业，对有传统优势的茶、丝生产和出口也未采取任何加强与改进的措施，使优势丧失、生产和出口萎缩，导致经济实力不断削弱、抵制外国经济侵略的力量日衰，中国经济一天天向半殖民地经济沉沦。而日本自明治维新以后，在上述两个方面双管齐下，使茶、丝生产突飞猛进，由此迅速增强了经济实力，有效地适应和促进了日本争取恢复经济独立地位的过程。

其二，对两国发展近代工业的不同影响。

如上面所述，发展近代工业与加强和改进茶、丝生产和贸易，是中日两国增强经济实力、维护经济独立地位不可或缺的两翼。而就这两者的关系而言，近代工业的发展离不开茶、丝生产出口的支持。因为中日两国的近代工业都是在外国资本主义入侵、深受不平等条约束缚与压迫、原始积累极不充分的条件下，主要通过引进外国先进机器设备和科技的方式建立起来的，所以，资金极度缺乏，是两国发展近代工业共同面临的巨大难题。要解决这一难题，必不可缺的途径之一，就是利用传统优势或有利条件，大力加强茶、丝出口，以尽可能多地换取外汇、积累资金。但对这一点，中国最早致力于兴办近代工业的洋务派首领李鸿章和后来的张之洞等，没有明确的认识，不曾把兴办近代工业和加强茶、丝出口挂起钩来，而对后者基本采取消极旁观的态度。从实际情况看，鸦片战争后，就是在茶、丝出口尚处于上升趋势的年代里，中国对外贸易也因鸦片大量输入而基本呈逆差状况，谈不上为本国近代工业换取外汇、积累资金；而 19 世纪 80 年代以后，随着茶、丝出口的萎缩，中国外贸平衡状况进一步恶化，为本国近代工业换取外汇、积累资金云云，完全化为泡影。

日本统治者在振兴出口贸易以为发展本国近代工业积累资金的问题上，认识颇为明确，如大隈重信于1875年10月提出："将国产各种物品运往英国销售，以其货款充作偿还公债（当时日本近代工业资金的一个重要来源——引者）之本利，或相机流动于购买外国制品，以挽救用现金支付中的种种弊病，同时作为国内物产流通之媒介，确立奖励工业之基础。"① 而事实也证明：近代日本丝、茶出口的飞速增长，的确为其近代工业提供了大量极为宝贵的资金。日本学者公认：截至1895年，"我国生产手段的输入，是由生丝出口支付的"。② 这里说由生丝出口支付，主要是因为当时生丝在日本出口商品价额中占比重最大，仅其出口值一项，即足抵或超出进口机器值。

2. 近代工矿业产品

近代中日两国要振兴出口贸易、进而争取在国际经济交往中的有利地位，大力加强有传统优势或有利条件的茶、丝出口固然十分重要，但仅此并不足以改变已经落后的出口贸易结构，从长远看，茶、丝终不可能与西方工业品相匹敌，不可能成为在国际经济交往中占有利地位的坚实基础。这里根本的问题，在于大力发展近代工业，在此基础上推动工矿产品出口，不断开辟国际市场。而在这个问题上，中日差异也相当之大。

表5、表6告诉我们，截至1893年，中国的近代工矿产品出口基本上是空白（这里需说明的是：至迟从1883年起，中国开始出口机器生产的"厂丝"，这种"厂丝"属近代工业品，但所占比例很

① 早稻田大学社会科学研究所编：《大隈文书》第3卷，第145页。
② ［日］古岛敏雄等：《流通史》2，东京：山川出版社1981年版，第204页。

低，如前述，在1895年，也只占全部生丝出口量的25.8%，而当时生丝出口值在出口总值中所占比例为30%以下，故“厂丝”在出口总值中的比例，至多不超过7%），而作为农产品、工业原料的棉花出口，却与年俱增。在日本方面，从19世纪60年代起，就已有近代工矿产品如棉织品、煤、铜等出口，其后，近代工矿产品的出口数量与种类日趋增多。从表8看，到1895年，日本出口商品总值中，工矿产品的比例已达15%（这还不包括占出口商品首位的生丝中的机器制品所占比例）。若把视线再延伸到20世纪，中日之间的差异更加明显：撇开机制生丝这一因素，中国出口商品在1901年增添了锡，1929年以后又增添了钨砂，仅此而已。并且，即使将它们都视为近代矿产品，在1931年以前，它们在出口商品总值中的比例之和，也不曾超过2%（更何况它们的出口带有外国掠夺原料的性质，与日本19世纪主动出口矿产品不能相提并论）。[①]日本在进入20世纪之后，除了工矿产品出口种类增多（如纸类、丝织品、金属制品、服装等）之外，工矿产品的出口总值，也大大超过了丝、茶出口总值，如1900年，棉纺织品、丝织品、纸类、金属制品、服装、煤、铜的出口总值为8193.1万日元，丝、茶的出口总值为5369.3万日元（这里还未将生丝中占60%的机制品剔除、算进工矿产品之中），前者超出后者约52.6%。[②]

上述情况说明：在中国出口贸易中，工矿产品出口一直没有什么进展，农副产品、手工业品占压倒地位的状况始终不曾改变；而日本的出口贸易中，工矿产品出口从19世纪60年代起就呈不断上升、扩大趋势，并在19、20世纪之交，实现了工矿产品较之农副产

① 严中平等编：《中国近代经济史统计资料选辑》，第74—76页。

② 矢野恒太纪念会编，司楚、訾瞭祖译：《日本100年》，第332—333页。

品、手工业品更占优势这种根本性转变。

要解释上述中日巨大差异的原因，最主要的当然是中日近代工业发展步伐的大小之别，这是众所周知的事实，无须赘言。这里想强调一下以往人们不大注意的另一原因：当时中日统治者在处理本国工矿业与国际市场的关系上，推行了完全不同的方针。

中国封建统治者中的一部分人，虽然在有限的范围内办起了近代工矿业，但他们根本没有制定和推行让本国工矿产品面向国际市场、参与国际市场竞争的方针。最早的军事工业根本没有市场问题，就不必说了，这里看看统治者对他们后来办起的几个有代表性的民用工矿企业，指导思想如何：

上海机器织布局。这是在李鸿章支持下创办于1878年的官督商办企业。1882年，李在《试办织布局折》中阐明其指导思想说："溯自各国通商以来，进口洋货，日增月盛……出口土货，年减一年，往往不能相敌。推原其故，由于各国制造均用机器，较中国土货成于人工者，省费倍蓰，售价既廉，行销愈广。自非逐渐设法仿造，自为运销，不足以分其利权。盖土货多销一分，即洋货少销一分，庶漏卮可期渐塞。"[①]后来在1894年，他又重复了同样的看法。他的着眼点，在于抵制洋货在国内行销、"分其利权"、堵塞流失财源的"漏卮"。这里，看不见让本国棉织品面向国际市场、参与国际市场竞争的意识。

兰州织呢局。这是1880年由左宗棠创办的官办企业。他的指导思想是："以中华所产羊毛，就中国织成呢片，普销内地。"[②]这里更加清楚，是让产品"普销内地"，而没有考虑推向国际市场的问题。

---

① 《试办织布局折》，《李文忠公全书·奏稿》卷43。
② 见《左宗棠集·批札》卷7。

湖北织布官局。这是张之洞1888年始创于广东、而后迁往湖北的官办企业。张之洞的指导思想与李鸿章如出一辙，即“华民所需外洋之物必应悉行仿造”[①]，“开源塞漏，断以此为大宗”[②]。这里也没有将产品投入国际市场的想法。

开平煤矿。这是李鸿章1877年创办的官督商办煤矿。他的办矿动机，除了与办织布局相同之处外，还有一层：“船炮机器之用，非铁不成，非煤不济”，而“中土所产多不合用”，“需外洋煤铁极伙”，“设有闭关绝市之时，不但各铁厂废工坐困，即已成轮船，无煤则寸步不行，可忧孰甚”。[③]显然，他办煤矿是要解决军事、民用企业的燃料问题。至于利用丰富的煤炭资源出口、开辟海外市场，则从未提过。

汉阳铁厂。这是张之洞1889年筹建于广东、后迁往湖北的官办工厂。他在该厂筹建时奏称：无论军事、民用工业，还是交通电信，乃至民间日用，“无一不取资于铁”，但现实中“洋铁充斥，有碍土铁”，因此“必须自行设厂，购置机器，用洋法精炼，始足杜外铁之来”。[④]这表明，他办铁厂，是为满足国内需要并抵制洋铁的倾销、输入，同样未提让中国铁打进国际市场的问题。

从上述情况可见，即便是中国封建统治者中最有见识、直接着手兴办近代工矿业的那一部分人，也都是只把兴办近代工矿业与满足国内各种需要、抵挡洋货涌入和防止财源外流相联系，因而他们的方针只能是向内的。笔者并不否认他们的方针在当时条件下有积极意义，但同时也认为，不面向国际市场，无意让本国工矿产品参

① 《筹设炼铁厂折》，《张文襄公全集 · 奏议》卷27。
② 《增设纺纱厂折》，《张文襄公全集 · 奏议》卷35。
③ 《筹议制造轮船未可裁撤折》，《李文忠公全文 · 奏稿》卷19。
④ 《筹设炼铁厂折》，《张文襄公全集 · 奏议》卷27。

与国际市场竞争，是其方针的重大缺陷，既不利于发展工矿产品出口，也不利于发展工矿业本身。

或许有人会说，当时中国受外国经济侵略和压迫那样沉重，近代工业水平那样低下，想要满足国内需要，抵制外国工业品涌入，已属不易，再进一步要求面向国际市场，参与国际市场竞争，岂不是过于苛求前人，太不现实了吗？对此，只要我们对比一下日本的情况，就能作出有说服力的回答。

前面已经指出，论遭受外国的经济侵略和压迫，明治维新时期的日本，并不亚于中国，甚至有所过之；论近代工业水平，两国几乎同时起步，日本虽稍胜中国，但均极为落后。然而日本统治者并没有因为这些，就把本国工矿业的进取方向只限于国内，相反，是在自上而下地广泛发展近代工矿业的同时，始终一贯地盯住国际市场，竭力让本国工矿产品参与国际市场竞争。

明治维新过程中，日本主政官员通过对英国经济的实地考察，得到“制作与贸易乃英国致富之要领”的结论。[①]这促使他们从一开始就把发展近代工矿业和面向国际市场、参与国际市场竞争紧密结合起来。早在1872年即明治五年，日本政府就不惜花费巨资，将本国工业品送往维也纳万国博览会展出，同时为扩大本国生丝出口、提高外销生丝的竞争力，引进外国机器设备创立近代缫丝厂，这些都显示出日本政府强烈的面向国际市场、参与国际市场竞争的意向。为说明问题，这里不妨再看看表6所列日本工矿产品最初打进国际市场的大致情况。

棉布与棉纱。从表6可见，日本棉织品从明治维新之始就有出

① ［日］久米邦武：《特命全権大使米歐回覧実記》第2卷，东京：岩波书店1985年版，第442页。

口。尽管从 19 世纪 70 年代到 80 年代，日本几乎被不断增大的外国棉纺织品进口压得喘不过气来，并且也谈不上有多少近代化程度很高的织布厂（据日本 1884 年的调查，全国除群马县以外的 119 家织布厂中，新式织布机的使用相当有限），[①] 但棉布出口依然与年俱增。虽然从总体上说日本棉布在当时无法与西方棉布较量，但它善于钻东方国际市场的缝隙，在如林强手中为自己打开销路。对此，1882 —1891 年的台湾淡水英领报告，曾作过很好的说明："在过去 10 年中（1882—1891），外国市布、洋标布和中国土布已经遇到一个可怕的劲敌，即日本棉布。1880 年日本布尚无进口，至 1891 年其进口已增至 34159 匹"，这是由于"日本纺织厂的生产计划很正确"，其产品克服了西方棉布不适合中国消费者需要的缺点，而是"合乎所需要的用途及消费者习惯、完全模仿中国土布的这样一种布匹"。[②] 至于棉纱，日本则是在国产棉纱数量超出进口棉纱数量的当年（1890），就开始向中国市场输出，尽管数量仅 100 捆，微不足道，但足见其打入国际市场的愿望之急迫。随后只过了 4 年，日本政府为鼓励棉纱出口，又免除了棉纱出口关税，于是棉纱出口就迅速呈现出突飞猛进的发展状况。

煤、铜。它们是矿产品，近代工业的燃料和原材料。由于日本政府在明治维新后的"殖产兴业"中对采矿业采取重点倾斜政策，煤、铜产量增长很快，除了满足国内需求之外，日本政府很早便致力于将其推向国际市场。从表 6 可知，自 1868 年后，煤、铜出口量就不断增长。拿煤的出口来说，日本瞄准中国以及已成为殖民地的中国香港、新加坡，利用地理位置邻近运输费用少、本国采矿劳动

---

① 参见［日］山口和雄：《日本经济史》，第 152 页。

② 姚贤镐编：《中国近代对外贸易史资料》第 2 册，第 1177 页。

力成本极低等有利条件，在上述市场上同英国及澳洲煤展开竞争。19世纪70年代后期、80年代后期和90年代中期，日本煤炭先后在中国的上海和香港、新加坡市场上战胜英国煤与澳洲煤，执煤炭市场之牛耳。而日本煤炭的出口量，在1875—1895年，竟占其国内总产量的39%！日本煤炭以这样快的速度、这样大的数量打入并占领东方国际市场，与日本政府的大力推动是分不开的。举例来说，日本政府在1876年就与三井物产公司订立契约，委托其将日本最大的煤矿——官营三池煤矿的煤销往海外，并特别为之提供运煤港口、出借运输船只；后鉴于三井物产向海外销煤富有成效，又在1888年以极优惠的条件将三池煤矿出售给三井物产公司。此外，同是在1888年，日本政府还免除了煤炭出口关税，这对煤炭出口更是一大促进。至于铜的出口，也与煤大致相同，就不必多说了。

火柴。这是明治维新以后才开始生产的轻工业品，然而仅隔几年时间，便开始出现在东方国际市场上了。最晚在1877年，日本火柴打入了中国东南沿海地区，这年的宁波海关贸易报告说：现今的火柴销量，几乎比1874年增加了一倍，“瑞典火柴受到日本货竞争的重大压力”。而到1892年，福州的英领报告又指出：“日本火柴进口量与欧洲火柴进口量之比为31：1”；北京的英领报告则惊呼：日本火柴“现在几乎独自霸占了这个市场”。[①] 尽管当时人们一致批评日本火柴质量低劣、甚至在市场竞争中采取假冒欧洲名牌产品的不光彩手段，但也都把价格极为低廉、投合中国普通民众之需归结为日本火柴得以打进中国市场、压倒欧洲火柴的根本原因。虽然我们尚未见到日本政府直接推动火柴打入国际市场的材料，但这件事与日

---

① 姚贤镐编：《中国近代对外贸易史资料》第2册，第1180、1182页。

本政府当时普遍倡导和鼓励出口的方针，无疑有密切关系。

日本的出口情况告诉我们：19 世纪后半期，即使是中日这类深受西方列强经济侵略，而本身的工业水平又很低的国家，只要指导方针明确，充分发挥自身的长处，是完全可以面向国际市场，使自己的工矿产品参与国际竞争并占有一席之地的。

中日两国由于工业发展步伐的大小之别，统治者在处理本国工矿业与国际市场的关系问题上方针不同，导致两国工矿产品出口水平的巨大差距。这种差距显示出中日出口贸易相反的变化方向：中国方面在继续朝着半殖民地贸易结构沉沦，而日本方面则逐步摆脱受制于西方列强的落后的农业国出口贸易结构，转向自主的先进工业国出口贸易结构。

上述差距，当然也不只限于影响两国的对外贸易。中国出口商品大宗茶、丝的外贸状况不断恶化，再加上工矿产品出口没有进展，拿不出有优势的出口商品，外国工业品对华输入越来越严重，整个经济越来越受外国支配，恶果实不堪言。就中国近代工业所受影响来说，不面向国际市场、不让产品参与国际竞争，近代工业就缺少了一个重要动力；没有工矿产品出口换取外汇，中国近代工业根本无望通过出口贸易实现产品价值、获取宝贵资金。总之，中国没有工矿产品源源出口，又反过来拖了工业发展的后腿。而日本工矿产品出口的不断增多与扩大，使得日本经济对西方经济侵略的抵抗力越来越强，从一个侧面有力地支持了日本争取恢复经济独立地位的过程。同时，这种面向国际市场、参与国际竞争的努力，对日本近代工业的发展是很强的推动力，当时的棉纺织业、采矿业等日本发展最快的行业，都得助于这种推动力。

与丝、茶出口不断扩大的影响一样，工矿产品出口不断扩大，也增添了日本的外汇积累，为缓解日本近代工业资金短缺作出了贡献。从19世纪70年代至90年代，是日本近代工业刚刚起步、资金最紧缺的时期。在此期间，煤、铜和丝、茶一样不断扩大出口，其在出口总值中的比重由2%上升至11%，赚取的外汇也相应不断增多，这对于当时的近代工业，真无异于雪中送炭了。

（原载王承仁主编《中日近代比较研究》，
河南人民出版社1994年版）

戊戌变法——中国人师法日本变革的尝试

戊戌变法是中国爱国志士为挽救民族危机、实现国家富强而发起的运动，其显著特征就是试图师法日本的明治维新以解决中国的问题。对此，学界曾有所论及，[①]但似还有进一步探讨的余地。拙文试就此提出浅见，以求教于大方。

一

众所周知，中日两国在近代都因西方列强的侵略和压迫而被迫打开国门，由此，在争取实现民族独立的同时，学习西方、展开近代化，也就成为两者的共同课题。而中国后来之所以师法日本，是由于日本实行明治维新、学习西方取得了成效，走在了中国的前面。应该说，中国人注意到日本与本国之间的差距、将其作为师法的对象，是经历了一个过程的，戊戌变法的推动者把明治维新作为样板，绝非突如其来之想。

---

① 参见［日］山根幸夫：《論集　近代中国と日本》，东京：山川出版社 1976 年版；彭泽周：《中国の近代化と明治維新》，京都：同朋舍 1976 年版；王晓秋：《近代中日启示录》，北京出版社 1987 年版。

相隔一衣带水的中日两国，在相继被列强打开国门之后，较之以往更加关注彼此的动向。早在1861年，中国的先驱思想家冯桂芬就敏感地注意到幕末日本发生的剧烈变化，写道：日本打开国门后，“驾火轮船十数遍历西洋，报聘各国，多所要约，诸国知其意，亦许之”。此时，冯桂芬已感到日本较之于中国，对外更具有开放进取精神，叹曰：“日本，蕞尔国耳，尚知发愤为雄，独我大国将纳污含垢以终古哉？”①

在日本实现倒幕、展开明治维新以后，中国更多的有识之士开始关注日本的情况。随着中国驻日公使馆的开设，不少富有观察力的人才长期滞留于日本，对于日本实际状况的了解也不断增进。在此情况下，有关日本维新变革的介绍和评论就不断出现在中国人的言论、著述及公文中。

概观甲午战争之前中国人的看法，固然不乏否定、讥讽维新变革者，但更多的人则是不同程度地表现出肯定的态度，且通过与日本比较，指出中国的滞后和无力。

像李鸿章一类洋务派重臣，尽管对于明治维新中发生的风俗习惯变迁和政治体制变革含蓄地表明批评之意，但还是认为其与本国洋务新政带来的变化有相似之处。李鸿章写道：“日本颇为西人引重，其制造、铁厂、铁路、练兵、设关，一仿西洋所为，志不在小。”②“该国近年改变旧制……其变衣冠、易正朔，每为识者所讥，然如改习西洋兵法、仿造铁路火车、添置电报煤铁矿、自铸洋钱，于国计民生不无利益，并多派学生赴西国学习器艺，多借洋债。”③在甲午战争中惨败于日本之后，李鸿章虽不能正确总结教

---

① 冯桂芬：《校邠庐抗议》，光绪十年豫章刻本，第43页。

②《李文忠公全书·朋僚函稿》卷13，光绪三十一年金陵刊本，第27页。

③《李文忠公全书·奏稿》卷24，第27页。

训，但也不能不承认本国大大落后于日本的事实，在赴下关与伊藤博文谈判期间，李叹云："阁下在贵国所兴之大事，大著功效，鄙人亦久愿在敝国仿行之，惜一言新学，即有言不能尽之难处。"[①]

原本属于洋务派的郭嵩焘、黄遵宪、薛福成等人，在作为外交官到欧美、日本之后，思想上起了大的变化，得以更具体地了解日本的维新变革，且更明确地加以肯定。郭嵩焘谓"日本大小取法泰西，月异而岁不同，泰西言者皆服其求进之勇"，对日本派位尊之人到英国留学，且较之于兵法，更为重视立法和财政等方面的"创制"深表赞赏，肯定日本所学"皆立国之本"，而对只学西洋船炮技术的本国，则满怀"寝处积薪"之忧。[②]黄遵宪对日本的维新变革曾表示怀疑、加以批评，但在1877赴日就任参赞之后，通过切身体验，转而"信其……卓然能自树立"，并用8年多时间，不厌其烦地从各方面搜集资料，据以撰为50余万言的《日本国志》，着力介绍了日本明治维新中展开的政治体制改革、教育与工商业的发展。如研究者所言，黄撰此书的主旨，就在于使中国人理解学习日本变法自强的必要性。[③]薛福成也与黄遵宪同调，赞赏明治维新以后的日本建成新型国家、积极面向世界、不遗余力地学习西方，"于富强之道，握要以图"，"大著成效"，尤其是在发展近代经济过程中，"培物产"、"工制作"、"精仿造"、"广流通"，"此四者，振兴商业之本也"，"讲求西法以夺西人之利者，环顾亚洲，舍日本其谁属哉"。对比之下，薛福成坦率地承认："即如商务之一端，（日本）已远胜中

---

① 中国近代史资料丛刊《戊戌变法》（以下简称《戊戌变法》）Ⅲ，东京：神州国光社1953年版，第263页。

② 郭嵩焘：《伦敦致李伯相》，《养知书屋文集》卷11，光绪十八年刊本，第4页；《伦敦与巴黎日记》，岳麓书社1984年版，第909页。

③ 参见彭泽周：《中国の近代化と明治維新》，第49页；王晓秋：《近代中日启示录》，第172—175页。

国矣。”在上述四个方面，“中国有一于是乎？”①

在民间，心忧天下、渴望中国独立、富强的人们，也关注明治维新并进行中日比较，从多方面对明治维新作出高度评价，同时也直面中国的滞后和积弱，批评清政府的政策措施。

如1879年到过日本的王韬，肯定其“一旦勃然有志振兴，顿革平昔因循之弊，其国中一切制度，概法乎泰西，仿效则唯恐其入之不深。数年之间，竟能自造船舶，自制枪炮，练兵训士，开矿铸钱，并其冠裳文字，屋宇之制，无不改而从之”，“欲求立乎泰西诸大国之间，而与之较长絜短，而无所馁也”；对于清朝，王韬则痛斥其“因循”、“苟且”、“玩愒”、“轻忽”、“粉饰”、“夸张”、“蒙蔽”、“安于无事”、“溺于晏安”、“狃于积习”、“徒袭皮毛”、“有初而鲜终”、“始勤而终怠”，慨叹当政者中没有“洞明时变，大有干谋”之人，强调：“日本乃亟思变计也，然则我中国曷不返其道而行之哉？”②

早在1888年就以布衣之身奏请朝廷实施变法的康有为，从1874年开始读到有关明治维新的书籍，“且读且骇，知其变政之勇猛，而成效之已著也”③。他在首次要求变法的上奏中指出“日本崎岖小岛，近者君臣变法兴治，十余年间，百废俱举，南灭琉球，北辟虾夷，欧洲大国，睨而莫敢伺”，并向清廷发出警告说：“日本虽小，然其君臣自改政后，日夜谋我……将翦朝鲜而窥我边。”④这些都成为康有为要求实行变法的重要根据。

在戊戌变法之前，对日本的维新议论最多且内涵丰富者当推郑

---

① 薛福成：《庸庵文别集》，上海古籍出版社1985年版，第168、217、218页。

② 王韬：《弢园文录外编》卷2，光绪九年香港刊本，第10—12页。

③ 汤志钧编：《康有为政论集》上，中华书局1981年版，第223页。

④ 同上，第59、53页。

观应，其名著《盛世危言》对日本维新变革中的重大问题都作了叙述和评论。在政治方面，他很重视1889年日本国会的开设，写道："今日本行之，亦勃然兴起，步趋西国，凌侮中朝，而犹谓议院不可行哉？而犹谓中国尚可不亟行哉？"[①]在他看来，中国理应迅速借鉴日本开设国会而迅速强盛的经验。他同时还注意到日本因近代法律体系的构建而取得的进步，认为日本"痛革积习，更定刑章，仿行西例"，为废除治外法权创造了良好条件，而对中国在此问题上呈现的差距，他颇为遗憾，说："堂堂大国顾犹不如日本焉。"[②]在经济方面，郑观应与黄遵宪、薛福成一样，认识到日本在维新变革以后，社会经济的发展已经领先于中国，为"工艺之精，商务之盛，瞠乎后于日本"而"耿耿不能下脐"，但这绝不是由于他对日本发展近代经济不满，相反，他对于明治政府正视外国的经济扩张，支持、扶助民间开办企业，"有保护而绝侵挠，用能百废俱举"显示了十分赞赏的态度。[③]郑观应还看到：日本重视海关行政主权的维护，减轻出口税以促进出口，"商务日旺，进款日多"；在国际竞争中，日本设法占据有利地位，"学西洋之制造，以抵御来源，仿中国之土货，以畅销各国，表里图利，而国势日兴"；日本还着眼于银行制度的建立，促进货币流通。郑观应对这些举措都加以称道，随之对清政府反其道而行之的谬误痛加批评，称"日本既避通商之害，反受通商之益"，"亚洲大国受其害者惟中国而已"，中国"病在讲求商务之无人耳"。[④]在文化教育方面，郑观应了解到日本的新式教育迅速发展，"其王公大臣出洋游历，返国后即广设大、小学堂"，"肄业

---

① 郑观应：《盛世危言》卷1，光绪十八年刊本，第21页。
② 郑观应：《盛世危言》卷2，第12页。
③ 郑观应：《盛世危言》卷3，第16页。
④ 同上，第20页。

英、美、德、俄之学生至今尚络绎不绝”，明确指出中国与日本之间的差距：“我中国人民土地十倍于日本，而所设西学堂，所育人才，尚未及其半”，派到欧美的留学生也是“浅尝辄止，贻讥中外”。[①]郑观应重视报纸等近代媒体的作用，对“日本无都不有日报馆”印象深刻，并严厉批评了清政府“禁止华人而听西人开设”的政策。[②]

综上所述，早在戊戌变法运动之前，中国的有识之士已从多方面了解到日本通过明治维新发生的巨大变化，尽管有人还没有摆脱“华夷”意识、视日本为“蕞尔岛国”，但却认识到日本已领先于中国的现实，其中的激进者还以日本的成功来证明变法的必要性，批评清政府延误近代化。可以说，这些认识开了戊戌变法运动师法日本明治维新之先河。当然，至少在中国败于甲午战争之前，师法日本的想法还谈不上真正形成，那时中国师法的对象是欧美，而日本还被视为与中国境遇相近、同样向西方学习的国家，有识之士指出日本进步很快、获得很多成功、中国在不少地方落后于日本，主要目的在于向清政府敲响警钟，以增强学习西方、施行变革的动力，而不是将师法的对象转向日本，即使有人持有这种想法，也还谈不上旗帜鲜明地提倡。此外，这些有识之士在当时为数甚少，其与日本维新变革相关的言论、著述在甲午战争前也还没有在社会上广为流传（黄遵宪所撰《日本国志》即是如此），影响颇为有限。由于上述缘故，当时的清朝统治集团、士林还没有什么师法日本的考虑，甚至不具备有关日本和明治维新的起码知识，以至于康有为发出“举国上下，咸昧日事，若视他星”的感叹。[③]

---

① 郑观应：《盛世危言》卷1，第15、16页。
② 同上，第23页。
③ 汤志钧编：《康有为政论集》上，第223—224页。

二

中国在甲午战争中遭到惨败，被迫订立《马关条约》，继而又陷入列强瓜分中国的浪潮之中，这一重大事变，促使爱国志士愤然掀起变法运动，走上师法日本实行维新变革的道路。

甲午战争及《马关条约》对中国的沉重打击是前所未有的，且不说具有重要战略地位的台湾的割让、外国在华设厂制造权力的规定、与周边国家长期的宗藩关系被彻底打破，单就赔款及后来为辽东半岛支付的“赎金”来说，就远远超过了此前数十年间对列强赔款额的总和。无情的现实告诉人们，对于中国来说，日本已成为残暴的压迫者，即使列强瓜分中国的浪潮，也是以甲午战争的结局作为触发点的。

正如近代中国人在败于西方国家之后改变对它们的认识、提出“师夷长技”的课题一样，在惨败于甲午战争、被迫订立《马关条约》之后，很多难以抑制满腔悲愤的爱国志士开始重新审视日本，探求中国失败而日本大胜的原因及中国的出路。也就是在这样的形势下，康有为一派结合自身的政治主张，逐步正面提出了师法日本实行维新变革的主张。

1895 年 4 月，康有为等为了阻止清廷批准《马关条约》而发动了有名的“公车上书”，尽管此时他们胸中充满悲愤，但仍能正视日本领先于中国的现实，指出：日本之所以“侮我”、“侵我大国”，是由于其“步武泰西”、“能变旧法”；而中国之所以陷于“割地款和”的惨境，则是由于“犹守大一统之旧”、不思进取。他们还拿“不变旧法，遂为六大国割地废君而柄其政”的土耳其与日本相比较，认为“前车之辙，可以为鉴”。[①]“公车上书”之后，康有为又在 5

① 汤志钧编：《康有为政论集》上，第 120、136 页。

月、6月两度上书，指出：日本是“能更化则骤强”、收“明效大验”的样板，而中国之所以“更化不力”，是由于“讲明未至，以为旧习可安，不必更张太甚，是虽有起死之方，无救庸医之误矣”。[①]在这里，师法日本的主张已是呼之欲出了。

1897年11月德国强占胶州湾后，列强纷纷在华划分势力范围，以分而治之。面对这种情势，康有为等爱国志士进一步促进清廷实行变法以挽救民族危亡，并明确提出了师法日本进行维新变革的主张。

1898年1月，康有为两次向光绪帝上奏，力言“外衅危迫，分割洊至，急宜及时发愤，革旧图新”，要求“择法俄日以定国是”[②]，“以俄大彼得之心为心法，以日本明治之政为政法”[③]。康有为虽将俄国和日本都作为取法的对象，但却对两者作了明确的区分，其希望取法俄国的，是彼得大帝的改革精神（所谓“心法”），希望取法日本的，则是明治维新的举措与道路（所谓“政法”）。康有为强调：“日本地势近我，政俗同我，成效最速，条理尤详，取而用之，尤易措手”，“其时地不远，教俗略同，成效已彰，推移即是，若名书佳画，墨迹尚存，而易于临摹，如宫室衣裳，裁量恰符，而立可铺设，则莫如取鉴于日本之维新矣”。[④]为了促进光绪帝对明治维新状况的了解、采纳师法日本变革自强的主张，康有为先后上呈《日本变政纪》和《日本变政考》等书。在他当时上呈的介绍外国变革运动、阐明守旧为衰落之因的著述中，《日本变政考》卷帙最多、涉猎最广、内容最详，且涵盖了康有为的基本主张，可谓师法日本变革自强的蓝本。康有为在其跋文中写道：“我朝变

① 汤志钧编：《康有为政论集》上，第153页。
② 同上，第201、208页。
③ 同上，第213页。
④ 同上，第208、213页。

法，但采鉴于日本，一切已足。”[1]这充分说明他已将日本视为最好的师法对象。

除了向光绪帝上奏之外，康有为对其他人也同样宣传师法日本维新变革的主张。如在1898年1月24日与荣禄、李鸿章、翁同龢等清朝重臣的会见中，他强调指出：“日本维新，仿效西法，法制甚备，与我相近，最易仿摹。”[2]1898年4月17日，在保国会第一次会议上所作的演说中，他以日本志士奋起推动变法、将日本引向富强为例，激励听众效法。[3]与康有为有过交往、但却敌视维新变法的文悌，在1898年7月弹劾康有为的上奏中，斥其“专主西学，欲将中国数千年相承大经大法，一扫刮绝，事事时时以师法日本为长策”[4]。这从反面证明：康有为的确是对各方之人鼓吹师法日本维新变革的。

康有为一派之人对于师法日本维新变革也有强烈的共鸣。如梁启超在变法宣传中就认为：日本通过维新变革扭转了“国将不国”的险恶状态，迅速变成强国，树立了榜样，因而在中国当前面临的几种选择中，“如日本自变”是最佳之选，而其他选择都会导向悲惨的结局。[5]谭嗣同在所著《仁学》中写道：“与中国最近，而亟当效法者，莫如日本。”[6]严复在甲午战争后全力向中国人译介西方社会政治学说，认为“救亡之道在此，自强之谋亦在此”，他将有效吸收西学的日本视为中国的榜样，说：“彼日本非不深恶西洋也，而于西学，则痛心疾首、卧薪尝胆求之。知非此不独无以制人，且将无以

---

① 参见王晓秋：《近代中日启示录》，第198—205页。
② 《戊戌变法》Ⅳ，第140页。
③ 汤志钧编：《康有为政论集》上，第240页。
④ 《戊戌变法》Ⅱ，第484页。
⑤ 《戊戌变法》Ⅲ，第18页。
⑥ 《谭嗣同全集》，中华书局1981年版，第343、344页。

存国也。而中国以恶其人，遂以并废其学，都不问利害是非……其慎甚矣。”[①]王照为了师法日本维新变法，敢于顶住压制，向朝廷上书，主张西太后、光绪帝出洋游历，先到日本，“借以考证得失，决定从违”。[②]在北京之外变法运动最为高涨的湖南，唐才常、熊希龄等志士十分重视日本“全恃二三侠士仁人，出死力，排众议，以成今日维新之治”的史实，[③]决心“以性命从事，杀身成仁”[④]。他们希望湖南能够成为像日本幕末雄藩萨摩、长州那样的变法根据地。[⑤]总之，师法日本维新变法是康有为一派的共同认识。[⑥]

被康有为一派视为维新变法的最大靠山的光绪帝，也接受了师法日本维新变法的主张。光绪帝具有强烈的爱国心，同时也急切盼望改变自己的无权地位。因此，日本天皇通过明治维新获得绝对权威，成为政权的中心，由此推进富国强兵的史实，就使光绪帝颇为心动。他最初看到康有为1895年5月29日的上奏，即深受触动，称赞“康某人条陈深通外务”。[⑦]1898年1月24日，光绪帝接到康有为关于“择法俄日以定国是”的奏请，次日即令其上呈“日本变政次第”。在康有为上呈的有关外国的若干著述中，光绪帝最为关注的就是与日本维新变革相关的内容，故在1898年6月下旬读到康有为进呈的尚未完稿的《日本变政考》后，即连连催上后面的部分，“一

---

① 王栻主编：《严复集》第1册，中华书局1986年版，第50页。

② 《戊戌变法》Ⅱ，第353页。

③ 《戊戌变法》Ⅲ，第96、97页。

④ 《戊戌变法》Ⅱ，第591页。

⑤ 《戊戌变法》Ⅲ，第99页。

⑥ 在戊戌变法运动中，《日本国志》的作者黄遵宪担任湖南按察使，与梁启超等一同宣传变法，致力于促进小轮船在内河航行、民间采矿、修筑湘粤铁路、开办时务学堂和武备学堂。

⑦ 徐勤：《南海先生四上书杂记》，转见汤志钧：《戊戌变法史》，人民出版社1984年版，第122页。

册甫上，阅日即催”，[①] 由此不难窥见光绪帝对日本维新变革具有何等浓厚的兴趣。就连当时的守旧派人物也注意到这一点，写道：康有为“以日本改制维新之说进，上大悦”[②]。光绪帝并不只以康有为上呈的著述为满足，还让人找来黄遵宪所撰《日本国志》阅读，[③] 甚至考虑“派康有为赴日坐探变法事宜”[④]。梁启超记曰：光绪帝将康有为进呈的《俄罗斯大彼得变政考》、《明治变政考》等书“日日浏览，因摩出电力”[⑤]，下定了实行变法的决心。而光绪帝自己也解释说：他之所以实行变法，是因为历代名臣名儒均主张法穷则变，且看到“日本亦以积弱变法，遂致强盛”[⑥]。这些都表明，光绪帝决心取法日本实行变法，是毋庸置疑的。

师法日本维新变革的主张，在作为康有为一派与光绪帝之间桥梁的帝党官员中，也引起了程度不同的共鸣。最鲜明地表示赞同的是侍读学士徐致靖，他在《请明定国是疏》中明言：“日本受侮泰西，翻然变计，力行新政，遂致富强”，“取舍何在，宜何择焉？”[⑦] 他在变法运动中向光绪帝荐举康有为、黄遵宪、谭嗣同、张元济、梁启超等人，就是鉴于“日本维新之时，特拔下僚及草茅之士”，使“各尽其才”，导致“新政具兴，臻于强盛”的史实而采取的行动。[⑧] 身为光绪帝师傅的翁同龢，尽管没有明确表达赞同的态度，但却“以康之言达皇上，日以万国之故、西法之良启沃皇上”，使“皇

① 梁启超：《戊戌政变记》，中华书局 1954 年版，第 155 页。
② 《戊戌变法》I，第 475 页。
③ 同上，第 521 页。
④ 同上，第 503 页。
⑤ 《戊戌变法》II，第 542 页。
⑥ 《戊戌变法》I，第 469 页。
⑦ 《戊戌变法》II，第 340 页。
⑧ 同上，第 334 页。

上毅然有改革之志”。[①]

此外，在一些清朝官员当中，也出现了取法日本进行局部改革的意向，新疆巡抚陶模、顺天府尹胡燏棻、浙江巡抚廖寿丰即为其例，他们或主张对日本“急起直追”；[②]或肯定明治维新显示了“以西法致富”、“以西法致强之明效”，主张“反镜以观”，辨明利害得失；[③]或建议借鉴日本的成功经验，促进近代军事教育。[④]原为淮系重要人物的盛宣怀也认为：在军事方面，应采用包括日本在内的各国练兵之法，改定例以期长久；在经济方面，应“取法邻国”，“兴起商学，鼓舞工艺，利源无外溢，藏富于商民”，进而开办银行；在教育方面，应仿效日本“择遣藩士翘楚，厚其资装，就学外国”之法，在北京、上海选拔人才，派往外国，就学于名师，归国后任用于外交、通商部门，将其中出类拔萃者擢为官员、大臣。[⑤]即使是对变法运动持消极态度的总理衙门，也认为日本在文教方面有可取之处，“宜选派同文馆学生，及编检司员，就学东京”，且因日本在国内各地设有十多个翻译局，而主张“译局自不妨广设”。[⑥]

从以上各种情况可以看出，在中国惨败于甲午战争、特别是列强掀起瓜分浪潮的形势下，师法日本维新变革、争取自强，的确成为政治舞台上颇有影响的潮流。从某种意义上可以说，这决定了戊戌变法的方向。

在此还须指出的是，当时身在中国的以传教士为代表的西方人士，日本的舆论，也对中国师法日本实行变革发出赞同的声音。

---

① 《戊戌政变记》，第 2 页。
② 《戊戌变法》Ⅱ，第 277 页。
③ 同上，第 279 页。
④ 同上，第 375—381 页。
⑤ 同上，第 441、444 页。
⑥ 《戊戌变法》Ⅰ，第 368 页；《戊戌变法》Ⅱ，第 413 页。

美国传教士林乐知1896年4月在《万国公报》上发表《文学兴国策序》，“叹日本之崇尚西法，其变化之纯全，功效之迅速，实为天下古今之所不能及也”，并写道：日本“以美国之成法，行之于日本，业已明著大效矣，岂不可以日本之成效，转而望诸中国之人乎？吾知中国之贤士大夫……当亦翻然变计，而知所取法矣”。[1] 英国传教士甘霖也说：“东洋有日本焉，日见富强，方兴未艾，则以其捐弃成见，顺天机而畏天命也。中国苟能旁观对镜，易辙改弦，凛然于天道之常新，是谓得其大纲，纲举而目自张。”[2] 此外，有的西方国家报纸上载有“中国亦当自警，仿日本之例，而更新其政”[3]，尤应取法日本的新式教育的言论。[4] 在日本，则如山根幸夫所指出的那样，有关当时中国维新变法的舆论虽各不尽相同，但对师法日本的动向却都是乐见的。[5] 在百日维新期间，日本明治维新的元勋伊藤博文来到中国，俨如维新变法的指导者，就中国的政治体制及军事、经济、文化各方面的变革，向变法志士提出很多意见。西方国家与日本人士的这些看法、言论，无疑都是基于他们各自的利害关系，其动机自不可与中国主张师法日本维新变革的人们同日而语，但从客观上看，还是起到了激励变法志士、进一步增强变法呼声的作用。

1898年6月至9月间，维新变法进入具体实施的阶段。那么，在尝试实施变法的过程中，师法日本维新的主张是否付诸实践了呢？我们的回答是肯定的。

首先，康有为与光绪帝从一开始就试图仿照明治维新展开变法。

康有为1898年1月29日上呈、被光绪帝采纳的《应诏统筹全局

---

① 《戊戌变法》Ⅲ，第262、263页。

② 同上，第265页。

③ 中国近代期刊丛刊《强学报·时务报》3，中华书局1991年版影印本，第2179页。

④ 《戊戌变法》Ⅲ，第211—214页。

⑤ 见［日］山根幸夫：《論集 近代中国と日本》，第23—26页。

折》，是实行变法的政治纲领，其中明言：变法“取鉴于日本之维新”，且仿照日本明治维新开始时的做法，确定变法的主要步骤，即：大集群臣，诏定国是，许天下士民上书，设制度局于内廷，选天下通才入直其中，与皇帝一同制定法令，等等。同时，此奏折还以“皇上断自圣心，先定国是”作为展开变法的前提，[①]这与明治维新打出的“尊皇”旗号也是一致的。

如何对付阻挠变法的守旧势力，是关乎变法全局的重大问题，康有为在1898年6月16日的觐见中，对此提出了具体意见，建议“待此辈之大臣，亦只当如日本待藩侯故事，设为华族，立五等之爵以处之，厚禄以养之而已，不必尽去之也”，同时“多召见才俊志士，不必加其官，而惟委以差事，赏以卿衔，许其专折奏事足矣”，光绪帝亦“然其言”。[②]他们的举措与明治维新是否真的一致，另当别论，但我们似可认为：至少他们在主观上是想效法明治维新来实行维新变法的。

其次，从变法的实际举措中，也可以看出师法日本的意向。

在政治改革方面，康有为一派原先的理想、目标本是制定宪法、设立议院，但在百日维新期间，一来由于他们自身力量薄弱、无法克服反动势力的阻碍，二来由于他们了解到日本也是在实行明治维新二十多年之后才得以颁布宪法、设立议院，从而感觉“开国会尚非其时”，[③]于是，他们仿效日本，以在宫中设制度局以代之。光绪帝在百日维新期间任用谭嗣同等四人为“军机章京上行走”，使参与新政，据梁启超的说法，这是“选新进小臣以辅新政”，“参预者，用日本维新置参与官于宫中之义也”。[④]再者，在百日维新开始

---

① 汤志钧编：《康有为政论集》上，第212页。

② 梁启超：《戊戌政变记》，第16页。

③ 参见《康有为日本变政考》卷6，紫禁城出版社1998年版。

④ 《戊戌变法》II，第75页。

后的次日，光绪帝传旨宗人府，令推荐王公、贝勒游历各国，究其缘由在于：侍郎荣惠、御史杨深秀在上奏中有鉴于东西各国、尤其是日本天皇派皇族等遍历各国、接受诸学，回国后进行政治变革，而建议仿其先例，让近支王公游历各国。[①]此外，康有为关于仿日本之例许天下士民上书的主张也作为政令规定下来。

在军事改革方面，康有为等要在裁汰、练兵的基础上，“仿照德日兵制，分马步工炮辎重之队，设学校，精军械，牧良马，募良家，厚饷糈，更教以爱国，厉其精神”[②]，同时为加强完全没有权力的光绪帝的地位，而准备“仿日本例置参谋本部，请皇上亲御戎衣，自统六军”[③]。

在经济改革方面，在中央设农工商总局，在各省设商务局、农工商分局，以振兴、奖励工艺等，这正是康有为等积极仿效日本、设法以各种机构促进农工商业发展的体现，所以梁启超才直言“农工商总局之设，大略如日本之农商务省”[④]。

在文教改革方面，光绪帝下令废除科举考试制度，同时创办京师大学堂，在各省兴办中小学堂，这当然是近代以来先进的中国人长期呼吁、反复努力的结果，但同时也与效法日本有直接关系，如梁启超所言：有关开办新式学堂的规定是“略取日本学规，参以本国情形”而草拟的，并得到“皇上俞允”。[⑤]此外，孙家鼐在创办京师大学堂的过程中，也接受了日本使臣关于军事学科不宜置于大学堂内、应另设专门学堂的建议，而奏请取消这一学科，甚至在外国教员的薪水问题、大学堂学生的“膏火”应否由校方提供的问题

---

① 《戊戌变法》Ⅱ，第20页。
② 汤志钧编：《康有为政论集》上，第320页。
③ 《戊戌变法》Ⅱ，第95页。
④ 《戊戌变法》Ⅰ，第280页。
⑤ 《戊戌变法》Ⅱ，第29页。

上，也都参考和采纳了日本使臣的意见。[①] 再有，百日维新中改《时务报》为官报、将其报馆设于北京的决定，出自康有为为宋伯鲁代拟的上奏，其重要的立论根据之一，就是“日本维新之始，遣伊藤博文等游历欧美，讨论变法次第，及归则首请设官报局于东京”[②]。至于设立翻译局主要翻译日本书籍，从各省选拔学生赴日留学，充分体现出师法日本的意向，就更是不言自明的了。

最后还须指出的是：康有为一派与光绪帝对于在百日维新期间来华的伊藤博文都十分重视。

在与伊藤博文的会见中，他们以各自的口吻表达了取法日本变革图强的强烈愿望。康有为说：中国与日本“同洲、同种、同文、同俗，特见亲睦，欲据以为师法，草泽士民，亦同此志，愿侯爵幸进而教之”[③]。光绪帝则表示：对日本在明治维新以后取得的成功“时佩于心”，“我中国近日正当维新之时，贵侯曾手创大业，必知其中利弊，请为朕详晰言之……将何者当兴，何者当革，笔之于书，以备朕览”。[④] 在西太后发动政变的前夜康有为与光绪帝同伊藤博文的会见，从一个方面证明：他们在整个变法运动过程中，从没有离开师法日本变革图强的方向。

三

1898 年 6 月 16 日，在觐见光绪帝、谈及师法日本等国变法图强的前景时，康有为十分肯定地说：“泰西讲求三百年而治，日本施行

---

① 《戊戌变法》Ⅱ，第 437、438 页。
② 汤志钧编：《康有为政论集》上，第 322 页。
③ 转见汤志钧编：《戊戌变法人物传稿》（增订本）下，中华书局 1982 年版，第 642 页。
④ 《戊戌变法》Ⅲ，第 447 页。

三十年而强，吾中国国土之大，人民之众，变法三年，可以自立，此后则蒸蒸日上，富强可驾万国，以皇上之圣，图自强，在一反掌间耳。”光绪帝对此亦表赞成。[1]但在97天之后，变法运动就遭到西太后为首的反动势力镇压而失败，康、梁等逃亡海外，“六君子”血洒刑场，光绪帝被囚禁起来。戊戌变法并没有成为明治维新的再现，师法日本以变革图强的梦想被无情地击碎了，所谓变法三年实现自立、在此基础上富强驾万国云云，被证明只不过是幻想而已。

关于戊戌变法失败的原因，人们从各方面作了分析研究，但从师法日本这一角度来考虑的似不多见。

在近代世界上，后发达国家要实现近代化，就必须积极面向世界求发展，同时还要善于学习先进者，充分借鉴别国近代化的成功经验。故发动戊戌变法的康有为、光绪帝等致力于师法日本、仿效明治维新，联系当时的条件来考虑，应该说是进步的表现。

但是他们也显现出不少弱点，尤为致命的是，他们渴望学习外国，但却并不真正了解外国。这在他们师法日本实行变法的尝试中也充分表现出来。

试看他们实际推行变法时的基本思路：第一，基于中国在近代化过程中大大落后于日本的事实，认为日本在后发达国家中近代化的“成效最速，条理尤详”，因而应该作为师法的对象。第二，中日两国“同洲、同种、同文、同俗”，没有什么差异，因而日本学习西方、进行社会变革、迅速实现近代化的经验，对中国来说“最易仿摹”、“推移即是”，中国只要参照日本的经验，就可立竿见影，且能在比日本更短的时间内达到目的。康有为与光绪帝显然在认识上存在很大的误区。实际上，戊戌变法前后的中国，论传统社会制度的

---

① 《戊戌变法》Ⅳ，第145页。

坚固程度和新旧势力的力量对比，都和明治维新前后的日本大为不同。清朝虽然从18世纪末就开始了衰落的过程，在近代内忧外患的接连打击下日趋虚弱，但直到戊戌变法前后，也还不似明治维新发生时的日本幕藩制国家政权那样濒于崩溃，而中国广大农村的自然经济结构及相应的经济关系也还十分顽强。从政治力量对比来说，康有为一派在清朝统治集团中完全没有权力，无法左右政局，既不可能、也不指望在统治集团之外求得民众的支持，而他们依赖的光绪帝又并非实际执掌最高统治权的君主，根本不足以撼动西太后为首的反动势力。这与明治维新的倒幕派以西南雄藩为后盾、实力大大超过德川幕府，旧势力即使要对抗也力不从心的状况，完全不能同日而语。国情的差异，决定了中国不可能通过仿效明治维新来实现近代化。而康有为一派却误将明治维新作为样板，以为易于仿效，遭到失败是无可避免的。

康有为与光绪帝等真心希望师法明治维新以变革图强，但他们又并不真正了解明治维新。在戊戌变法失败之前，光绪帝自不必说，就是康、梁这些变法派的主要成员，也既没有去过日本，也没有掌握日本语言，只是间接地读过一些日本人的著作，如山根幸夫所指出的那样："康有为等虽然从明治维新中探求变法之道，但却没有注意到其中的重大变革。明治变革不彻底自不待言，但还是厉行了废藩置县、地税改革，根本否定了以往的幕藩体制。此外，康有为等对明治政府积极培植近代产业、由此促使日本资本主义的发展，也谈不上有足够的关注。他们始终只不过是在作表面的、形式上的模仿。"[①] 彭泽周对于康有为所著《日本变政考》的研究，高度

① ［日］山根幸夫：《論集　近代中国と日本》，第26页。但笔者认为，康有为对日本明治政府致力于加强近代产业基础、促进资本主义迅速发展还是相当重视的，并进而希望效法。

评价了该书的意义，但同时也指出：康有为著此书的目的，“与其说是理解日本的明治维新，毋宁说是要向光绪帝展示日本通过变革取得的辉煌成果”，书中对日本人著作的引用有误译，康有为本人所写的内容也有一些违反史实之处，故该书“与其说是史书，不如说是基于政治立场撰写的‘政书’”。彭泽周认为：康有为对明治维新只有极少的知识。[①]既然对于作为模仿对象的明治维新只有很肤浅的了解，自然也就不可能理解其真正的意义，模仿的尝试很快遭到挫折，也就毫不奇怪了。

康、梁在变法失败、逃亡日本以后，通过反思，在认识上有所推进，这主要体现在他们注意到戊戌变法与明治维新各自条件的差异。如康有为在致依田百川的信中写道：“我国之帝后，犹贵国之有公武也……然贵国公武异处，而我则帝后同居；贵国王室与幕府，犹有君臣之分，我朝皇上与西后，尚牵母子之名。同居则行事甚难，假名则群臣易惑，既猜忌甚至，故布置甚难。”[②]梁启超在致大隈重信的信中，与康有为同样指出日本倒幕易行、而中国变法则受制于西太后，同时，特别强调了两国新旧力量对比相去甚远，曰：明治维新时，日本天皇“有萨、长、土佐诸藩相与夹辅，故虽借处士之功，尤赖强藩之力，藩侯自君其国……彼一举义，幕府无如之何……故王室得其维持，而志士有所凭借”；但中国的情况却不同，“各省总督、巡抚……位如传舍，顺政府之意，则安富尊荣，稍有拂逆，授意参劾，即日罢官矣。……处士以一身毫无凭借，惟有引颈就戮而已”。[③]由于认识上的这种变化，加上没有得到日本政府在政治上的支持，因而康、梁虽然依旧长期坚持变法改良的主张，但师法

---

① 彭泽周：《中国の近代化と明治維新》，第157、158页。

② 汤志钧编：《康有为政论集》上，第393页。

③ 《戊戌变法》Ⅱ，第605页。

日本以变法图强的色彩逐渐褪去。

早在康有为一派鼓吹师法日本变革图强之前，中国另一位杰出人物孙中山喊出了“驱除鞑虏，恢复中华，建立合众政府”的口号，这可以说是以西方资产阶级革命为样板的另一种选择。他的主张在很长时间里并没有像康有为等的主张那样引起广泛共鸣，直到20世纪初，才开始在中国进步力量中占据主导地位，使中国政治舞台展现出新的面貌。但是，以孙中山为代表的革命派最终也未能真正建立起与西方一样的民主共和国。苏俄十月革命胜利后，中国兴起五四运动，先进知识分子作出了“走俄国人的路”的选择，孙中山也主张“以俄为师”，但后来的历史也证明：中国的问题并不是简单地运用苏联的经验和方法就能解决的。

康有为等师法日本以变法图强的尝试，在近代中国爱国志士学习先进的外国、促进中华民族振兴的艰难曲折历程中占有重要地位，也给我们留下了宝贵的经验教训。我们从他们的尝试和后继者的奋斗中看到：中国的近代化固然必须借鉴和吸收别国的长处和成功经验，但绝没有可以直接照搬的外来模式，最为重要的还是中国人自身的创造。

（原载于日本爱知大学中国学部主办的《中国21》
杂志第9卷，2000年5月出版）

简论甲午战争前的日本对华贸易
——以日本驻华领事报告所述为中心

近代中日经济关系是我国学界研究相对薄弱的方面，而甲午战争前的中日经济关系（实际就是贸易关系）的研究，又因为资料的缺乏或被视为无关宏旨，而更显薄弱，迄今难以见到专论，即使相关论著有所涉及，也多语焉不详。笔者近来从事晚清日本驻华领事报告的编译工作，深感甲午战争前的中日贸易颇有未发之覆，故从日本对华贸易的角度撰为拙文，以期引起同行关注，并求教于大方。

一、近代日本对华贸易缘起

众所周知，自1635年德川幕府下令禁止本国民众赴外国贸易以迄于1860年，200多年中，日本在对华贸易方面，只在本国口岸与来日的华商交易，而这种消极、被动性为积极主动性所取代，始于1862年5月德川幕府派出官船“千岁丸”前来上海贸易，后在1864、1865、1867年，日本又先后为贸易等事务遣使前来上海，[①]此

① 参见冯天瑜：《“千岁丸”上海行——日本人1862年的中国观察》，商务印书馆2001年版，第37—42页。

间，幕府还于 1866 年 5 月宣布对日本人赴海外贸易开禁。

19 世纪 60 年代的日本，正在竭力对付欧美国家的对日扩张，且面临物价飞涨、社会剧烈动荡的形势，[①]而对华贸易在其对外贸易总体中所占比重很低，[②]内容与先前也无大异，出口以海产品、山货、樟脑等为主，而进口的货物主要是药材、砂糖、水银、铅之类；[③]从数量上看，除了输出海带、鱿鱼和输入砂糖的数量有较大增长外，其他并无明显变化。[④]这些都表明，日本当时在经济上并无改变传统对华贸易方式的迫切需要和余力，其对华贸易之所以转向积极主动，主要是幕藩当政者摒弃锁国传统、走向世界姿态的体现，政治意义远大于实际的经济利益。[⑤]

明治维新发动之后，日本社会面向工业化迅速展开了一系列重大变革，但直到 1882 年以前，由于近代经济发展水平很低和相关机制尚不健全，在对外贸易方面依然维持着自国门打开以来形成的格局，即大量进口欧美国家工业品，同时向欧美大量出口生丝、茶叶等原料与土产，而中国在继续与日本进行传统的贸易的同时，其开放口岸（包括已成为英国殖民地的香港）在一定程度上也成为西方工业品进入日本的中转站，日本对外贸易呈现长年入超严重的形势，令日本人慨叹对外贸易中“利归于彼，而我以正货补之，遂致

---

① 参见［日］石井寛治：《日本経済史》，东京：东京大学出版会 1991 年版，第 94—98 页。

② 参见［日］海野福寿：《明治の貿易》，东京：塙书房 1968 年版，第 14—15 页所载关于 1860 年至 1880 年日本对外贸易对手国位次表。

③ 参见［日］松田屋伴吉：《唐国渡海日記》，载［日］小島晋治監修：《幕末明治中国見聞録集成》第 11 卷，尤玛尼书房 1997 年版。

④ 参见［日］浜下武治、川勝平太编：《アジア交易と日本工業化 1500—1900》，东京：Libro 株式会社 1991 年版，第 212 页；石井孝等编：《横滨市史》第 2 卷，第 554 页。

⑤ 德川幕府从 1860 年到 1867 年间先后向美欧遣使 7 次，从 1862 年开始向欧美派出留学生，而长州、萨摩等藩国从 1863 年 6 月以后也相继派人赴欧美留学、考察。“千岁丸”及后来日使前往上海，实为当时日本人走出国门的举措之一。而当时的上海，既是日本人获取海外信息乃至西式武器的重要来源之一，也是其前往欧洲途经之地。

正货外流呈逐年加剧之势……我国之祸患，岂有甚于此者”。[1]但是，日本从18世纪末期就有人（如本多利明）鼓吹仿效欧洲国家广泛进行海外贸易，以促进日本经济繁盛；国门打开前后，更有先驱思想家如渡边华山、横井小楠等明确主张与各国之间“互相交通、通交易之大利，乃今日自然之理势”；[2]明治政府成立后，当政者又通过对西方国家的实地考察，而认定制造业与贸易的发展是其富强根源，日本当引为“规范”。[3]所以，明治维新后的日本，就将扭转本国在对外贸易中的不利地位、进而以外贸易服务于本国经济发展，作为推动工业化政策的重要组成部分。其下手功夫，就是千方百计扩大以生丝为龙头的出口，获取宝贵的硬通货，用以平衡贸易，服务于本国工业化。这可谓是当时日本的外贸战略。

对于日本实现其外贸战略来说，中国既是重要的竞争对手，又是必须利用的重要因素。这是因为：当时日本竭力扩大生丝、茶叶出口，实质上就是争夺中国在世界上既有的丝、茶市场；而庞大的中国市场，对于容纳日本当时有能力出口、换取硬通货的土特产乃至工矿产品，也有很大的潜力。由此，日本将对华贸易置于十分重要的地位，在大力促进生丝、茶叶生产和出口的同时，急于扩大其货物在中国的市场。明治政府成立之初，就拟遣使来华谈判缔约，只因“内地多事”，才未实现，而通过英国驻华领事向清政府提出贸易要求；1870年7月，日本遣使来华，正式提出建立邦交要求，而给清政府留下的最深刻印象，就是“专在通商”，且“亦欲与泰西各国一律办理”。在清政府同意谈判缔约建交之后，“明治政府，即着

---

① 《棉糖共进会报告 · 棉贸概说》，见［日］三瓶孝子：《日本綿業発達史》，东京：庆应书房1941年版，第38页。

② ［日］山崎正董编：《横井小楠遺稿》，东京：日新书院1942年版，第906页。

③ 参见日本史籍协会编：《大久保利通文書》，东京：东京大学出版会1968年版，第4册第467—468页，第5册第561页。

手调查中日通商关系现况”。[①]

在1871年中日两国的谈判中，日方果然提出两国缔约“姑从西人痕迹，无事更张”的要求，而清政府的预定原则也是“仿照泰西之例固无不可”，只坚持“条约中不载明比照泰西各国总例办理”，且不列入“一体均沾”条款，[②]故对日方达到目的并不形成严重障碍。最终订立的《修好条规》及《通商章程》、《海关税则》，固然显示了双方的对等，但从贸易方面看，真正的获利者还是日本，因为日本没有付出什么代价，就得以在与西方国家基本相同的条件下（中方提出的《海关税则》，与1858年中英《天津条约》中的《海关税则》几乎完全相同），打进先前很少甚至全然没有涉足、而在当时却十分渴望进入的中国15处通商口岸，从事贸易；而从日方的《海关税则》看，所列当时有可能推到中国市场上的日本货物，为数甚少，并没有超出过去对华出口货物的范围。显然，由于《修好条规》的订立，中国广大市场的门户轻易地向贸易力量还很微弱的日本敞开了。[③]这为明治政府贯彻其外贸战略造成了十分有利的条件。

明治政府推展对华贸易是迫不及待的，在中日《修好条规》尚未开始谈判的1870年11月，外务省就任命品川忠道为驻上海领事，[④]规定其任务为保护和管理来华的日商，详细了解中国人喜好而日本又能生产的商品信息以及有助于扩展日本对华贸易的情况。[⑤]到甲午战争爆发之前，日本相继在上海、香港、福州、厦门、天津、

① 见同治朝《筹办夷务始末》卷77，第34、35页；日本东亚同文会编、胡锡年译：《对华回忆录》，商务印书馆1959年版，第28、29页。

② 见《李文忠公全书》卷18，第45页；同治朝《筹办夷务始末》卷80，第12页。

③ 参见中日《修好条规》、《通商章程：海关税则》，载王铁崖编：《中外旧约章汇编》第1册，三联书店1957年版。

④ ［日］町田実一：《日清貿易参考表·清国各港駐箚帝国領事更代年数》，1889年。

⑤ 参见［日］古屋哲夫：《領事制度と領事報告》、《形成期における領事制度と領事報告》，载［日］角山荣编：《日本領事報告の研究》，东京：同文馆1986年版。

芝罘、牛庄、汉口、广州开设了领事馆。

不过，即使日本通过《修好条规》铺平了进入中国通商口岸道路，也不意味着其能轻易实现推展对华贸易的目的，因为在当时，日本来华贸易还受到两方面的制约：

其一是能够承担来华贸易之任的日商群体还相当弱小。

不可否认，在200多年的“锁国”过程中，日本商人群体逐步成长起来，即使在被西方打开国门之后，依然保持着对本国商业网络的强有力控制，成功地将西方商业势力抵挡在通商口岸，并通过对外贸易实现了自身的进一步积累。日本学界将这种“商人的对应”视为近代日本经济最终避免依附于西方的一个重要条件、实现产业革命的一个前提。① 但同时也要看到，德川幕府长期禁止本国商民赴海外贸易，也使其从事海外贸易的能力严重萎缩，于是在对华贸易方面，主导权完全掌握在赴日华商手里。这种局面，即使在德川幕府放弃“锁国”、走向世界，乃至明治政府竭力推动日商来华贸易之时，也难以很快改变。直到1875年10月，日本内务卿大久保利通还忧心忡忡地写道：“察皇国开港以来对外贸易情形，商权概为外商所有，我之买卖终不免陷于彼之牢笼。”② 这种议论，与当时日本对华贸易状况对照，不无相合之处。③

1886年以后任日本驻汉口领事的町田实一在1889年印行的《日清贸易参考表》，载有其通过调查所知1888年8月以前华商在日本

---

① 参见［日］石井寛治：《近代日本とイギリス資本》，东京：东京大学出版会1984年版，第422—424页。

② 《海外直輸出ノ基業ヲ開クノ議》，载日本史籍协会编：《大久保利通文書》第6册，第465页。

③ 自20世纪80年代以来，笼谷直人（现为日本京都大学人文研究所教授）等日本学者关于华商在甲午战争前中日贸易中的作用和影响、与日商竞争的研究取得了系列成果，笼谷直人之相关代表作为《アジア国際通商秩序と近代日本》，名古屋：名古屋大学出版会2000年出版。

通商口岸开店经营情况（其中，东京、函馆、新泻注明了时间范围和开闭情况）：

东京：1873年至1888年，共124家，现有45家，分别来自广东、浙江、福建、江苏、湖北、直隶，分别从事杂货、制鞋、裁缝、油漆、饭馆、绸布、兑换、演戏等业，以经营杂货者居多。

横滨：共157家（未介绍各自在中国的籍贯），经营布匹、服装、钱铺、书本装帧、木器、陶瓷、漆器、竹器、中药材、鞋类、杂货、海产品、糕点、烟酒、山货、梳头、澡堂、饭馆等业。

神户：共56家，来自广东、浙江、福建，从事杂货、药材、裁缝、酒馆等业。

大阪：共51家，来自广东、浙江、福建，从事杂货、酒馆、客栈、住宅等业。

长崎：共84家，来自广东、浙江、江南、福建、山东、湖北，经营杂货、剃头、洋服、洋布、洋货、洋鞋、洋铁器；海产品、药材、木工、钟表、砂糖、绸缎、瓷器、煤炭、板炭、铁、裁缝、客栈、牛肉等。

函馆：从1872年至1888年，共有11家，现有8家，来自浙江、江苏、广东、福建，经营行业不详。

新泻：从1884年到1888年，共有4家，均来自福建，先后关闭，经营行业不详。

而该书所载《清国各港在留日本商人商店开闭年月及其营业种类》所反映的在华日商的情况则是：

上海：1868年至1888年，共开日本商店41家，现有25家，经营陶瓷、漆器、杂货、煤炭、染料、药品、书籍、山货、服装、日本酱油、日本酒、火柴、铜版印刷、旅店、照相等。

天津：1884年至1888年，共开日本商店8家，现有4家，经营日本杂货、海产品、木材、茶叶、铜、药材、染料、陶瓷、中国产羊毛等。

芝罘（烟台）：1885年至1888年，共开日本商店6家，现有4家，经营日本杂货、米谷、食品、茶叶、洋菜等。

汉口：1884年至1888年，日本商店仅有乐善堂1家，经营药品、书籍和其他委托销售的日本货物。

福州：1884年至1888年，共开日本商店5家，经营杂货、陶瓷、漆器、药品、书籍、照相等。

此外，该书之《日清两国商家从日本向清国输出重要货物比较表》，列出了中日两国商人及他国商人在1883年至1887年间每年从横滨、神户，1878年至1887年间每年从长崎、函馆向上海输出海产品、山货、铜、木材、毛皮、木炭、煤炭、陶瓷、硫酸等货的总量与总价额，及三者各自输出的数量与价额。从中可知，直到1887年，日本向中国输出的重要货物，除了煤炭与陶瓷之外，绝大多数是由华商充当输出主体的。日本货物对华输出尚且如此，则将中国货物输入日本的情况也就不难想见，史实告诉我们：从19世纪80年代后期到甲午战争前，在输往日本的中国货物中占很大比重、成为日本机器纺纱原料主要来源的中国棉花，一直是由华商充当经营对日输出的主体，在1893年神户港输入的中国棉花中，由日商经手的只占16%。[1]

① ［日］小林正彬等编：《日本経営史を学ぶ》1，东京：有斐阁1976年版，第159页。

其二是日本海运能力难以适应海外贸易的需要。

这也是德川幕府长期推行“锁国”政策、禁止日本商民赴海外贸易造成的，加上日本被西方打开国门之后，已经面临轮船充当远洋航行主要工具的时代，而在造船业尚未实现近代化的条件下，拥有雄厚的轮船航运实力绝非朝夕可成之事，故日本沿海及通往中国的航线迅速为欧美轮船公司所控制。在中日《修好条规》订立前后，日本轮船航运企业才刚开始起步（1870 年成立首个轮船公司“回漕会社”），但经营并不顺利，几经反复，才在 1875 年为很有发展后劲的三菱会社所代替。[①] 日本海运能力如果不能提升并且突破欧美轮船公司的控制，其包括对华贸易在内的海外贸易势将难以顺利展开。

为了解除以上两方面的制约，日本以国家政权为主体采取了一系列步骤。

明治政府从成立之初，就树立了“将内外货物、金银之所有权利掌握于我手”[②] 的目标，打出“恢复商权”的旗号，1875 年后又强化了对于日商赴海外贸易的促进、扶持、配合政策，这主要体现在：

第一，扶助海外贸易商社展开经营活动：由政府选择与之关系密切的商家（如大仓组、三井等），直接提供补助资金，乃至成立半官半民的海外贸易会社，推动商家积极致力于赴海外销售日本货物。在对华贸易方面，这种政策最重要的成果，体现为三井物产会社在明治政府大力扶助下于 1876 年成立，紧接着在 1877 年将其分社开设于上海，在甲午战争爆发前，主要通过在华贸易壮大起来，奠

---

① 参见［日］木津重俊：《日本邮船船舶 100 年史》，东京：海人社 1984 年版。

② 《世外井上公传》第 2 卷，转见［日］海野福寿《明治の貿易》第 69 页。

定了其在日本海外商社中之巨擘地位。[①]

第二，对海外贸易提供金融支持：政府推动银行对出口商品生产和从事海外贸易的厂商提供贷款支持，对出口货物提供押汇，1880年还接受民间要求，成立了以服务于日本海外贸易为主要业务的横滨正金银行，并通过日本央行源源不断地向该行提供低息贷款。[②]该银行在甲午战争前夕的1893年5月，在上海开设了分行。[③]

第三，大力促进日本近代海运业发展：特别是在1874年日本进犯中国台湾未达目的之后，加大了扶持三菱会社的力度。众所周知，三菱会社（1885年改名为日本邮船会社）在政府强有力支持下，以3年时间击败了控制日本沿海及通往中国上海航线的美国太平洋邮船公司、大英轮船公司，并于1875年1月在上海开设了分店。

第四，充分利用驻外使领特别是领事搜集并向国内厂商提供海外贸易信息：1873年，日本政府要求派驻海外的领事通过年报、半年报、临时报告，将驻地对日本进出口的货物名称、数量、价格以及是否由日商经营等情况报告给大藏省；1875年，日本政府要求驻外领事注意报告驻在国有关贸易法令的改废、对进出口贸易的限制与准入、进口货物由日本船只运输与否的区别；1876年，日本政府颁布《日本领事官须知》，对领事报告的内容作了进一步的规定，其中包括：驻地贸易景况之充分确实的信息，驻在国发生的牵涉日本贸易和工农业矿业及其他利害的情况，日本海关所需的领事驻地对日输出商品的价格总表，驻地对

---

① 《日本経営史を学ぶ》1，第151—155页。

② 参见［日］加藤俊彦：《本邦银行史论》，东京：东京大学出版会1957年版，第68—78页。

③ 1895年8月28日日本驻上海总领事馆发出的关于上海金融状况的报告，述及横滨正金银行上海分行成立的时间及在当时的金融活动。

日本产品的消费量与外国船只输入日本商品数量明细表，大藏省所需了解的货币兑换行情的明细书等。此外还规定：驻外领事要注意与农业工业相关的机械、学术上的新发明和改进，对外国的一般性统计、辖区内发生的攸关日本航海和贸易利害的情况，新兴行业出现以及以往开业者的兴衰给日本贸易带来的机会，排除日本贸易推进中所遇阻力的方法等，也要尽量报告。此外，明治政府还面向社会，通过报刊将领事报告传递给日本相关行业和商民，以满足其从事海外贸易的需要。①当时由日本政府机构编印的《通商汇编》、《通商报告》、《官报》、《通商汇纂》等报刊中，大量刊载了日本驻外领事的报告，涉及日本对华贸易具体情况和中国市场动向的内容不少。

第五，一些日本人怀着各种目的观察、研究中国及其市场，培养从事对华贸易的人才：据《对华回忆录》称，在甲午战争前，日本人先后有"兴亚会"（1880）、东洋学馆（1884）、东邦协会（1890）、日清贸易研究所（1890）、善邻书院（1894）等团体、学校成立，它们多少都与促进对华贸易相关，而目标直指扩大日本对华贸易的，就是军官出身的荒尾精所办的日清贸易研究所。荒尾精1886年作为谍报人员被日本参谋本部派到中国，活动3年之后，认为振兴日中两国的贸易是在日本主导下"兴亚"的燃眉之急，而日本商人擅长对华贸易者很少，因此必须培养胜任对华贸易的人才。经过多方奔走，他于1890年9月在上海成立了日清贸易研究所。到1893年3月，该所已有89名日本学生毕业。而在这一年，荒尾精又办起"瀛华广懋馆"（又名"上海商品陈列所"），让研究所毕业生从

① 以上介绍，参考了［日］角山荣编：《日本領事報告の研究》所载古屋哲夫《領事制度と領事報告》、《形成期における領事制度と領事報告》，东京：同文馆1986年版；原敬：《外交官领事馆制度》，东京：警醒社1899年版。

事日本商品的展销。[1] 此外，日清贸易研究所还在1892年出版了3巨册之《清国通商综览》，根据荒尾精等人多年搜集的资料，介绍中国商业地理、庶政（各级政府机构设置、中央与地方的财政收支、盐政、茶政、田赋、矿政、海关、厘金、货币、度量衡、邮政）、运输（水运、陆运、漕运、铁道、轮船、仓库费和码头税及引水费用、保险与保险费）、金融（银行、兑换、存贷款、票据）、交通（邮递、电报电话）、产业（工业、农业、蚕桑业、渔业、畜牧业、山林业、外贸）、与商业相关的组织、设施与成规（会馆、商店内部制度、栈房、拜访与宴客规矩、外国人注意事项）、各地里程表、中国物产（水产、土产）、中国历史沿革等。

从以上情况可以看出，日本在明治维新之后，主要依靠国家政权的力量，取法于欧美国家的贸易之道，来扩展其对华贸易。当然，即便如此，也还不能说日本从事对华贸易的能力强大、条件完备，它还有必要继续利用中日之间传统的贸易渠道和在中日贸易中依然充当着重要角色的华商，以及往来于中日之间的欧美商船，来满足自身的需要。

二、中日《修好条规》订立后至甲午战争前日本对华贸易简况

近代日本对华贸易较为广泛地展开，是在1871年中日《修好条规》订立之后。根据《修好条规》，日本商人可以进入上海、宁波、汉口、牛庄、广州、琼州、厦门、淡水、镇江、九江、天津、

---

① 《对华回忆录》，第465—484页；黑龙会编：《东亚先觉志士记传》上卷，东京：原书房1974年版，第336、396—397页；［日］井上雅二：《巨人荒尾精》，东京：佐久良书房1910年版，第19—73页。

芝罘、汕头、福州、台南进行贸易；此外，已沦为英国殖民地的香港作为自由港，日商自然也可进入。从贸易情形来看，上海与香港各有其特殊重要性，且分别与宁波和镇江、广州、汕头、琼州关系密切；而日本对中国北方（包括天津、烟台、牛庄）、长江流域（汉口、九江）、闽台地区（厦门、福州、淡水、台南）的贸易，也大体上可以区分各自的特色。因此，关于此间日本对华贸易的简况，笔者拟按这样的区分，主要依据已知的日本驻华领事报告所述情况，作出大致的描述。

（一）对上海的贸易

上海在鸦片战争后迅速成为中国最大的通商口岸，也是近代日本人在中国最早涉足之地，如前文所述，其最早来华的贸易船只是以上海作为贸易之所，其驻中国口岸的领事馆也最早设于上海，日本近代开辟的第一条海外航线就是横滨至上海的航线，三井物产会社、三菱会社、横滨正金银行等日本有代表性的对华贸易、运输、金融企业在中国最初开设的分支机构，以及日本人在华开办的培养对华贸易人才的机构，也无不落脚于上海。就甲午战争前日本在华贸易的实际情形来说，上海也完全可以说占有最大的比重、地位最为突出。

形成这种局面的原因是显而易见的：上海作为当时中国对外贸易的中心，对进出口货物具有最大的吞吐能力，日本对华贸易之输出输入两个方面，都对上海有最大的依赖性；上海以其地理位置，与中国北方、长江流域以及东南地区之间的物流关系密切，而日本因受其贸易、运输等方面能力的限制，对华输出的货物（以海产品为主）之相当部分须经由上海，利用中国的流通网络和中外船舶分销于各地，反之，中国各地为日本所需要的货物，也有不少要先汇集到上海，然后再运往日本；此外，19世纪70年代以后在日本对华输出货物中一直占很大比重的煤炭，主要是作轮船燃料之用，而聚集了最多中外轮船的上海港，也就成了日本煤炭在华的巨大市场；19世纪80年代后期日本机器纺纱蓬勃发展，苏浙地区的棉花成为日本纱厂最主要的原料来源，上海随之成为日本输入棉花最主要的供应地；再者，在中国丝、茶出口贸易中，上海无疑是最重要的输出口岸，这也颇便于对此高度关注的日本人观察动向、搜集所需的各种信息。

甲午战争前日本驻上海领事馆向本国发出的报告，分别载于日本外务省通商局于1882年至1886年间出版的《通商汇编》、1886年至1889年间出版的《通商报告》各册之中，以及日本政府所办《官报》之上；由日本外务省商务局1894年1月创刊的《通商汇纂》，也载有一些相关报告。下面笔者就以这些报告为中心，简述日本对上海贸易情况。

1. 进出口贸易总体情况

《通商汇编》所载领事报告将上海进口日本货物情况追溯到1873年，从中可见，直到1886年，进口日本货之种类、数量逐步增多，主要是海产品（海带、海参、鱿鱼、蛏子、鱼翅、鲍鱼、虾米、洋菜、淡菜之类）及铜、煤炭、香菇、樟脑、木材、火柴、硫酸、纸张、手帕、陈皮、八角、烟草等。[①] 1891年以后的领事报告则表明：甲午战争前夕上海进口的日本货物品种增多，有各种海产品，煤炭（包括高岛、三池、九州岛杂牌），铜（铜丝、铜板、铜器等），纸类，木材，木炭，樟脑，香菇，棉纺织品（棉布、棉针织

---

① 日本外务省记录局1882年出版之《通商汇编》第1册，第204—227页；1883年出版之第2册，第169—232页；1884年出版之第3册，第319—324页；1886年出版之第6册，第287、293—305、331—334、338—347页。《通商报告》第13号，“贸易统计表”第1—12页。《通商报告》各号载有很多关于日本对上海输出货物的专题报告，尤以有关煤炭、海产品的居多。

品、棉袜、棉手巾、棉纱），生丝，怀炉及炉灰，镜子，陶器，火柴，火柴盒材料，玻璃球与玻璃器，玩物，蝙蝠伞，肥皂，点心，啤酒，卷烟，纸扇，牙粉，生姜，陈皮，茴香，茯苓，面包粉，马铃薯，人参，硫酸，毛皮，洋灯，铁器，漆器，木器，水泥，轧花机械等。而从上海向日本出口货物则有：棉花，麻，明矾，豆类，金属（铁棍、铁钉、铁箍、铁链、铁板、铁丝、铁末、铁缆、铁管、钢、锡板、铅块、锌等），丝绸，鸡蛋，唐纸，唐笔，草帽缏，药材，糖（红糖、白糖、冰糖），茶叶，酒，菜油、蓖麻油、乌桕油，海藻，陶器，玻璃碴，豆饼，毛皮，牛皮、牛骨，坯布与寒冷纱，夏布，电线、石膏等。[①]

2. 日本向上海输出海产品、煤炭、火柴、棉纺织品情况

甲午战争前，海产品在日本对华输出货物中一直占有重要地位，而上海不仅本身是海产品的重要市场，又是将日本海产品转口到中国其他商埠的枢纽，因此上海海产品市场动向及其分销情况，是全面反映贸易情况的领事报告中必有的内容。在1887年第二季度之前，是分季度报告，之后为逐月报告。报告中所列海产品主要为海带、海参、鱿鱼、鲍鱼、黑白鱼翅、干虾、洋菜、蛏子、江珧柱等，介绍它们的进口数量、价格，有的还与上年同期进行比较。其中，给人深刻印象的是，在上海乃至中国其他商埠，来自日本的海带（主要是低等级海带）因在民众中有较大的消费需求而为数巨大。[②]

煤炭从日本输入上海，在“千岁丸”1862年运往上海的货物中就

① 系《官报》所载日本驻上海领事报告中所见日本与上海之间输出输入货物情况之综合。

② 日本外务省通商局1882年出版的《通商汇编》所载1882年11、12月日本驻上海总领事馆关于海带商情的报告表明：从事日本海带向上海输出的日商主要是广业洋行和三井物产会社；有华商在日本函馆等口岸做输出日本海带到上海的生意，而丹麦、德国等西方国家的船舶也从事日本海带向上海的输出。见该书第288—295页。

可见到，而《通商汇编》所载领事报告反映：从1873年起，煤炭在日本输入上海的货物中日显突出，除了个别年份外，输入量保持持续增长，且在上海输入的国内外各种煤炭数量中居于领先位置（见表1）。

表1 1873年至1883年上海进口日本煤炭情况

（单位：吨）

年份	煤炭输入量总计	日本煤输入量	鸡笼与外国煤输入量
1873	124459	49897	74562
1874	116188	63153	53035
1875	143811	78800	65011
1876	123518	74966	48552
1877	167697	99929	67768
1878	163206	130123	33083
1879	140977	118507	22470
1880	181701	156861	26901
1881	211448	165637	45811
1882	—	167833	—
1883	—	182429	—

说明：1873年至1881年的数据载于《通商汇编》第1册“上海之部”，第208页；1882年至1883年的数据是根据《通商汇编》第2册“上海之部”第171页所载数据叠加而成。

《通商报告》所载1886年10月至1889年9月间的领事报告，绝大多数都有关于上海煤炭市场情况的报告，其中反映：当时上海输入的煤炭，除一小部分来自中国台湾鸡笼（基隆）、开平煤矿以外，其他是由美国、英国、澳洲和日本供应，而日本煤则包括高岛、三池和九州岛各矿的煤块与煤粉，其数量一直大大超出来自美国、英国和澳洲煤炭的总和。

在《官报》所载1890年至1893年领事报告所提及的上海进口日本货物中，海产品和煤炭也一直占据中心位置，其煤炭的数量远远超过来自英美和澳洲以及中国基隆、开平煤矿的煤炭的总和，在输入总量中从来都占二分之一以上。

《通商汇纂》所载1894年6月的报告，叙述了日本煤炭在上海销量不断增长而欧洲、澳洲、美国等地煤炭却趋于减少的状况，列出了1891年至1893年上海煤炭市场上各种煤炭的数量，显示1891年至1893年上海输入煤炭总量及其中日煤的数量为：

1893年，总量387877吨，日煤312587吨
1892年，总量392206吨，日煤325069吨
1893年，总量393366吨，日煤332188吨

可见，每年都是日煤占输入总量的80%以上。①

19世纪70年代以后，中国进口火柴数量迅速上升，由此引起日本对华输出火柴。《通商汇编》所载1886年6月11日日本驻上海领事报告指出：

> 至明治九年（1876年——引者），其输入额骤增，达到55万9千箩，较上年之输入额，共超出9万5千箩。因该品需求如此增加，我国制品陆续输入该国，故市上忽起竞争……尔后至明治十三年，输入益增，一年之输入额无虑达1419540箩……其中本国所产者，虽品质不佳，但因价格之廉而一度获得好评，然其后制作日劣，着火困难……清人遂恶之……致销路一度梗塞。……比较明治十七、十八两年输入额，则十八年输入额较十七年增1231721箩（此处输入额系指上海进口外国火柴总量——引者）。②

① 《通商汇纂》第7号，第47页。

② 1886年上海的海关报告指出：在火柴进口方面，“最近几年来，日本制造商的竞争日益强大。在去年总进口量中，可以看出约有六分之一来自日本”。1887年镇江的海关报告指出：“镇江所用火柴，以德国货和日本货为最多”。1882年至1891年宁波海关的报告指出：“20年前，火柴完全是欧洲货，现在大部份来自日本。”转见姚贤镐编：《中国近代对外贸易史料》第2册，中华书局1962年版，第1180—1181页。

甲午战争前夕的领事报告显示上海输入日本火柴的数量在继续增长。[①]

值得注意的是，随着日本产业革命的进展，其棉纺织品在输往上海的货物中也显得越来越突出：1888 年 4 月的领事报告称：上海一年输入日本棉布“越后缅”四五百匹；[②]1893 年 6 月 1 日的领事报告称：日本棉布“缩绒织”从 1889 年开始向上海输出，其需求年年上升，1891 年的输出量为 4887 匹，1892 年竟是上年的将近 10 倍（46592 匹），很快就招来了英国棉布的竞争。[③]另有报告反映，1893 年 9 月一个月内，输入上海的各种日本布匹就有近 4 万匹。[④]此后，棉纺织品成为日本驻上海领事报告中固定列出的对华输出的重要货物之一。

3. 日本从上海输入棉花情况

日本输入中国棉花可以追溯到 19 世纪 60 年代。[⑤]19 世纪 80 年代后期，日本机器纺纱业对中国棉花的需求日益增大，领事报告中有关中国棉花的内容开始多了起来。而 1886 年以后的驻上海领事报告表明，棉花在日本从中国输入的货物中占了巨大的比重，有“横滨庄”、“神户庄”、“长崎庄”（即面向这些日本口岸输出棉花的商家）等同时从上海向日本输出棉花，1889 年的输出总量（438357 担）较之于 1887 年（64675 担）增加了 5 倍多。[⑥]《官报》所载报告多处提及当时中国棉花输往日本的数量，中国棉产区棉花长势好坏

---

① 如日本领事关于 1893 年 9 月上海商情的报告指出：该月上海输入日本火柴 119450 箩。见《官报》3135 号，1893 年 12 月 9 日。

② 《通商报告》第 66 号，第 4 页。

③ 《官报》第 2990 号，1893 年 6 月 19 日。

④ 《官报》第 3135 号，1893 年 12 月 9 日。

⑤ ［日］古道敏雄、安藤良雄编：《流通史》Ⅱ，东京：山川出版社 1975 年版，第 119 页。

⑥ 《官报》第 1998 号，1890 年 3 月 1 日。

与收成之增减、手工与器械轧花情况、上海市场棉花上市数量、价格及输往国内外的情况。1891 年 10 月下旬的报告称：这年 1 月至 9 月，从上海输往日本的棉花数量为 23664643 斤，是上年同期的 1.2 倍多。1892 年输往日本的数量有所减少，但到 1893 年，1 月至 9 月输往日本的棉花数量又迅猛上升，合计为 39120244 斤，是 1891 年同期的 1.65 倍多。[①]

（二）对北方地区的贸易

中日《修好条规》订立后，日本在中国北方可进入的通商口岸分别为天津、烟台和牛庄。天津密迩京畿，频繁的军政活动和京城庞大官僚群体的生活需要、众多人员和物资的进出，都为天津提供了巨大商机；而位于胶东半岛的烟台以其地理位置，在国内与沿海乃至内陆口岸有密切联系，与辽东半岛有往来之便，对外与朝鲜、海参崴之间也进行着日常贸易和人员往来，尤为引人注目；牛庄作为当时辽东半岛唯一的通商口岸，在大豆、杂粮贸易中地位突出。日本无论是从扩展对华贸易的需要，还是从其对华扩张的战略来说，都要将中国北方地区置于十分重要的地位。

1. 对天津的贸易

从《通商汇编》所载日本驻天津领事的报告来看，1887 年以前，天津从日本进口货物主要为海产品（海带、海参、鱼翅、鲍

---

① 《官报》第 2512 号，1891 年 11 月 12 日。中国棉花输入日本最初是由华商经办的，而三井物产会社是从 1877 年开始向日本输入中国棉花，1889 年又与其他外商开办“上海棉花公司”，无视中国禁令从事轧花，输出棉花；同年，日本直接负责向大阪纱厂提供原料的内外棉会社也在上海设立派出机构，致力于向日本输入皮棉。见《流通史》Ⅱ，第 119—120页。此外，当时宁波也是向日本输出棉花的重要口岸，受到日本对于棉花需求的刺激，“宁波地区棉花种植扩张甚巨”，且“输入了数以千计的日本制造的手摇轧棉机”，1893 年的对日输出量为 1892 年的 2 倍以上。见姚贤镐编：《中国近代对外贸易史料》第 2 册第 1247 页所载宁波海关报告。

鱼、干贝、洋粉之类），另有香菇、八角、铜、铁、煤炭、漆器、窗用玻璃及玻璃器皿、纸张、火柴、木材、茶叶等，对外出口货物（包括对日本出口货物）主要为毛皮及草帽缏、棉花、猪鬃等。①

1887年以后，基本状况如前，有别于过去的是日本茶叶的输入量增长明显，如1888年一年之中，输入天津的日本茶叶至少有2万包，一百七八十万斤，在这年输入天津的日本货物中占了首位。②

天津原本主要从本国输入木材，但日本还是设法打进天津木材市场，逐渐输入其所产之樟板、松板、杉板和桧木。1886年，三井物产会社抓住开平铁路公司求购枕木之机，大量向天津输入木材，截止1888年，共输入枕木15.2万根。③而关于1891年天津贸易的报告又指出：铁道用品中的枕木、桥梁用材来自日本。④

到19世纪90年代，日本在与天津有直接贸易关系的外国中已位于前列，1890年在天津直接输入的外国货和对外出口货物中，日本都占首位。⑤这与1886年日本邮船会社开设了从长崎到天津的定期航线有直接关系。领事报告认为：此航线开辟之后，天津进口日本杂货样数之多不胜枚举。此外，天津从朝鲜进口的货物，基本上也掌握在日商手中。⑥

到甲午战争前，天津进口的日本货物主要为海带等海产品、铜

---

① 关于天津输入的日本货物，见1881年《天津输入日本产物价表》，载《通商汇编》第1册“天津港之部”；1883年《清国输入日本产物价一览表》，载《通商汇编》第2册；1887年《清国天津港日本产诸货物商况》，载《通商报告》第36号；关于天津输出的货物，见1881年《天津输出物品半年表》，载《通商汇编》第2册，第138—140页；1883年《清国天津输出品一览概计表》，载《通商汇编》第3册，第258—260页；1884年《天津输出物品半年表》，载《通商汇编》第4册，第221—226页。

② 《通商报告》第96号，第8页。这些茶叶中，6000包由日商经销，其他由华商经销。

③ 《通商报告》第128号，第13—15页。

④ 《官报》第2737号，1892年8月11日。

⑤ 见《官报》第2330号关于天津输出输入贸易的统计，1891年4月10日。

⑥ 参见连载于《通商报告》第114—116号上的《长崎天津间定期航线开通之效果》。

和茶叶、陶瓷、樟脑、木材、火柴、棉纱、棉布等。来自日本的铜和硫黄免税进口。但是在对日输出方面，长期没有什么起色，关于1891年天津贸易的报告称：日本对天津输入货物价额相当于天津对日本输出价额的30多倍。[①]1892年，对日主要输出货物为兽骨、羊毛、甘草等。[②]

1891年，日本船舶在进出天津的各国船舶中，仅次于英、德，在天津有日本商行3家，日侨40人。[③]而到1892年，日本轮船的数量和总吨位开始超过德国，日本商行和日侨均有增加。[④]

2. 对烟台的贸易

日本驻烟台领事1884年发出的报告反映：日本向烟台输出的货物主要为煤炭、海带、茶叶、八角、香菇、洋菜、铜、五倍子、樟脑、陈皮、鱼翅、鲍鱼等。由于北洋舰队对燃料的需要，输入煤炭数量较大，且主要输入日本煤炭；海带是该港主要进口货之一，来源主要为俄国与日本；在输出方面，主要货物为豆饼、蚕丝和来自山东与河南之草帽缏。[⑤]

1887年的报告表明：日本对烟台输出的主要货物依然是煤炭、茶叶、海带，此外还有樟脑、铜、陶器等，但日本煤炭开始受到中国开平煤炭的竞争而降低输出量。[⑥]但到1889年，开平煤炭减产，日本煤炭销量就迅速反弹（煤炭的主要消耗者为中外轮船和北洋、南洋舰队舰只）。[⑦]日本从1879年开始向山东输出茶叶，此后连年不

---

① 《通商报告》第2737号，1892年8月11日。
② 《官报》第2122号，1893年11月24日。
③ 《官报》第2737号，1892年8月11日。
④ 《官报》第3123号，1893年11月25日。
⑤ 《通商汇编》第4册，第178—180页。
⑥ 《通商报告》第83号，第21页。
⑦ 《通商报告》第114号，第5—8页。

断，输出数量虽有增有减，但到1888年已达到27万斤，竟是当年该地从国内输入茶叶数量的将近6倍。[①]

1890年1月至1893年12月间的报告反映：与烟台有直接贸易联系的外国港口，主要是日本长崎、神户、横滨和朝鲜仁川、元山，以及俄国所占之海参崴。烟台从日本进口之主要货物为海带等海产品、铜、陶瓷、茶叶、药材、煤炭、烟草、火柴、纸类、蝙蝠伞等，其中，日本海带与来自海参崴和萨哈林的俄国产海带形成了竞争关系。[②]此外值得注意的是，1891年初，开始有大阪纱厂所产棉纱（有12支、14支、16支、17支、20支5种各150斤）进口，其后日本棉布也有进口；而烟台对日本出口，则以草帽缏、茧绸、牛骨、甘草等为主。[③]

1892年，在与烟台有直接贸易关系的外国当中，日本占据了首位，而在进出烟台的外国船舶中，日本仅次于英国、德国。[④]

3. 对牛庄的贸易

从牛庄海关的报告来看，日本与牛庄之间的贸易记录最晚可追溯到19世纪70年代初，如1870年牛庄输出的豆油，有82%是输往日本的；1880年牛庄豆类输出的直接对象中，日本是唯一的外国，而日本输入牛庄大豆与豆饼的数量也不断上升。[⑤]但现在所能得见的日本驻牛庄领事的报告，明确涉及日本对牛庄贸易的情况是在1882年，其中列出了1880年至1882年日本对牛庄输出海带的数量，并称

---

① 《通商报告》第117号，第1—4页。

② 关于烟台之主要外贸对手，见《官报》第2131号、1890年8月6日，第2218号、1890年11月19日，第2268号、1891年3月2日；日本向烟台输出的主要货物，参见《官报》第2981号，1893年6月8日；日俄海带的竞争，参见《官报》第1999、2000号所载《芝罘港日本及俄国海带景况》，1890年3月3、4日。

③ 《官报》第2316号，1891年3月24日。

④ 参见《官报》第2980—2982号，1893年6月7—9日。

⑤ 参见姚贤镐编：《中国近代对外贸易史料》第2册，第1134—1135页。

从事对日本贸易者蒙受很大损失。[①]从关于1889、1892年牛庄贸易的报告可知：日本向该港输出海带和其他海产品、茶叶、铜、樟脑、煤炭、陶瓷、棉布、废铁、茴香、火柴等货物，而牛庄输往日本的货物则为大豆、豆饼、豆油、牛皮、鹿角、羊皮、药材、蓖麻油之类。[②]1890年时，牛庄与日本、朝鲜之间尚无轮船从事直接贸易，而由欧美帆船从长崎顺带一些煤炭、海带等到牛庄。但到1892年，日本邮船会社开辟了神户至牛庄的定期航线，其轮船中途停靠烟台、济物浦及其他日、朝口岸，而其他前往烟台、天津的日本轮船也停靠牛庄。[③]

（三）对长江流域（以中上游为主）的贸易

长江流域作为中国的富源，素为日本人所熟知，打入这个广阔的市场，也是其强烈的愿望。但与沿海乃至北方地区不同的是，尽管日本按条约可以进入汉口、九江进行贸易，却由于长江航线为英国怡和、太古轮船公司和中国轮船招商局所控制，日本尚无力插足其间，因而在甲午战争前，日本货物的输入和长江沿岸土货输往日本，很少能由日本商人直接在长江口岸经办。当然，这并不意味着日本对长江流域的贸易不能取得进展。此外，长江流域作为中国出口茶叶的重要来源之一，也必然吸引日本人关注的目光。

现在所见日本驻汉口领事直接反映日本对汉口贸易状况的报告始于1887年。1888年8月、1889年11月的报告指出：汉口从日本输入的货物主要是海带、海参、鱼翅、鱿鱼、鲍鱼、干虾、干贝、洋粉等海产品以及铜、肥皂、火柴、陶瓷、八角之类，对日本出口货

① 1883年3月3日出版《通商汇编》所载《贸易报告》，第26、32页。
② 《官报》第2065号，1890年5月21日；第3069号，1893年9月19日。
③ 《官报》第3069号，1893年9月19日。

物主要为麻类、大黄等药材以及牛皮、桐油、烟草、铁、锡等。[①]当时汉口的海带交易量占全国总交易量的一半以上，而日本海带又在汉口市场占了大部分。输往汉口的海产品又分销到湖北各地及陕西、河南、四川、湖南、广西、贵州等省。[②]此外，日本也有过用其轮船向汉口推销煤炭的举动（1887），但仅为俄国砖茶厂临时购进，未能取得任何进展。[③]此间汉口与日本贸易价额一年不下数百万两，但在汉口的日商还只有打着药店牌子的“乐善堂”一家。[④]

1890年以后的报告反映：汉口进口之日本货物主要还是海产品、铜、香菇等，对日输出货物也无变化。[⑤]

汉口是汇集长江中游地区茶叶向国内外输出的重要口岸，故日本驻汉口领事馆将茶叶贸易情况作为报告的重要内容。此间，日本亟须从中国获得原料棉花，故十分注意汉口从上海大量输入棉花的情况，但其驻汉口领事馆发现，1884年以后汉口从上海输入棉花数量大量减少，其原因在于湖北沿江之荆州、宜昌、黄州、汉阳等地及汉水沿岸地方棉花产量上升。[⑥]

关于九江贸易情况，日本驻汉口领事在1891年发出两次报告，称来自欧美的棉纺织品、金属类、煤油及来自日本的海带、干虾等

---

① 《通商报告》第79号，第11—13页；第92号，第11—13页。

② 《通商报告》第129号，第2页。此外，1886年由日本农商务省水产局出版、山本由方撰著的《清国水产辩解》中所附《日清贸易事情》，将汉口与上海、香港列为中国输入海产品最重要的3个口岸，曰：“本邦货物到汉口者不少，除薄铁板、铜漆器等外，以海产品为大端，就中海带最多，次则为海参、干乌贼、伊多罗贝、鱼翅、干虾等。……各处商家……聚集上海，从上海以轮船运送，再从汉口行销，以四川、陕西、湖南三省水路为最多，由重庆、汉中、湖潭（疑为湘潭之误）及各省城之分庄转运销售之，河南地方亦是。”见该书第130—132页。此外，该书还谈到汉口从事海产品交易的商家力量雄厚，日商短期内难与竞争。

③ 《通商报告》第41号，第16—17页。

④ 《通商报告》第104号，第15页。

⑤ 《官报》第2417号，1891年7月21日；第2452号，1891年8月31日。

⑥ 《通商报告》第8号，棉花部第5页。

的进口呈上升之势，其出口货物除了茶叶之外，还有陶瓷、麻、纸类、溶蓝、柏油、烟草、茯苓、纱布、竹席等。①

1888年7月，日本驻汉口领事馆摘要报告了所派人员赴四川考察期间所写日记，其中述及宜昌与重庆之间船舶数量、船只载货量、运费，以及重庆与成都之间道路状况，重庆、成都、泸州、万县、叙州、沙市、内江、嘉定、宜昌、夔州等地市场和征税（关税与厘金）情况，指出在四川见到日本海产品、陶瓷、布匹等。②

(四)对闽台地区的贸易

1887年至1889年驻福州领事发出的报告，认为台湾是未来消费日本货物的好市场，福州有众多人口，是华南之大都会，也是颇适宜于促进日本货物行销之地，且与四通八达之厦门共同成为进入台湾之门户。由此可见其在福建与台湾扩展市场欲望之强烈。

当时福州输入的日本货物有铜器、木蜡、火柴、印花布、丝织手巾、海产品（海参、鱼翅、鲍鱼、鱿鱼、干贝、蛏子、海带、洋菜等）、玻璃制品等。1887年11月的领事报告要求尽快让日本轮船直航华南各口岸，称日本的煤炭、铜、米谷、陶器、棉织品、面粉、水产品、火柴等都有望在华南开辟市场。该报告介绍了福州船政局与日商洽商购买铜、煤的情况，指出日商在福州试销铜器、陶瓷颇为顺利。③1888年1月3日的报告称：日本海产品颇能适合福建富人的口味，输入量不断上升，并列出经调查所知之福州海产品市场上日本多种海产品的价格。④关于火柴，1888年1月16日的领事

① 《官报》第2418号，1891年7月22日；第2450号，1891年8月28日。

② 连载于《通商报告》第88、90—92号。

③ 《通商报告》第45号，第19—21页。

④ 《通商报告》第50号，第2—4页。

报告反映：尽管日本十分关注福州火柴市场，但因日本火柴制作粗劣，尚未在当地打开销路。①

关于厦门与日本的贸易，1889 年 6 月的报告所列厦门输入的主要日本货物为棉布、针织品、蝙蝠伞、团扇、烟管用竹子、怀炉等，并称日本货物从厦门输往漳州、台湾府、淡水等地。②关于火柴制作，1888 年的报告说：1886 年有黄良聪等数人在厦门成立名为“义记公司”的火柴厂，从日本神户聘用职工 6 人，完全用来自日本的原料，从该年 9 月开始制作火柴，但经营不善，陷于亏损。③

1891 年，日本邮船会社准备开设到厦门、马尼拉之定期航线，驻福州领事馆因而在报告中向可能到厦门从事贸易的日本人介绍当地情况，看好日本向厦门输出棉纺织品、针织品、火柴及海产品等货物的前景。另外，报告还反映：厦门流通的货币有墨西哥银元、日本银币和香港银币、中国铜钱。④

对于台湾，驻福州领事馆注重淡水、打狗、台南的贸易信息。此间，淡水、打狗港进口的外国货物中，增长最为明显的是来自日本的火柴和棉织品（如淡水在 1888 年第 4 季度进口日本火柴数量是 1885 年同期进口数量的 4 倍多，⑤打狗在 1888 年第 4 季度进口日本棉纺织品 2141 匹，而在 1885 年同期进口数量为 1419 匹⑥）。1887 年

① 《通商报告》第 53 号，第 12—14 页。

② 《通商报告》第 117 号，第 8—10 页。

③ 《通商报告》第 71 号，第 18—19 页，该报告还列出 1885 年至 1887 年输入火柴的数量与价额。

④ 《官报》第 2490—2492 号，1891 年 10 月 15、16、19 日。

⑤ 《通商报告》第 103 号，第 20 页。1885 年至 1888 年间每年之第四季度淡水输入日本火柴的数量分别为 5695 箩、11050 箩、15850 箩、25716 箩。

⑥ 《通商报告》第 103 号，第 22 页。1885 年至 1888 年间每年之第四季度打狗从日本输入的棉布数量分别为 1419 匹、235 匹、2008 匹、2141 匹。

11月9日的报告指出，日本棉布对台湾的输出数量在1885年为23000匹，而到1886年就增加为41569匹。[①] 1888年10月，领事报告称：近年来，日本棉布输入中国的数量与年俱增，尤其是从淡水、打狗到广东海南之间，日本棉布输入逐步上升，1887年间，输入中国的棉布价额为150126元。[②]

另外，驻香港领事馆在1892年6月报告了华南地方砂糖生产情况，称：福建、台湾与广东三省出产甘蔗；台湾南部所产红糖从打狗港输出，年输出量一般是60万至70万担，通常输往日本与中国北部各口各半。[③]

（五）对香港的贸易

鸦片战争后，香港逐步成为东亚与西方之间的经济交往枢纽，与华南及东南亚国家之间的经济联系也十分密切，帆樯辐辏，集散万货，因而被日本视为十分重要的贸易之所，其与香港的年贸易额，有时甚至超过与中国其他所有地区一年贸易的总额。

从《通商汇编》和《通商报告》所载日本驻香港领事1881年至1889年的报告看，此间日本对香港输出的货物众多，以煤炭和海产品（如鱿鱼、海参、洋菜、鲍鱼、鱼翅、虾米、海带等）为主，此外还有漆器、陶瓷、香菇、木耳、纸张、棉布、樟脑、硫黄、铜、蜡、火柴、药材、人参、木蜡等。而香港输往日本的货物除了转口的西方商品之外，主要是砂糖、米、藤、麻、桂皮、烟草、废铁等。日本轮船在香港与日本之间的货运中所起作用十分突出，但香港市场上的日本货物绝大多数是由华商经营的，日本人所开商店还

---

① 《通商报告》第45号，第21页。
② 《通商报告》第87号，第14页。
③ 《官报》第2716号，1892年7月18日。

为数很少。[①]

1890年至1893年《官报》所载日本驻香港领事的报告中，有关棉纱、棉花在香港的进出及其关联情况、煤炭输入、砂糖贸易的报告占了很大的比重。从中可知：日本棉纱从1893年开始打入香港市场；[②]当时香港进口的煤炭来源于日本、澳洲、新西兰、英国、加拿大、越南、中国台湾和开平等地，而以日本煤炭占绝大多数，且其进口量年年增长（但大多数日本煤炭是由日本以外国家的船只运输）。[③]而载于《通商汇纂》的1894年3月的报告称：在1893年香港进口的煤炭中，日本煤占了83%的比重；[④]1894年9月的报告称：1894年上半年香港进口煤炭318837吨，其中日本煤的数量为263722吨。[⑤]

由于日本将香港作为其货物出口的一个重要途径，因此除了大量运来煤炭之外，还大力推销铜与海产品。1892年6月的报告称：日本输往香港的铜除满足当地需求之外，还有一部分转运到福建、广东及越南。该报告还列出了1887年至1891年广东、福建每年进口日本铜的数量及其价额。[⑥]海产品方面，日本输往香港的以鱿鱼为首，还有鲍鱼、海带、海参、虾、淡菜、蛤、贝柱、洋菜等。此外值得注意的是，领事报告反映日本的棉布在甲午战争前也开始出现在香港市场，只是其消费者主要还是在香港的西洋人，销量不大。[⑦]

---

① 参见1882年出版之《通商汇编》第113—116页，第2册第68—73、82—83页，第3册第145—146页，第4册第155—167页及所附《三菱汽船香港输出入装载吨数》，第5册第185—190页；《通商报告》第114号，第13页。

② 《通商汇纂》第4号，第85页。

③ 《官报》第3025号，1893年7月29日。

④ 《通商汇纂》第5号，第88页。

⑤ 《通商汇纂》第9号，第1页。

⑥ 《官报》第2714号，1892年7月15日。

⑦ 《官报》第2168号，1890年9月18日。

当时日本进口的砂糖主要来自香港，1891年8月的报告显示香港有3家糖厂，其原料甘蔗、粗制糖来自爪哇与广东汕头，故爪哇、汕头甘蔗产量的增减对香港砂糖的价格会产生很大影响。1892年12月的报告，则指出香港的糖厂利润丰厚，并因此建议日本开办本国糖厂。[①]1893年1月的报告列出了香港各种砂糖的市场行情，称英国人所开糖厂自行销售，不向华商与日商批发其产品。[②]

此间香港还是日本进口大米的来源之一，所以领事馆对于香港米谷商情的报告件数很多，主要叙述香港市场上各种大米的价格。从报告可见，当时香港的大米主要来源于越南和泰国。

三、日本对华贸易总体态势及其影响

（一）日本对华贸易之总体态势

1. 对华贸易的快速发展

从贸易总的历程来看：由表2之1873年至1894年日本对华输出输入额、贸易总额（不包括香港）可知，中日《修好条规》订立后，日本对华贸易在几年中有较快的发展，但从1876年到1883年呈现小幅度起伏状况，在1884年至1888年又持续增长，1889年至1891年有所走低，其后又是持续增长。上述状况，与19世纪80年代之前日本对外贸易困难、1881年后日本资本原始积累强力推进和近代金融贸易体制逐步完备、1886年后“企业勃兴”、1890年前后日本开始发生经济危机、危机过后产业革命继续展开的状况，是大体相应的。就最终结果来

① 《官报》第2865号，1893年1月19日。
② 《官报》第2879号，1893年2月6日。

说，1894年较之于1873年，日本对华贸易额已增加一倍有余。

表2　1873年至1894年日本对华贸易额（不含香港）

（单位：千日元）

年份	对中国输出额	从中国输入额	输出输入额合计
1873	4781	8134	12915
1874	3651	8657	12308
1875	4187	10551	14738
1876	4766	7477	12243
1877	5020	5676	10696
1878	5772	4800	10572
1879	5973	5866	11839
1880	6389	5860	12249
1881	6305	5490	11795
1882	4781	8134	12915
1883	5928	5768	11696
1884	6551	7019	13570
1885	8242	6342	14584
1886	9594	7123	16717
1887	10970	7985	18955
1888	11426	10360	21786
1889	5443	9200	14643
1890	5227	8850	14077
1891	5826	8798	14625
1892	6359	12509	18868
1893	7714	17095	24809
1894	8814	17511	26325

说明：1873年至1882年的对华进出口贸易额，根据海野福寿《明治の貿易》第14—15页所列“居前列之贸易对手国”表中的数字计算而来，该表数字源于东洋经济新报社编集、1935年出版的《日本贸易精览》；1883年至1894年的对华贸易进出口贸易额，采自日本大藏省主税局1892年至1895年编集、出版的《外国贸易概览》之明治二十三年至二十七年各册。

从日本对华贸易（不包括香港）输出输入两个方面来看：输出额从1873年至1888年，除少数年份之外，保持着增长的趋势；1888

年达到峰值后，1889 年下降明显，但在 1890 年至 1894 年又呈现不断增长之势。而输入额，在 1876 年至 1887 年没有很快的增长，1888 年后就上了新的台阶。

从表 2 所显示的对华输出额、输入额的对比来看：截止 1877 年，一直是入超；从 1878 年至 1888 年间，除 1882、1884 年外，都是出超；而 1889 年后，又转为年年入超。

输出额的增长，反映出日本一贯致力于扩大输出；而输入额 1888 年前增长缓慢，显然是由于日本的外贸政策所致，1888 年后出现迅速增长，则主要是大量输入中国棉花的结果。

表 3 所列 1889 年至 1894 年日本对香港贸易额，与同期日本对中国所有其他口岸的贸易额相颉颃，持续增长，且一贯保持出超。如将历年对香港输出额与同期对中国其他口岸输出总额合并，则对中国输出总额自 1882 年至 1894 年保持了持续增长。

表 3　1889 年至 1894 年日本对香港贸易额

（单位：千日元）

年份	对香港输出额	从香港输入额	输出输入额合计
1889	7338	4104	11442
1890	9366	5495	14861
1891	12578	5089	10056
1892	13288	6986	20274
1893	15689	8268	23957
1894	16199	9000	25199

说明：表中统计数字出自日本大藏省主税局编《外国贸易概览》明治二十三年至二十七年各册，1889 年以前无确切统计数字。

2. 对华贸易在日本对外贸易整体中的位置

从表 4 可见，从 1873 年到 1894 年，在日本对外输出贸易中，对华输出贸易有 1 年居第一位、12 年居第二位、8 年居第三位（在甲午战争前的 5 年中连续居于第二位）；而从华输入贸易则一贯居日本输入贸易的第二位。

事实充分证明，甲午战争前日本对华贸易是其外贸中的相当重要的组成部分。

表4 日本对华贸易（包含香港）在其对外贸易整体中的位置贸易额

（单位：千日元）

年份	对华输出总额	输出贸易总额	对华输出贸易所占位次	从华输入总额	输入贸易总额	从华输入贸易所占位次
1873	4781	21635	2	8134	23107	2
1874	3651	19317	2	8657	23461	2
1875	4187	18611	2	10551	29975	2
1876	4766	27711	4	7477	23964	2
1877	5020	23348	3	5676	27420	2
1878	5772	25998	1	4800	32874	2
1879	5973	28175	2	5866	32953	2
1880	6389	28395	2	5860	36626	2
1881	6305	31058	3	5490	31191	2
1882	4781	37721	3	8134	29446	2
1883	5928	36268	3	5768	28444	2
1884	6551	33533	3	7019	29264	2
1885	8242	36684	2	6342	28886	2
1886	9594	48046	3	7123	31605	2
1887	10970	51855	2	7985	43293	2
1888	11426	64892	3	10360	65416	2
1889	12781	70061	3	13304	66104	2
1890	14593	56604	2	14345	81729	2
1891	18404	79527	2	13887	62927	2
1892	19647	91103	2	19495	71326	2
1893	23403	89713	2	25363	88257	2
1894	25013	113246	2	26511	117482	2

说明：(1) 1873年至1887年日本对华贸易、对外贸易数字及日本对华贸易在其对外贸易整体中的位次，以《明治の貿易》第14—15页所列“居前列之贸易对手国”为据；
(2)1888年至1894年的各种数字采自《外国贸易概览》明治二十一年至二十七年各册，其中1889年至1894年日本对华输出输入额包括香港在内，历年日本对华输出入贸易的位次系通过与《外国贸易概览》所列日本对他国输出输入贸易额比较而确定。

3. 对华贸易结构

甲午战争前夕日本对华贸易的结构如表5所示。

输出方面，煤、铜、火柴、海产品、香菇、樟脑一贯处于重要位置，且除樟脑外，都在日本同类货物对外输出总量中占有很大比重——煤一直在50%以上，火柴、海产品、香菇的绝大部分海外市场是在中国；值得注意的是，在甲午战争前夕的1893、1894年，棉布、棉纱也进入日本对华输出主要货物之列，且在其同类货物对外输出总量中所占比重甚大，显示出日本以中国作为最大的海外棉纺织品市场的趋势。

表5 甲午战争前夕日本对华输出输入贸易之主要货物价额

（单位：千日元）

年份	对华输出主要货物价额(A)	同种货物输出总价额(B)	A/B(%)	从华输入货物总价额(C)	同种货物输入总价额(D)	C/D(%)
1889	铜 1326	5378	24.66	砂糖 6242	8489	73.53
	煤 2510	4796	52.34	棉花 5433	5669	95.84
	火柴 1095	1489	73.54	豆类 106	818	12.96
	干鱼干贝 2417	2604	92.82	米 23	137	16.79
	海带洋菜 659	844	78.08			
	香菇 460	580	79.31			
	樟脑 309	1391	22.21			
	锑 91	239	38.08			
1890	铜 2374	5378	44.14	砂糖 8285	8489	97.60
	煤 2435	4796	50.77	棉花 3765	5365	70.18
	火柴 1411	1489	94.76	豆类 513	1856	27.64
	干鱼干贝 2588	2605	99.35	米 320	12302	2.60
	海带洋菜 867	1003	86.44			
	香菇 568	580	97.93			
	樟脑 604	1931	31.28			
	锑 255	350	72.86			
	丝织品 148	3854	3.84			

（续表）

年份	对华输出主要货物价额(A)	同种货物输出总价额(B)	A/B(%)	从华输入货物总价额(C)	同种货物输入总价额(D)	C/D(%)
1891	铜 4096	4909	83.44	砂糖 7546	7811	96.61
	煤 2781	4750	58.55	棉花 3697	8199	45.09
	火柴 1779	1844	96.48	豆类 811	2011	40.33
	干鱼干贝 2274	2299	98.91	米 85	3907	2.18
	海带洋菜 1003	1220	82.21			
	香菇 545	560	97.32			
	樟脑 837	1629	51.38			
	锑 199	232	85.78			
	丝织品 292	4782	6.11			
1892	铜 3781	4902	77.13	砂糖 9315	9604	96.99
	煤 2473	4572	54.09	棉花 6064	12325	49.20
	火柴 2079	2202	94.41	豆类 1625	2713	59.90
	干鱼干贝 2183	2201	99.18	豆饼 821	825	99.52
	海带洋菜 1208	1576	76.65	苎麻类 122	213	57.28
	香菇 350	565	61.95	皮革 101	1199	8.42
	樟脑 712	1275	55.84			
	米 1395	4163	33.51			
	丝织品 320	4434	7.22			
	洋伞 257	364	70.60			
1893	铜 3655	4601	79.44	砂糖 11202	11564	96.87
	煤 2652	4818	57.43	棉花 8622	16152	53.38
	火柴 3178	3538	89.82	豆类 2602	2712	95.94
	干鱼干贝 2725	2752	99.02	豆饼 592	825	71.76
	棉布类 769	1110	69.28	苎麻类 185	213	86.85
	香菇 350	569	61.51	米 55	2053	2.68
	樟脑 863	1309	65.93	包席 117	（不明）	
	洋菜 326	682	47.80			
	丝织品 547	4075	13.42			
	陶瓷 318	1649	19.28			
	洋伞 298	589	50.59			

（续表）

年份	对华输出主要货物价额（A）	同种货物输出总价额（B）	A/B（%）	从华输入货物总价额（C）	同种货物输入总价额（D）	C/D（%）
1894	铜3683	4930	74.71	砂糖11533	13325	86.55
	煤3635	6578	55.26	棉花8562	19610	43.66
	火柴3113	3796	82.01	豆类2313	2978	77.67
	干鱼干贝2444	2519	97.02	豆饼817	822	99.39
	棉布类1008	1861	54.16	苎麻类277	538	51.49
	棉纱877	956	91.74	米720	8413	8.56
	香菇349	574	60.80	皮革278	1467	18.95
	樟脑600	1024	58.59	羊毛119	567	20.99
	洋菜207	496	41.73	包席98	（不明）	
	丝织品409	8430	4.85			
	陶瓷300	1581	18.98			
	洋伞401	746	53.75			
	人参481	500	96.20			

说明：表中数字均来自《日本贸易概览》明治二十三年至二十七年各册。

输入方面，棉花、砂糖、豆类与豆饼、苎麻是主要货物，其中棉花输入价额除了在1890年较上年有所下降之外，其他年份都是大幅度上升，日本从中国输入棉花价额在输入棉花总价额中所占比重，最高时为95.84%，最低也有43.66%，可见对中国棉花依赖程度之高；而砂糖输入价额所占比重最低在73.53%，反映日本是以中国（主要是香港）为最大的海外砂糖来源；从中国输入豆类与豆饼的价额，在1892年以后不仅数量大增，而且所占比重也在大半以上，证明日本对中国牛庄、烟台的贸易取得了很大进展；此外，日本所需的苎麻类也以中国为最重要的海外来源。

显然，在甲午战争前夕，日本对华贸易已经开始形成对华输出工矿产品、输入工业原料和所需农副产品、海外特产的贸易结构。

（二）日本对华贸易的影响

1. 有力支持了日本的产业革命

众所周知，日本的产业革命是从1886年开始起飞、以实现棉纺业的机器生产作为主干的。而日本对华贸易对本国产业革命的有力支持，主要体现在为日本机器纺纱提供廉价的原料棉花，为煤矿业发展获得稳定市场，为扩大出口、获取硬通货作出重要贡献这三个方面。

日本机器纺纱业原料本来依赖于本国所产棉花，但1885年发生了棉花歉收，其后，日本又因米价上升、缫丝业迅速发展而导致粮田与桑田扩大、棉田面积缩小，棉花价格随之上扬。此时，日本机纺纱面对着外国棉纱的沉重竞争压力，必须大幅度降低价格，才有可能形成竞争优势，夺回外国棉纱所占据的市场，确立本国机器纺纱业的地位。[①] 于是，品质与日本棉花大致相当、而价格却便宜2至3成、同时又能大量供应的中国棉花，就成为日本各大纱厂越来越依赖的原料。在1889年至1890年，中国棉花在日本机器纺纱业所用棉花中竟占了三分之二的比重。此后，虽然日本又从印度、美国寻求原料棉花的来源，但截至1895年，中国棉花在日本输入棉花总量中一直占据着首位。[②] 完全可以说，中国棉花对日本维持本国机纺纱的低成本、将英印棉纱逐出本国棉纱市场，起了十分重要的作用，有力支持了日本产业革命的顺利展开。

明治维新以后，包括煤矿在内的矿业是日本政府重点保护并且优先发展的行业。[③] 在此背景下，日本煤矿使用机器和极为廉价的劳动力，开采出的煤炭数量远远超出了本国的实际需要。一直到1893

---

① 参见［日］大石嘉一郎编：《産業革命の研究》上，东京：东京大学出版会1975年版，第126页。

② ［日］高村直助：《近代日本綿業と中国》，东京：东京大学出版会1982年版，第45—46页。

③ 参见［日］冈光夫等编著：《日本经济史》，京都：ミネルヴァ書房1991年版，第242—245页。

年，日本产业革命迅速展开之时，日本工业用煤量还不到其对外输出量的一半。[①]这说明，在甲午战争前，确保日本煤炭在海外的销路，是日本近代煤矿业维持生存的重要市场条件（日本政府1888年免去了煤炭的出口税也可证明这一点）。而从前文不难看出，这一条件主要是通过对华贸易才得以实现的，因为日本向上海、香港及天津、烟台等口岸大量输出的煤炭，在其销往海外煤炭总量中一贯占有半数以上的比重。可以说，正是中国的煤炭市场，有效保障了日本近代煤矿业的发展。

1886年日本产业革命开始迅速推进（表现为“企业勃兴”），就其经济条件而言，有赖于近代金融货币制度的完备和在引进先进技术设备方面具有足够的支付手段，这就迫切需要扩大出口、大量获取宝贵的硬通货。当时日本对华输出的铜、海产品等货物及其煤炭、火柴、棉布等工矿产品，都担负着这样的重任。通观甲午战争前日本对外贸易统计，这些货物也都一贯处于重要输出货物之列。史实告诉我们，正是在日本开始“企业勃兴”前后，1882年至1893年，日本对外贸易一直保持着出超和金银入超，[②]此间，日本对华输出额（包括对香港输出额在内）也呈现出直线上升的局面，年均增长率为15.7%，大大超出了同期日本对外输出总额的年均增长率（9.5%）；1882年，日本对华输出额在其对外输出总额中所占比重为12.7%，经过上升中的起伏，1893年达到26.1%。这些充分说明了日本对华输出增长迅速，对日本扩大出口、获取硬通货作出了很大贡献。日本近代金融货币制度在“企业勃兴”之前得以建立完

---

① ［日］大江志乃夫：《日本の産業革命》，东京：岩波书店1968年版，第192页。从明治初年直到1888年，日本煤炭在国内的最大消耗者都是制盐业，其耗煤量超出铁道与工厂的耗煤总量。1896年，日本煤炭的输出量总为151.6万吨，而国内消耗总量为174.5万吨。见［日］古岛敏雄、安藤良雄编：《流通史》Ⅱ，第151页。

② ［日］古岛敏雄、安藤良雄编：《流通史》Ⅱ，第199页。

备，产业革命所需先进技术设备的支付手段得到保证，是与其对华输出贸易的扩展分不开的。同时还应看到，从19世纪80年代中期到1894年，日本机器纺纱业大量输入中国棉花，也离不开不断扩大的日本对华输出的有力支持。

2. 为甲午战争后日本对华经济扩张铺平道路

首先，从1871年到1894年，23年间日本对华贸易的发展，有力配合、支持了本国以机器纺纱业为主干的产业革命，为甲午战争后日本棉纺织品大举打入中国市场打下了基础，同时还牢固占据着煤炭、海产品、火柴、铜在中国的市场。

其次，作为日本对华经济扩张的尖兵、成立于1876年的三井物产会社，主要依靠对华输出煤炭等和向日本输入中国棉花等，获得经营成功，壮大了自身，到甲午战争爆发，已经羽毛丰满；同时，还有不少从事对华贸易的专门商社也获得不同程度的发展，如内外棉会社、日本棉花株式会社等。[①] 此外，如前文所述，三菱会社及后来的日本邮船会社，为服务于日本对华贸易，从1875年起先后开辟了横滨至上海、长崎至天津、神户至牛庄的航线；1892年航行到中国各口岸的日本船舶达到719艘，总吨数为630868吨，船数仅次于英德；[②] 而日本船只进出的中国口岸，在1891年之时为上海、天津、烟台、牛庄、汕头、厦门、台南、福州、镇江、香港，几乎遍及中国沿海，日本在华航运力量已相当可观。[③] 此外，服务于日本外贸的金融机构横滨正金银行，在甲午战争爆发前一年的5月，也将触角伸到了上海。

第三，1872年以后由日本政府、军方陆续派到中国各口岸的日

① ［日］小林正彬等编：《日本経営史を学ぶ》1，第154、157页。

② 《官报》第3029号，1893年8月3日。

③ 《官报》第2768号，1892年9月16日。

本领事和荒尾精等人，在甲午战争前对中国对外贸易、国内市场乃至于社会状况作了多方面的观察，搜集了大量的经济情报，作了不少研究，提出了许多具体建议，可为日本对华经济扩张引路。

靠着甲午战争前日本对华贸易所造成的上述局面，日本一旦战后取得与欧美列强同样的在华特权，其对华经济扩张迅猛展开就是势所必然的了。

在本文的最后，笔者还想指出：甲午战争前日本对华贸易之所以能有重大进展、有力支持本国的产业革命，客观上主要是利用了欧美列强强加给中国的条约体制和中国自然经济在列强扩张下加速解体的局面，否则，仅以当时日本的实力，是不可能在众多中国口岸广泛展开贸易并迅速取得进展的。拿日本煤炭的输出来说，如果不是欧美轮船大量进出上海、香港等港口，日本煤炭在中国的可观市场就不可能形成。因此，甲午战争前日本对华贸易的进展，可以说是欧美对中国扩张的副产品。那种把近代中日贸易主要作为早已有之的亚洲贸易圈内部的新发展看待、低估欧美列强对东亚扩张之重大影响的看法，并不合乎历史实际。另外，当时日本扩展对华贸易还利用了长期直接或间接从事中日贸易、经营力量很强的中国商人，尽管日本官、商总是叹息所谓“商权”及相关利益落到了中国商人手中，但从实际历史过程来看，这些中国商人无论其经营能力如何，其主要作用还是配合了日本对华贸易的扩展。

（提交2008年“近代中外关系史国际学术讨论会”，
收入会议论文集，社会科学文献出版社2010年出版）

试论明治变革时期日本对待西学的基本态度

西学迅速而广泛的传播，是日本在明治变革时期[①]的一个引人注目的突出现象。围绕当时日本对待西学的态度问题，我国学界流行一种看法，认为其与中国洋务派的“中体西用”“在思想上一脉相承，都是过渡时期思想文化的二元性的反映”，“东洋道德与西洋技艺相结合”是“日本发展模式”；或曰两者学习西方的内容都是从物质文化和科技逐步延伸到西方先进政治制度和发展民族工商业。[②]笔者认为这些观点有悖于历史实际，有重新认识的必要。

一

明治变革时期日本对于西学并非只重视“技艺”，也不是以学习西方的物质技术作为出发点，而是一开始就表现出多层面学习、吸

---

① 所谓明治变革时期，是指从1868年维新开始到1889年明治宪法颁布这段时间，因为日本政治、经济、军事、文教制度从传统向近代的转变正是在此期间全面展开并基本完成的。而明治宪法颁布之后，社会变革本身已不是日本实际面对的主要课题了。

② 见罗荣渠：《现代化新论——世界与中国的现代化进程》，北京大学出版社1993年版，第285页；苏中立：《“中体西用”与“和魂洋才”之比较》，《贵州社会科学》1992年第12期。

收的基本态度。

西学传入日本，可以上溯到16世纪前期，而承认西人技艺优长、希望学习的言行，至迟在18世纪，就已多见于日本人的议论与记载。如18世纪初的幕府重臣新井白石写道：西人之学，“惟精其形与器，惟知所谓形而下者，形而上者尚未得闻”；到1774年，著名“通词”吉雄永章为《解体新书》作序曰：“阿兰之国（即荷兰——引者）精乎技术也，凡人之殚心力尽智巧而所为者，宇宙无出于其右者也。……其精妙工致，无不使观者爽然生奇想焉。……由是我就译家而学彼天文医术者，固为不少焉”；1783年出版的兰学家大槻玄泽所著《兰学阶梯》又记载：“和兰之术，我邦慕其奇巧，效其制作，拟制之物不少……人所稀见之物，无不冠以和兰之名……另有号称兰癖之人……器械、图画之有可观者，更不厌其价之贵，务求逞其华美……世如此者已百有余年，其间慕彼美之人何限”，而他所抱憾者，只是这些人并不真正懂得“择取彼长，以补我短”的道理。[①]

值得注意的是，自18世纪末期至19世纪前期，一些日本人除了继续强调西人技艺先进之外，还通过相当有限的海外信息渠道，开始了解到西人的优长并不限于技艺，而对其政教、民生发生浓厚兴趣，从中发现“善美”，明确表露出学习的愿望。如司马江汉在1796年和1805年先后撰写了《和兰天说》和《和兰通舶》，称赞欧洲是“天下第一大洲”、“首开圣贤之道之乡”，[②]那里的人们“学格物穷理，不为天性空言、虚谈妄说……万巧精妙，为他洲不及”。[③]又如本多利明1798年写成《经世秘策》和《西域物语》，将欧洲视为一

---

① 《日本思想大系》64《洋学》上，东京：岩波书店1976年版，第334页。

② 同上，第501页。

③ 同上，第447页。

个理想世界，认为那里的各种制度都包含了6000年的经验，即使中国也远远不及，[①]并且尤为推崇欧洲国家“以航海、运输、交易为国之首务”的经济政策，明言：“取西域之善美以为我国之助，乃吾本意。”[②]还有在1832年至1838年撰写了一系列涉及西方状况的文章的渡边华山，将基督教视为世界五种“圣人之教”之一，赞赏俄国“政教文物臻于极盛”[③]，英国“最长于机巧，勉于工艺”[④]，西方国家以“造士开物之学校”为政事之本，人们的“穷理”精神不仅投向对于自然的研究，而且贯穿于对人世间“事理”的把握，导致“今之地球上无一地不属于欧罗巴洲所有”。[⑤]基于这种认识，他批评固守锁国政策的幕府流于“井蛙之见而不自知”，“以三代绥服之制与秦汉御戎之论论今，亦如胶柱鼓琴”。[⑥]

自中国在鸦片战争中失败的消息传来，特别是1853年美国舰队威逼日本打开国门之后，日本受到巨大冲击，学习西方长技、制造洋式船炮迅速成为幕府与众多藩国统治者的共识，并被付诸实施；佐久间象山还提出了有名的“东洋道德，西洋艺术”的命题，认为来自西方的“推算重力几何详证之术”是“今之所谓儒者”必须“究而悉之”的学问。[⑦]这些都是人所共知的。但在我国学界，人们往往忽视了一点：在同一时期，一些日本人对于西方政教与社会经济表现出较以往更大的兴趣，在这些方面向西方学习的愿望也更加强烈。

---

① ［美］Donald Keene著、［日］芳賀徹译：《日本人の西洋発見》，东京：中央公论社1968年版，第93、95页。

② 《日本思想大系》44《本多利明海保青陵》，东京：岩波书店1970年版，第103、106页。

③ 《日本思想大系》55《渡边华山　高野长英　佐久间象山　横井小楠　桥本左内》，东京：岩波书店1971年版，第46页。

④ 同上，第34页。

⑤ 同上，第47—49页。

⑥ 同上，第69页。

⑦ 同上，第415页。

如日本近代先驱思想家横井小楠，将西方社会的“政法治术及其他百般技艺器械等”都纳入视野，对西方国家的近代政体大加赞赏，认为符合“三代治教”，并据以批评日本自身是“无政事之国”，主张取法华盛顿“取智识于万国，裨益政教”；他还将西方国家“以商贾立国”、盛行机器生产、广泛进行对外贸易充分肯定为“经纶之功业”，并与当时日本的经济状况相对照，痛感落后，主张学习西方迅速转变经济政策。[①]

又如幕府向荷兰派出的留学生西周与津田真道，于1863年抵达莱登大学后，即表示：日本人不仅要学习外国的语言、史地和自然科学，也要研究“对于增进与欧洲各国关系，且为内政与各种设施的诸多改良所更加需要的学问”，此外“笛卡尔、洛克、黑格尔、康德所倡所道者……于我国文化之发展裨益不小……即使其中之一端，亦欲排万难以学之”。[②]事实上，他们在莱登大学学习的正是今天所谓西方近代人文社会学说（包括法学、经济学、统计学、哲学等）。

必须指出，西周与津田的行动并不是孤立的。1860年至1867年先后三次赴美国与欧洲的福泽谕吉，也同样高度关注西方国家的政治经济，主动向西人请教有关政党、议会、法律、金融保险与邮政制度等方面的问题，并购买了不少相关书籍，回国后即据以撰写《西洋事情》一书，“传播西方新思想”。[③]此外，任职于幕府洋书调所的加藤弘之，钻研德国政治学、道德学、哲学等方面著作，“悟西洋各国之风俗、政治等有远优于东洋者，尤其发现有所谓立宪政

① ［日］山崎正董编：《横井小楠遗稿》，东京：日新书院1942年版，第39、454、40、909、95页。

② ［日］板泽武雄：《日本とオランダ——近世の外交·貿易·学問》，东京：至文堂1978年版，第165—167页。

③ ［日］福泽谕吉著、马斌译：《福泽谕吉自传》，商务印书馆1980年版，第291—293、320、322页。

体……乃东洋自古未有之良制，东洋专制国远不能及”，因而在1861年撰写《邻草》，“比较东西方政治之良与不良、正与不正，论述我邦设立政体亦须模仿西洋之因由”，成为日本“论述西洋政体之嚆矢”。[①] 而同在洋书调所的神田孝平，则认为吸收西学之“教科”、“政科”（包括法学、统计学与经济学）、“理科”、“医科”、“文科”是“国家之急务，乃学者之不可忽视者”，而他本人主要致力于吸收西方近代经济观念，因此在1861年就写出了鼓吹“以商立国”的《农商辨》，后又将阐述自由主义经济观点的英人著作荷文本转译为日文《经济小学》，于1867年出版。[②] 还有1867年至1868年随留学生赴英的中村敬宇，主要致力于了解欧美“诸国之政化学术”，研究其“性灵之学”（包括“人伦之学、政事之学、律法之学”等）；[③] 深受自由主义思潮影响，迅速转变了旧的观念，为后来成为启蒙思想家准备了条件。[④] 还有对促进日本工业化发挥了重大作用的涩泽荣一，1867年后也在欧洲逗留近两年，考察了欧洲各国的近代文明，尤其是与产业、经济相关的制度与设施，深刻认识到只有像欧洲各国那样发展工商业、使民间工商业者成为社会中坚，才能实现国家的富强。这为他后来致力于引进西方企业制度、以主要精力促进民间近代经济力量成长奠定了思想基础。[⑤]

这里还应指出的是，即使是一些幕府当政者，也开始将其目光投向西学中的政教：早在1841年，幕府就令所辖天文方翻译荷兰的

---

① 《日本の名著》30《西周 · 加藤弘之》，中央公论社1972年版，第477—478页。

② ［日］堀经夫：《明治経済思想史》增订版，东京：日本经济评论社1991年版，第14—15、138—139页。

③ ［日］中村敬宇：《留学奉愿候存寄书付》，转见［日］大久保利谦《幕末維新の洋学》，东京：吉川弘文馆1986年版，第229—230页。

④ 松泽弘阳：《近代日本の形成と西洋経験》，东京：岩波书店1993年版，第236—247页。

⑤ ［日］大岛清等编：《人物 · 日本资本主义3 · 明治初期の企業家》，东京大学出版会1976年版，第305—307页。

政书与兵书；[①] 前述西周与津田真道在荷兰学习西方人文社会科学，本身就是幕府所赋予的使命，故他们学成回国后，幕府当政者颇满意他们对荷兰“政体状况”的深入了解，认为其学问“关系国家之强弱贫富”，在委以重任的同时，令其翻译所学内容；1867 年，幕府将军德川庆喜为了对付日益高涨的倒幕运动，还专门向西周及法国驻日公使了解欧洲的政治组织、官制等，试图从中吸收一些东西，改革幕藩体制，在天皇之下设立上下两议院。[②]

上述情况表明，认为西学优长只在于“技艺”的观念在日本占压倒地位，主要是 18 世纪末期以前。而在那以后，特别是在 19 世纪 40 年代以后，西方近代文明中的制度、精神层面愈来愈成为日本人关注的对象，学习西方政教、经济政策、人文社会学说的倾向也日益强烈，所谓“东洋道德与西洋技艺相结合”的“发展模式”，即使对照此时日本的状况，也是不能吻合的。

到了明治变革时期，日本在已有的基础上，进一步表现出从物质、制度、精神各层面吸收西学的态度，绝非如有的论者所说是逐步由物质技术转向政治制度与经济政策。

从当权者来看：明治政权刚刚成立，就颁布了有名的“五条誓文”，其中一条即为“求智识于世界”。这里所谓“智识”，并无特别限定，绝非“技艺”所能涵盖。而之所以将“求智识于世界”确定为基本国策之一，是因为发动维新的当政者明确认识到“欧美各国之政治、制度、风俗、教育、营生、守产概超绝我东洋”，“有志

① 《日本思想大系》64《洋学》上，第 677 页。

② ［日］大久保利谦：《明治の思想と文化》，吉川弘文馆 1988 年版，第 10 页；［日］沼田次郎：《洋学》，吉川弘文馆 1989 年版，第 230 页；［日］坂田吉雄：《日本近代化的开端》，载［美］阿达斯·巴克斯编、［日］梅溪升主持翻译：《近代化の推進者たち：留学生·お雇い外国人と明治》，京都：思文阁 1990 年版，第 86 页。

于将此开明之风移于我国，使我国民速进步于同等之化域”。[①]正是基于这种观念，1871年，明治政府要求赴欧美的岩仓使团在致力于谈判修改不平等条约的同时，深入考察西方最先进国家的“国体、诸法律、诸规则”，探求其中具有普遍意义而可以适用于日本国民的“方法”，并开列出需要考察的具体项目，包括“制度与法律之理论及其实际运用”，“外国事务局（指外交机构——引者）、议事院（指议会——引者）、裁判所（指法院——引者）、会计局（指财政机构——引者）等之设置及其处理事务情况”，与财政税收、货币金融保险、贸易、交通、邮政电信、工厂相关的法则、运作方法及其实际状况，各国教育的各种规则、国民教育的方法、兴办各类学校的办法及各学科的顺序，等等。[②]这清楚地表明，明治政府成立之初，希望向西方学习的东西，涉及政治、经济、教育制度及其相关理论，并非只以物质技术作为立足点。也正因为这样，其成立后不久，还征召以往隶属于幕府机构、对西方近代人文社会学说造诣最深的福泽谕吉、神田孝平、西周、津田真道、加藤弘之等人，予以显赫地位，即使像福泽那样拒绝进入官场，也支持其以在野身份传播西方近代人文社会学说。[③]

在新的时代条件下，福泽谕吉一类人成为启蒙思想家，大力推动日本社会的“文明开化”，在传播西学的同时，更加旗帜鲜明地鼓吹吸收西方近代文明精神的重要性。如福泽谕吉，在其名著《文明论概略》中提出“以西洋文明为目标”，并进一步指出：

---

① 伊藤博文在1872年致岩仓使团首脑人物的信中的言论，见［日］芝原拓自等编：《日本近代思想大系》12《对外观》，东京：岩波书店1988年版，第31—32页。

② ［日］大久保利谦：《岩倉使節の研究》，东京：宗高书房1976年版，第162页。

③ ［日］大久保利谦：《明治の思想と文化》，东京：吉川弘文馆1988年版，第15—110页。

文明有两个方面，即外在的事物和内在的精神。外在的文明易取，内在的文明难求……使欧亚两洲的情况相差悬殊的就是这个文明的精神。……不应单纯仿效文明的外形而必须首先具有文明的精神，以与外形相适应。

……

日本……必须提高人民的智力。提高智力的办法……首先在于摆脱旧习的迷惑，汲取西洋的文明精神。[①]

又如中村敬宇，强调西方的“技艺”乃至一些制度只是“枝叶之美”，日本更需要学习的是作为其富强之基的“教法”，为此，他于1871年推出根据英人斯迈尔兹所著《自助论》翻译的《西国立志编》，并在序中写道：

谓西国之强由于兵乎？是大不然。夫西国之强，由于人民笃信天道，由于人民有自主之权，由于政宽法公。……人人品行正则风俗美，风俗美则一国协和、合成一体，强何足言。

在明治变革时期脱颖而出的启蒙思想家中江兆民也指出：

当今西洋文明之气运东渐，乃有形者至无形者均当起一大变革之时也。

在他看来，日本当时在“无形者”方面虽然已有很大进步，但还是面临“一种障碍物”，吸收西学不如“有形者”方面来得迅猛，他迫切希望改变这种状况。[②]

---

① ［日］福泽谕吉：《文明论概略》中译本，商务印书馆1995年版，第9、24页。

② ［日］加治隆一：《兆民选集》，东京：岩波书店1936年版，第142页。

二

考察明治变革时期日本对西学的基本态度，只看明治政府当政者和启蒙思想家的言行还是不充分的。这里，再从当时西学传入日本的实际状况来加以说明。

第一，为了适应“富国强兵”的需要，日本社会从上到下高度重视、大力推动与近代科技相关的西学的传入。

以往德川幕府已经采取的聘请西方专家学者传授科技、对外派遣学习自然科学的留学生的措施，由明治政府更加强有力地推行；

此外，随着近代教育体系的建立，近代科技知识（涉及数、理、化、生）的传授列入中小学主要课程，大学逐步设立起医、工、理、农学科体系，从主要传授应用科学发展到应用与基础科学并重；从1879年起，与近代自然科学相关的各种学会纷纷成立，它们出版学术刊物，并面向大众进行科普活动；如此等等。[①] 应该说，明治变革时期日本对于西方近代科技的吸收，有效地配合了它的工业化进程。

第二，明治政府建立一系列近代制度，几乎都从西方现行制度中寻求样板与借鉴。

在建立近代法律体系方面，“借助于欧美法律专家、主要以欧洲大陆法为样板”，将西方各国的法律大量译为日文。[②]

---

① 参见幕末明治初期西洋文明导入研究会编：《洋学事始》，东京：文化书房博文社1993年版，第165—179页；［日］石附实：《近代日本の海外留学史》第7章至第10章，东京：中央公论社1992年版；［日］饭田贤一：《日本における近代科学技術思想の形成》，载［日］饭田贤一编：《日本近代思想大系》14《科学と技術》三，东京：岩波书店1989年版。

② ［日］加滕周一等编：《日本近代思想大系》15，《翻訳の思想》，东京：岩波书店1991年版，第355页。

在建立近代教育体系方面，从一开始就“认识到彻底了解欧美制度的必要”，1869 年专门为此设立了“制度取调所”，而 1872 年颁布的“学制”，则“参酌了西洋各国（法、德、荷、英、美、俄等）的制度，采纳法国制度尤多”。①

在建立近代军制方面，早在幕末时期，横井小楠就主张，新式海军的建设，“一切规定，可参照西洋之法则推行”，② 到明治二年（1869），兵部大辅大村益次郎，又围绕兵制改革提出“陆军当前取法国之式”的建议。③ 事实证明，这些主张都化为明治政府的政策，它所建立的“海军是英国皇家海军的复制品，陆军明显受法国陆军的影响”。④

在建立近代经济制度方面，明治政府将“求得保护人民之实”作为“至要至切”的“急务”，在大力推动近代产业发展的同时，高度重视“占有宇内运漕之利”（即取得在国际贸易中的有利地位），⑤ 这些是与政府要人在欧美的切身体验直接相关的，是学习西方国家经济政策的产物。此外，对日本近代经济发展全局影响至深的地税改革，原本是“作为设立向欧美之‘列国公法’看齐的税法之一环”来考虑的，而其主要设计者则是日本近代最早译介西方经济学说的神田孝平，这些都说明这一重大举措与取法西方经济制度的密切关系。⑥ 再就近代企业制度（主要是股份公司）与金融制度（银

① ［日］尾形裕康：《日本教育通史》，东京：早稻田大学出版部 1978 年版，第 171、172 页。

② ［日］山崎正董编：《横井小楠遗稿》第 21 页。

③ ［日］丝屋寿雄：《大村益次郎　幕末维新の兵制改革》，东京：中央公论社 1971 年版，第 151—152 页。

④ ［日］森岛通夫《透视日本：兴与衰的怪圈》中译本，中国财政经济出版社 2000 年版，第 91—92 页。

⑤ 日本史籍协会编：《大久保利通文书》第 5 卷，东京大学出版会 1969 年版，第 561—566 页。

⑥ 参见［日］冈光夫等编著：《日本经济史》，京都：密涅发书房 1991 年版，第 194 页；大岛清等：《人物 · 日本資本主義 1 · 地租改正》，东京大学出版会 1972 年版，第 2 部第 1 章。

行）的建立来说，都具有浓厚的移植色彩：有关公司的知识从幕末就开始传入日本，明治政府建立后，很快就依据这些知识建立通商与汇兑公司，同时，为了推动民间创办股份公司，还通过大藏省出版书籍介绍相关知识，其中包括涩泽荣一根据其在欧洲所见而撰写的《立会略则》，福地源一郎编译欧美学者的相关论述而成的《会社辩》。到1887年以后，从西方移植的股份公司制便在日本完全确立起来。[①]至于银行制度，则是1870年后伊藤博文等到美国直接考察金融制度，并从英国聘请金融专家到日本，听取其意见，经过比较权衡，确定以美国银行制度为蓝本之后，开始在日本建立起来的；1881年明治政府整顿金融、成立央行性质的“日本银行”时，也是以比利时中央银行为样板。[②]

第三，迅速而大量地译介西方近代人文社会学说。

据不完全统计，截至1897年，日本人翻译的有关近代政治学说的西书约有170种，涵盖了17、18世纪至19世纪80年代欧洲主要思想家的著作，涉及宪法、议会制、内阁制、主权论、政党论、地方政治、政治史、政治与法的思想等方面，[③]其中包括加藤弘之根据布伦奇利鼓吹立宪主义的《一般国法学》翻译的《国法泛论》（1872年起出版），中村敬宇根据穆勒著《自由论》译出的《自由之理》（1872年后多次出版），松岛刚根据斯宾塞著《社会静学》翻译的《社会平权论》（1881年至1884年出版），何礼之根据孟德斯鸠著《论法的精神》翻译的《万法精理》（1875），中江兆民等根据卢梭著《社会契约论》翻译的《民约论》、《民约译解》（分别为1874、1882年译

① ［日］菅野和太郎：《日本会社企業発生史の研究》，东京：岩波书店1931年版，第34—68、715—719页。

② ［日］加藤俊彦：《本邦銀行史論》，东京大学出版会1957年版，第16、24、58—59页。

③ ［日］田中浩：《近代日本と自由主義》，东京：岩波书店1993年版，第56、62页。

本）等；从1867年至1889年，日本人翻译的有关近代经济学说的西书达186种，涵盖美、英、法、荷、德、奥等国经济学家的著作，涉及自由主义与保护主义两大流派，像英国古典自由主义经济学说的代表作——亚当·斯密的《国富论》，在1884年至1888年被完整而准确地译出，德国保护主义经济学说的圭臬——李斯特的《政治经济学的国民体系》译本，也在1889年出版；[①] 此外，反映进步史观的西人史学著作，如基佐著《欧罗巴文明史》（永峰秀树译）、巴克尔著《英国开化史》（大岛贞益译），介绍西方近代哲学的《百一新论》（西周著）、《哲学字汇》（井上哲次郎编）、《近代哲学史》（维克多·库辛著，竹越与三郎译）、《理学沿革史》（阿尔弗雷德·富耶著，中江兆民译）、《理学钩玄》（中江兆民根据阿道夫·弗兰克的《哲学词典》译编）等，也都在19世纪70、80年代相继问世。[②]

就近代西方人文社会学说译介所产生的影响来说，也是相当可观：福泽谕吉与中村敬宇成为最受欢迎的著作家与翻译家，由他们分别撰、译的《西洋事情》、《西国立志编》，成为日本当时三大畅销书中的两种（前者各种版本的发行总数达20万至25万册，后者则不下百万册），且都曾被指定为学校教材；[③] 斯宾塞的著作，深刻影响了自由民权运动的思想家以至明治政府的高级官员，并被东京大学、庆应义塾等校用作教科书，其思想在哲学、政治学、史学、文学等各领域被广泛援引；[④] 中村敬宇所译《自由之理》“成为民权思

---

① 参见［日］杉原四郎：《自由主義と歴史学派》，载［日］长幸男等：《近代日本経済思想史》，东京：有斐阁1969年版，第137—139页。

② 参见《日本近代思想大系》15《翻訳の思想》，第260—361页。

③ 参见《福泽谕吉自传》第289页；［日］松泽弘阳：《近代日本の形成と西洋経験》第278页；［日］井上光贞等编：《日本歴史大系》13《明治国家の成立》，东京：山川出版社1996年版，第169页。

④ 参见［日］山本芳明在《翻訳の思想》中对《社会平权论》的介绍。

想的圣典之一”；中江兆民所译《民约论》尚未正式出版，即被广为传抄，推动“自由民权之说如决积水，不过二三年，海内靡然”；[①]《欧罗巴文明史》也是“知识阶层的必读书……其原著和英译本还是公私中等教育课程的教材”，《英国开化史》中的“历史观在文明开化时期的日本知识界引起了极大的共鸣”；[②]加藤弘之所译《国法泛论》等书为近代日本国家学说的形成奠定了基础，英法自由主义经济学说，特别是德奥保护主义经济学说为近代日本经济思想体系的建立提供了基本理论框架。

第四，重视掌握西方近代人文社会学说的人才，并为之提供发挥作用的舞台。

如前述，明治政府对原属幕府的了解西方近代人文社会学说的人才一律予以重用。到 1873 年，又由政府要员森有礼召集他们组成著名的“明六社”，探讨涉及政治、法律、外交、经济、财政、社会、哲学、妇女、宗教、教育、历史、科学等众多方面的问题，追寻其原理，并通过定期举行演讲、发行《明六杂志》宣传其观点，对日本学界乃至社会作出示范，[③]该社于 1875 年解散后，其成员依然得以在政界、军界、学界与报界大力从事传播西学的工作。此外，海军军官永峰秀树、政府机构译员大岛贞益，都没有因其身份妨碍各自译介影响巨大的《欧罗巴文明史》、《英国开化论》与李斯特经济学著作。与此同时，日本还注意培养新的同类人才：在维新后不久制定外派留学生政策，即明确提出以培养“通达其国体政治

---

① 幕末明治初期西洋文明导入研究会编：《洋学事始》，东京：文化书房博文社 1993 年版，第 92 页；《日本の名著》36《中江兆民》，中央公论社 1970 年版，第 18—19 页。

② 参见［日］矢岛翠在《翻訳の思想》中对于这两本书的介绍。

③《明六杂志》平均每期发行量为 3205 份，演讲的听众来源广泛，从华族到普通知识青年皆有。参见［日］大久保利谦：《新修明六社考》，载［日］大久保利谦：《明治の思想と文化》。

风俗人情，研究制度文物学术技艺及其他百科”的人才为目的，[1]而中江兆民和马场辰猪这些传播西方激进自由主义思想的著名人物，正是从明治政府派到法国的留学生中涌现出来的。中江兆民回国后，除了译述之外，还兴办“法兰西学舍”，弟子达2000之多；[2]再从涵盖语言学和人文社会科学的文科在日本高校中的位置来说，1870年明治政府在制定大学规则时，就将“文科”作为五科之一，而1877年正式成立的最高学府东京大学，一共四个学部中文科居半（即法学部与文学部），[3]其与福泽谕吉在维新前就创办的“庆应义塾”、大限重信在1882年办起的东京专门学校（后来的早稻田大学）等，教学与研究在当时都主要建立在西方近代人文社会学说基础上，成为日本这方面新的人才的主要摇篮。

三

前面所述，已足可证明：日本在明治变革时期，对于西学的确是从物质技术、制度乃至精神诸层面予以了解和吸收的，并以相关制度为此提供了保障。当然，这并不意味着当时日本社会中不存在坚持认为西学所长只在技艺、而要捍卫所谓“东洋道德”的势力，我们也不能无视在19世纪80年代后期开始抬头的所谓“日本主义”。但问题在于，前者不足以改变当时日本对于西学的基本态度，后者也并不等于一概拒斥西学中的制度、精神层面。

众所周知，明治维新号称“王政复古”，当政者为巩固天皇权

---

① ［日］石附实：《近代日本の海外留学史》，东京：中央公论社1992年版，第184页。
② 《日本の名著》36《中江兆民》，第19页。
③ ［日］尾形裕康：《日本教育通史》，第183页。

威，曾设置地位很高的“神祇官”（后相继改为“神祇省”、“教部省”），试图使传统的“神道”成为日本的“国教”。但就在同时，他们也以相当大的热情与精力将视线投向西学的各个层面。实际情况是，树立“国教”并未取得预期进展，就连“教部省”，也在成立半年后就被并入文部省，且在5年之后撤销。而合并了教部省的文部省，在明治变革的前半期，毋宁说是“文明开化”的先锋，致力于促进学校的近代化、通过海外留学制度和聘请西人到日本以吸收西方文化。[①]此外还应注意的是，明治维新伊始，政府为推动教育复兴，曾设立“皇学所”（研究、传授日本的“国学”）和“汉学所”，并让“国学家”与“汉学家”进入政府的教育机构“学习院”，但他们很快就在与“洋学家”的矛盾斗争中败北，“皇学所”与“汉学所”也只存在不到一年就被废除。到1887年，井上圆了创办日本第一所专门的文科大学——哲学馆（后来的东洋大学），虽主要研究和讲授神、儒、佛的哲理，但同时也讲西洋哲学史。[②]应该说，至少在明治变革的前半期，固守“东洋道德”的势力对社会的影响力实际上是很微弱的。

1881年前后，随着天皇制国家机器的逐步完备，明治政府在政治上日趋保守，加紧镇压自由民权运动。在此背景下，以天皇侍讲元田永孚为代表的一派人，大肆宣扬“道德之学以孔子为主”，试图将“东洋道德，西洋艺术”确立为国家指导思想。但这种主张遭到政府重臣伊藤博文等人的抵制，[③]此外，同样担任过天皇侍讲、后成为东京大学校长的加藤弘之，此时虽也是天皇制的忠实走卒、与民主思想相对抗，但却并不愿退回到以“东洋道德”为立国之本的立

---

① ［日］家永三郎：《日本史资料》上，东京：法令出版株式会社1973年版，第430页。
② ［日］尾形裕康：《日本教育通史》，第168—169、213页。
③ ［日］家永三郎：《日本史资料》上，第531—536页。

场，而致力于从社会进化论和德国国家主义学说中寻求服务于天皇制国家的思想理论。[①]这样，在19世纪80年代制定明治宪法这一根本大法的过程中，维护天皇专制权力的基本理论根据并非源于“东洋道德”，而是来自德国的君主立宪学说。其间，伊藤博文等奉明治天皇之命，1882年赴欧洲，“就欧洲各立宪君主国之宪法，寻其渊源，考其沿革，视其现行实况，研究利害得失所在”，并接受德、奥宪法学家古耐斯特、斯坦因的学说，[②]这对于宪法指导思想的形成产生了最大的影响。可见，即使到明治变革的尾声，日本也没有进入“东洋道德与西洋技艺相结合”的模式，对西学的关注并没有收缩到物质技术这一个层面，除非我们将德国国家学说摒于西学之外，或与“东洋道德”相等同（实际上，从19世纪80年代以后，德国的经济学说也开始在日本大行其道）。

自1887年三宅雪岭等创办《日本人》杂志，所谓“日本主义”开始抬头。这一派鼓吹弘扬日本“国粹”，批判明治政府为取悦西方列强而推行的“欧化主义”，似乎是要抬出“东洋道德”作为国民的精神支柱。但是，他们毕竟长期经历了西学多层面的广泛传播，因此并不一概拒斥西学的制度、精神层面。这可由该派主力之一陆羯南在1889年的一段名言来证明，内曰：他们对“泰西文明之善美非不之知，重其权利自由及平等之说，敬其哲学道义之理，即其风俗习惯亦有所爱，最欣慕其理学经济实业之事”，因此，他们“并非狭隘之攘夷论之再举”。[③]

综上所述，明治变革时期日本对于西学的基本态度，是多层面

① ［日］田中浩：《近代日本と自由主義》，第49—50页。

② ［日］江村荣一编：《日本近代思想大系》9，《宪法构想》，东京：岩波书店1989年版，第485页。

③ 见［日］陆羯南为《日本》杂志所写的发刊词，载［日］家永三郎编：《日本史资料》上，第538页。

地学习与吸收，绝不可与同时期中国洋务派所遵循的“中体西用”相提并论。所谓“东洋道德与西洋技艺相结合”的“日本发展模式”，实为虚构；说日本当时对西学的吸收是由物质技术层面逐步扩展到政治制度、经济政策，也是臆断。

明治变革时期日本对西学之所以持上述态度，从根本上说，是因为这场变革是广泛的近代化运动，而日本自身的近代思想文化资源又远不能与之相适应，由此产生了对属于近代思想文化范畴的西学（其中也包含如德国国家主义那样的消极因素）的迫切需要；此外，也是由于日本在德川时代长期主动接触西学而不断加深对它的认识，到明治变革发生时，已经突破了所谓西学优长只在于“技艺”的谬见，使之不致成为妨碍多层面学习、吸收西学的思想桎梏。

（原载于《武汉大学学报》[人文科学版] 2002 年第 5 期）

晚清日本驻华领事报告介绍

一、晚清日本在中国各口岸开设领事馆情况

日本向国外派驻领事的制度，酝酿于19世纪60年代德川幕府统治末期。1871年中日两国订立《修好条规》、正式建立政府间关系后，日本明治政府于1872年正式任命了派驻上海的领事品川忠道，这是日本派出驻华领事的开端。在甲午战争爆发之前，日本相继在中国上海、香港、福州、厦门、天津、芝罘、牛庄、汉口、广州开设了领事馆；从1895年《马关条约》订立后一直到清王朝被推翻，日本又迫使清政府同意，相继在苏州、杭州、沙市、重庆、南京、汕头、长沙、奉天（即沈阳）、辽阳、铁岭、安东、长春、吉林、哈尔滨、新民府、间岛（即延吉）、齐齐哈尔、局子街、道头沟、珲春开设领事馆或分领事馆。日本在华开设领事馆的数量，在其开设于世界各国的全部领事馆当中占了最大的比重。

二、日本的领事报告制度

日本向海外派驻领事，与学习西方近代对外体制直接相关，但

从根本上说，是服务于其向海外扩展市场的需要。因此，明治政府从开始实行这一制度起，就一贯高度重视发挥领事在海外维护日本利益、搜集有助于扩大日本海外市场的各种信息的作用，领事报告制度也由此而迅速形成和推行。

1870年，日本外务省在酝酿派出首位来华的领事时，就在给他的任务中明确规定：除了保护和管理来华的日商之外，要详细了解中国人喜好而日本又能生产的商品信息以及有助于扩展日本对华贸易的情况，向国内主管机构报告。

1873年，日本政府要求派驻海外的领事通过年报、半年报、临时报告，将驻地对日本进出口的货物名称、数量、价格以及是否由日商经营等情况报告给大藏省。

1875年，日本政府发布的相关规则，要求驻海外领事按规定格式统计驻地一年中的贸易情况，并注意报告驻在国有关贸易法令的改废、对进出口贸易的限制与准入、进口货物由日本船只运输与否的区别。

1876年，日本政府颁布《日本领事官须知》，对领事报告的内容作了进一步的规定，其中包括：驻地贸易景况之充分确实的信息，驻在国发生的牵涉日本贸易和工农业矿业及其他利害的情况，诸如贸易方法的改革、贸易条约与规则、灯塔浮标设置、课税法、仓库规则、吨税、邮政税以及相关政令、公告之类，日本海关所需的领事驻地对日输出商品的价格总表，驻地对日本产品的消费量与外国船只输入日本商品数量明细表，大藏省所需了解的货币兑换行情的明细书等。此外还规定：驻外领事要注意与农业工业相关的机械、学术上的新发明和改进，对外国的一般性统计、辖区内发生的攸关日本航海和贸易利害的情况，新兴行业出现以及以往开业者的兴衰给日本贸易带来的机会，排除日本贸易推进中所遇阻力的方法等，也要尽量报告。

1879年日本政府颁布《日本领事官训令》，1884年制定《贸易报告规则》，1890年又制定《帝国领事报告规程》，标志着领事报告制度日趋严密、规范化，使已经长期实行的月报、年报、临时报告制度固定下来，月报以驻地与日本有关的重要商品的数量、价格、嗜好、品评为内容，年报以驻地及驻在国主要开放口岸一年中贸易状况为内容，临时报告以可供本国商民参考、引起他们注意的情况为内容。

除了规定驻外领事定期向主管机构提交报告之外，日本领事报告制度还有一个重要方面，即面向社会，将来自领事报告的信息传递给日本相关行业和商民，以满足其从事海外贸易的需要。明治政府成立之初，通过各级政府机构向社会传递海外信息，同时也让《东京日日新闻》等官方报刊刊登一些驻外领事报告的内容。1878年以后，政府机构的刊物如内务省劝商局的《劝商杂报》、大藏省商务局的《商务局杂报》不时刊载领事报告的“拔萃”、“摘要”、“摘录”或报告全文。1881年12月，日本外务省决定一年一度出版《通商汇编》，刊载经过整理的该省与驻外领事往复文件，该刊物于1882年7月创办，到1886年，共出版10册。1886年12月至1889年底，日本外务省又定期出版《通商报告》(与《通商汇编》有继承关系)，发行周期短于周刊。此外，1883年日本政府创办的《官报》，也常常刊载领事报告，并由其他报刊转载，在《通商报告》停刊后，《官报》设“通商报告”栏，并且每月都将所载通商报告汇集为《官报抄存通商报告》出版，通过内阁官报局向社会出售。1893年日本政府进一步规范和完善领事制度，举措之一，就是从1894年1月开始出版刊载驻外领事报告的《通商汇纂》。该刊一直办到1913年，初为月刊，1895年5月以后改为半月刊，1898年6月又改为旬刊，1903年4月后除了每月出版6期之外，每年还有6期临时增刊。此外，农商务省还在所办《农商工公报》（1885—1888）上刊载驻外领事报告。[①]

据我们了解的情况，明治年间，日本外务省还围绕与贸易相关的特定问题，将驻外领事报告汇集成书出版。

另外还须强调指出的是：日本由于在明治维新后很快走上了对周边国家扩张的道路，因此很早就投入各种力量多方搜集周边国家情报，这也成为日本晚清驻华领事的重要任务。从已出版的《日本外交文书》所载及目前日本外务省外交史料馆和其他档案机构还大量保存的资料来看，由日本驻华领事通过密电、密报形式发回本国的报告，为数很多，涉及中国地方政情、社情、文化教育、日本势力与中国社会各方面的来往，尤其在中国社会发生动荡之时，这类领事报告的密度也就随之增大。

三、已知的晚清日本驻领事报告介绍

（一）“领事报告资料”缩微胶片

日本雄松堂制作的“领事报告资料”缩微胶片中，收进《通商汇编》、《通商报告》、《官报》和《通商汇纂》所载的日本驻外领事报告，其中，很多内容是晚清日本驻华领事报告。

《通商汇编》收进1881年至1886年间日本驻上海、天津、香港、牛庄、芝罘、汉口领事的报告。

《通商报告》收进1886年至1889年间日本驻上海、天津、芝

① 以上介绍，参考了［日］角山荣编《日本領事報告の研究》中［日］古屋哲夫所写“領事制度と領事報告”、“形成期における領事制度と領事報告”，东京：同文馆1986年版，［日］原敬：《外交官领事馆制度》，东京：警醒社1899年版。

罘、汉口、福州、香港、广州、牛庄领事的报告。

《官报》收进1890年至1893年间日本驻上海、天津、芝罘、汉口、福州、牛庄、广州、香港领事的报告。

《通商汇纂》容量最大，收进1894年至1913年间日本驻华领事报告。其中，1896年以前各号收进驻华公使馆和驻上海、天津、芝罘、香港领事的报告；1896年以后各号，又相继增加了日本驻杭州、苏州、厦门、沙市、重庆、牛庄、福州、汉口领事的报告；1904年至1905年，又先后增加了日本驻南京、汕头、长沙领事的报告；1906年以后，又相继增加了日本驻奉天、辽阳、铁岭、安东、长春、吉林、哈尔滨、广州、新民府领事的报告；1909年以后，又先后增加了日本驻间岛、齐齐哈尔、局子街、头道沟领事的报告。

从“领事报告资料”所收日本驻华领事报告的内容来看，其广度与深度显然是与日本对华扩张的进展成正比的。

在甲午战争以前，日本在华设领事的口岸还很有限，故只能看到日本驻上海、天津、芝罘、牛庄、汉口、福州、广州、香港领事的报告，其内容主要是领事所在口岸的中外贸易及与之相关的税收、船舶进出口、货币兑换等信息。其中最有价值的，是反映当时中日贸易状况的叙述与统计、关于中国主要开放口岸丝、茶出口状况的连续统计（包括数量与价格）等，至于当时中国的社会经济状况，日本领事报告虽也有所涉及，但多浮光掠影，价值不高。

1895年《马关条约》订立后，日本在华获得了与列强一样的政治经济特权，且增辟了苏州、杭州、沙市、重庆等新的通商口岸，大大增强了对华扩张的力度；1904—1905年的日俄战争，又进一步提升了日本在侵华列强中的地位。由此，日本在我江南、华中、华南、东北地区开设的领事馆越来越多，领事报告也越来越频繁，涉及面也越来越广泛，相应的，日本外务省1894年创办的《通商汇纂》刊载驻华领事报告的数量，也就远远超过了甲午战争前所有日本报刊刊载领事报告的总量。

甲午战争以后的日本驻华领事报告，为了适应对华扩张的需要，也由于相关制度进一步规范，内容不断充实，视野更为宽广。

其反映中国对外贸易、特别是中日贸易状况，有年报、半年报、月报，既有关于中国对外贸易整体的，也有针对领事所在口岸贸易情况的；外国对华输入棉纱、棉布情况在报告中日显突出，而对中国出口货物关注的重点，也由茶、丝转向了棉花、大豆、矿石等工业原料。这些报告所反映的中外贸易状况，特点在于具有连续性，相对而言较为完整，因此对研究当时中外经济关系具有较高价值。

在与中外贸易相关联的中外货币流通、比价与兑换率等方面，甲午战争后的日本驻华领事报告，提供了更多口岸的更为连贯的资料，其中，尤以驻上海、厦门的日本领事所提供的资料最为翔实。同时，日本领事馆驻地的金融状况，也成为一项经常性的报告内容，几乎每个领事馆都报告过驻地的金融状况。将这些报告所提供的资料综合起来运用，必将对探讨清末中国金融问题大有裨益。

甲午战争后，日本所获在华政治经济特权使日本人深入中国社会内部大得便利，由此，领事报告中增添了不少对于中国地方的考察报告。据粗略统计，《通商汇纂》中，仅直接冠以“考察报告”（日语表达为“視察報告”）之名的共有45件，考察对象分布于江浙、两湖、两广、直隶、安徽、山东、四川、福建、东北三省等地，考察事项涉及一般社会状况、工农业、商业、航运、灾害等方面。从1899年开始，《通商汇纂》将所载领事报告分为“定期报告”与“临时报告”，“临时报告”以反映与贸易相关的中国社会状况为主，涉及当时各领事馆所了解的驻地及所涉区域内经济领域的重要信息和相关事件，其中，报告中国特定区域农业生产与收成、近代工商业发展情况、金融体制变化等的内容为数不少。这些资料对于了解和研究清末中国社会经济状况具有很高的价值。

日本在甲午战争后开始在中国一些通商口岸建立租界（或居留地），来华进行各种活动的日本人也日益增多，因此领事报告中又有了较多的反映租界和日本人在华情况的内容。在租界（或居留地）方面，报告涉及苏州、上海、天津、重庆、汉口、常德、杭州、广州等地；至于日本人在华情况，从1902年起，领事报告中反映日本侨民在中国各地人数与职业状况的资料越来越多。这些资料，当有助于深入了解清末租界的实际情形和日本对华扩张的具体情况。

1911年10月10日，武昌起义爆发之后的中国社会状况，日本驻华领事侧重于贸易与经济领域，相当迅速地作了反映。武昌起义爆发后仅隔14天，日本外务省就出版了作为《通商汇纂》号外的《1911年中国事变对经济的影响》（日语表达为「四十四年清国事変ノ経済界ニ及ホス影響」），到1912年4月18日，同类号外共出35期。这些号外，涉及汉口、沙市、宜昌、九江、南昌、西安、上海、杭州、苏州、南京、无锡、镇江、宁波、芜湖、安庆、芝罘、厦门、广州、汕头、重庆、成都、云南、牛庄、营口、奉天、铁岭、安东、旅顺、辽阳、抚顺、新民府、海城、凤凰城、鸡冠山、吉林、长春、珲春、间岛、哈尔滨、齐齐哈尔等地，反映了这些地区在当时社会动荡中的工商业、金融与外贸情况；此外，还有日本大阪、长崎、神户、横滨、门司、下关、函馆、北海道、名古屋、京都、小樽等地以及俄占海参崴对华贸易、社会经济因中国革命浪潮而受到的冲击与影响。这些号外可以为辛亥革命研究增添一些重要的新资料。

（二）日本明治年间出版的与驻华领事报告相关书籍

现在搜集到的日本明治年间出版的与驻华领事报告相关的10种

书籍是：

1.《吉林经济状况》（吉林経済事情），日本外务省通商局 1908 年 10 月出版。

2.《北满洲之产业》（北満洲之産業），日本外务省编，1908 年 8 月东京金港堂出版。

3.《满洲状况》第 1 辑（満洲事情第 1 輯），日本外务省通商局编 1911 年 3 月出版。

4.《南满的商业》（南満洲ニ於ケル商業），日本外务省编，东京金港堂 1907 年出版。

5.《汉口华中情况》（漢口　中央支那事情），水野幸吉著，东京富山房 1907 年出版。

6.《清国广东省汕头及潮州港情况》（清国広東省汕頭並潮州港情況），日本外务省通商局编，1903 年 12 月出版。

7.《清国开放口岸市场之经济势力范围》（清国開港市場ノ経済的勢力範囲第 1 輯），外务省通商局编，1911 年 12 月在东京出版。

8.《中国收回利权运动中的各种企业及保护政策调查报告》第 1 编（清国ニ於ケル利権回収熱ニ基ク各種企業並保護政策調査報告第 1 編），日本外务省通商局 1910 年出版。

9.《清国状况》（清国事情　第 1、2 輯），日本外务省通商局 1907 年 11 月出版。

10.《关于日本出口货包装法的调查》（本邦輸出品荷造法ニ関スル調査），日本外务省通商局 1910 年 10 月出版。

以上 10 种书籍，覆盖面最宽的是《清国状况》（清国事情）。此书是 1906 年至 1907 年，日本驻天津、芝罘、上海、汉口、苏州、杭州、南京、长沙、沙市、福州、厦门、汕头、广州、重庆领事分别就各自领事馆所涉区域情况作的综合性报告的汇编，对于研究20世纪初年中国社会经济状况具有重要参考价值。据我们所知，我国有的学术论著曾征引此书，但只用过其中极少的记述，对此书有全面了解的学者为数甚少。

《中国收回利权运动中的各种企业及保护政策调查报告》第1编（清国ニ於ケル利権回収熱ニ基ク各種企業並保護政策調查報告第1編），是日本外务省通商局围绕清末收回利权运动中清政府对本国近代工矿企业的政策以及中国近代工矿企业的发展情况，汇编1909年至1910年间日本驻华公使馆和驻天津、福州、厦门、芜湖、南京、长春、长沙、重庆、汕头、沙市、哈尔滨、辽阳、苏州、齐齐哈尔、新民府、杭州、汉口、芝罘、奉天、广州领事的相关报告而成。据我们所知，国内学界对此书尚未注意，书中记述的情况和保存的驻华领事搜集的资料，对清末收回利权运动、各地近代工矿企业实际状态的研究颇为有用。

《吉林经济状况》（吉林経済事情）、《北满洲之产业》（北満洲之産業）、《满洲状况》第1辑（満洲事情第1輯）、《南满的商业》（南満洲ニ於ケル商業）、《清国开放口岸市场之经济势力范围》（清国開港市場ノ経済的勢力範囲），都是日本出于强化其在东北的扩张与掠夺的需要，而让其驻东北各地的领事馆调查所涉区域社会经济、资源状况的产物：

《吉林经济状况》是日本驻吉林领事馆1908年春实施调查后所写的长篇报告。

《北满洲之产业》，是日本驻哈尔滨总领事等奉外务省之命，1907年8月至11月对松花江流域的农业、商业、工业、交通、租税进行调查之后，于1908年4月写成的复命报告书。

《满洲状况》是日本驻奉天总领事馆、驻新民分领事馆1909年

11 月写成的调查所涉区域社会经济状况的报告。

《南满的商业》，作者是担任过日本驻牛庄副领事的船津辰一郎，书中汇编了他 1905 年前后自行或奉命对牛庄、奉天、铁岭等地多次进行实地调查后所写的报告，书中有日本驻东北的军政机关和中国官府提供的资料，以及日本驻牛庄领事馆的一些报告。内容主要是辽宁各地商业、辽河水运、大连与牛庄比较等。

《清国开放口岸市场之经济势力范围》，汇编了日本驻奉天、哈尔滨、长春、辽阳、牛庄、安东、珲春领事 1911 年 4 月至 10 月间分别就所涉区域的经济（以市场为主）状况提交的调查报告。

上述几种以日本驻东北各地领事报告为内容的书，主要反映了日本在展开满铁大规模调查以前所了解的东北社会经济状况，其重要的史料价值是无可置疑的。

《汉口华中情况》（漢口　中央支那事情）的作者是水野幸吉，1905 年调任日本驻汉口领事，他在此任上用一年半时间搜集资料，并利用了日本驻汉口领事馆其他人员掌握的资料、以往的领事报告、海关统计及西方人士的相关著述，在此基础上于 1907 年写成、出版了《汉口华中情况》。此书可以说是现在能够见到的反映清末汉口及周边地区社会经济状况内容最为丰富的著作。我国了解此书的学者相对较多，但迄今得见全豹者不多。

《清国广东省汕头及潮州港情况》（清国広東省汕頭並潮州港情況）是 1902 年 12 月日本驻厦门领事馆根据其职员的实地调查向外务省提交的报告，涉及汕头人口、地理、历史、通货、对外贸易、航运、与台湾和南洋的关系等，以及潮州的一般情况、驻军、货币金融、内外贸易、在潮州的外国人等等。此书迄今未见国内学者利用。

《关于日本出口货包装法的调查》（本邦輸出品荷造法ニ関スル調查），汇编了 1910 年 7 月至 9 月间日本驻奉天、辽阳、铁岭、新民府、长春、哈尔滨、齐齐哈尔、天津、芝罘、上海、南京、苏州、汉口、重庆、福州、厦门、汕头、广州、香港领事馆按照外务省要求提交的报告，另外附录中还包含了此前驻杭州、沙市领事所报告的相关情况，全书内容是对日本向中国输出货物包装方法的调查以及相关改进意见。

综上所述，“领事报告资料”和与日本驻华领事报告相关的书籍多侧面、具体反映了晚清社会经济状况，相信能对相关研究者提供有价值的资料。

另外，收集在《日本外交文书》当中及保存在日本各档案机构中的晚清日本驻华领事秘密报告，则多侧面地反映了当时中国地方社会的状况。

（原载于国家清史编纂委员会编译组主办《清史译丛》第6辑，中国人民大学出版社2007年出版，略有改动）

作者主要著述列表

一、专著

1.《鸦片战争史》（合著），福建人民出版社 1996 年版。

2.《迎来近代剧变的经世学人：魏源与冯桂芬》，湖北教育出版社 2000 年版。

3.《甲午战争前中日西学比较研究》，湖北人民出版社 2007 年版。

二、译著

1.《外国学者论鸦片战争与林则徐》（上），福建人民出版社 1996 年版。

三、普及读物

1.《变革图强　振兴中华》（合著），武汉大学出版社 1995 年版。

2.《中华民族魂》（合著），高等教育出版社 1993 年版。

后　记

光阴如梭，到2010年12月，我任教于武汉大学历史学院中国近代史教研室就整整满25年了。翻检此间发表的一些拙文编成这本集子，算是对自己学术历程的一次回顾。

1982年2月，我作为硕士研究生，开始在恩师姚薇元教授及萧致治教授指导下研习鸦片战争史，这是我踏入学术天地的起点；在读期间，与师兄杨卫东联名在《福建论坛》发表的对牟安世先生大著《鸦片战争》的读后感，则是我投到学术刊物的第一篇学术文章。1985年12月毕业留校后，我参加了萧致治教授主持的《鸦片战争史》专著的撰写工作，主攻战争与外交部分，其间围绕一些问题作专门探讨的产物，就是这本论集所收的与鸦片战争相关的论文，其观点也反映到后来由福建人民出版社出版的专著当中，此书被学界认为是改革开放后我国鸦片战争史研究的代表性论著之一。

我在大学本科学习期间就对中日关系、日本近现代史深感兴趣，因此将日语作为主修的外语课程。1995年又得到机会，到日本京都大学人文科学研究所做一年访问研究，而所在教研室的王承仁教授主持的中日近代化比较研究，也对我产生了很大的吸引力。由此，我在近代中日比较方面倾注了不少时间和精力，所得收获则体现为湖北人民出版社出版的《甲午战争前中日西学比较研究》和收进这本论集中的几篇论文。

1995 年在京都大学人文科学研究所访学期间，我注意到为数甚多、涉及面很宽但我国学界尚未充分了解的近代日本驻华领事报告，但限于条件，当时还不能多方搜集并向国内学界介绍。到 2005 年，我在国家清史编纂委员会获批“晚清日本驻华领事报告译编”项目，由此得见日本雄松堂出版的领事报告资料缩微胶卷；同时，日本的档案、图书部门在互联网上公布档案和取消版权限制的史籍的力度也在加大，为相关研究者提供了很大便利；武汉大学历史学院和中国传统文化研究中心对我承担的课题也十分支持，恩师冯天瑜教授更是给予了很多指点和勉励。这些机缘，促使我将主要精力转向搜集和译介有关中国近代史、近代中日关系的日文资料，并准备以此作为自己今后研究的重要基础。从事这一工作，固然短期内难有明效大验，但我对其学术价值坚信不疑。 而这本论集收进与晚清日本驻华领事报告相关的论文和介绍文章，无非是为了引起读者对这类资料的重视。

人们往往爱说“文章是自己的好”，但我从来没有这样的感觉。25 年来，论研究工作的产量，可谓甚低，令我抱愧；看已发表的拙文，也多半是刍荛之论，难掩学殖之浅、思虑之愚。因而现在将旧作结集出版，内心不免惴惴然。倘若读者觉得不无可采之处，我就十分满足了。当然，我也准备随时接受来自方家、同好的批评指正。

李少军

2010 年 3 月 29 日于珞珈山